Tanner · Rund um das Kosmoton

RUND UM DAS KOSMOTON

Das wirksamste Gesundheitsgerät auf der Welt?

Die wahre Gesundheitskunde und die wahre Heilkunde nach Paracelsus

Dr. med T. Tanner

DER LEUCHTER
REICHL VERLAG St. GOAR

Reichl Verlag
D-5401 St. Goar / Rhein
Gesamtherstellung: Jacob Druck GmbH

ISBN 3-87667-181-7

Inhaltsverzeichnis

RUND UM DAS KOSMOTON
Die wahre Gesundheitskunde
und die wahre Heilkunde nach Paracelsus

Einleitung

I. Was ist ein Kosmoton?

1 Seine wissenschaftlichen Grundlagen
2 Die lebensqualifizierte Natur des Kosmos
3 Makrokosmos und Mikrokosmos
5 Das wirkkräftige Mikrosonnensystem
7 Das wirkkräftige Urbild des Mikro-Kosmos
8 Die Kombination der zwei »wirkkräftigen Konstellationen« (Kepler)

II. Exakte wissenschaftliche Beweise

9 Der Erfahrungsbericht der Bircher-Benner-Klinik in Zürich
10 Lakhovskys Kupferring heilt Krebs bei Pflanzen
11 Der siebenfache Beweis der Lebensqualitäten der Buntmetalle
13 Sieben Haupthimmelkörper - sieben Buntmetalle - sieben Hauptorgane
14 Die Saturnringe
15 Auch die anderen Planeten haben Ordnungsfelder wie Ringe

Religiöse und kulturelle Belege

15 Die Schöpfungsgeschichte erklärt das Sonnensystem als Lebensordnung
16 St. Franziskus - der Sonnengesang
16 Goethe - der Faust
17 Johannesevangelium und Schöpfungsgeschichte
18 Platon
18 Dante
18 Eine ganzheitliche Auswertung

III. Die praktischen Anwendungen

19 Allgemeine Regeln
22 Wo und wie trägt man das Kosmoton optimal wirkungsvoll?
24 Hilfreiche Grundkenntnisse zur optimalen Anwendung
25 Gehört das Kosmoton nur in die Hand des Arztes?
25 Der Kulturmensch besitzt das Grundwissen vom gesunden Leben

IV. Zur wahren Gesundheitskunde

29 **Die sieben Hauptbereiche des gesunden Lebens**
30 1. Die biologisch gesunde Speise
31 2. Der biologisch gesunde Trank
31 3. Die biologisch gesunde Kleidung
32 4. Die biologisch gesunde Wohnung
33 Das vollständig gesunde Bett
35 5. Die biologisch gesunde Lebensdynamik
35 6. Die biologisch gesunde Therapie
36 7. Die biologisch gesunde Hygiene
38 **Die sieben Ringe der Lebenskette**
39 **Die Kosmotonwirkung bei Gesunden**

V. Zur wahren Heilkunde

41 Zu den Grundlagen
45 Paracelsus zur immerwährenden Heilkunde
47 Zur Schöpfungsgeschichte
49 Prinzipien, Gesetze und Typen des lebendigen Seins
52 Die Grundgesetze des Lebens
54 Über die lebensgerechte Zubereitung von Heilmitteln
56 Über die lebensgerechten Gesundheitsgeräte und Heilgeräte
58 Die drei Stufen des wahren Heilweges und die Selbstheilordnung des Organismus
62 **Die Ordnungstherapie**
66 Die Wurzel der Ordnungstherapie
67 Das Kosmoton im Herzen tragen
70 Der Heilfachmann, das Kosmoton und die Heilkunde
71 Der Kranke und die wahre Heilkunde
73 Wechselwirkung des Kosmoton mit biologischen Verfahren und Mitteln
74 Wechselwirkung mit unnatürlichen Verfahren und Mitteln
75 Eine Übergangsregelung
75 Neben- und Nachwirkungen
76 Soll ein Kranker das Kosmoton ständig tragen?
77 Die Folgerungen
79 Die rechte fachliche Hilfe ist oft notwendig

VI. Die Anwendung im Einzelnen

80 **Die Anwendung bei verschiedenen Menschengruppen**
84 Personal gesund Leben

84 Die Anwendung bei verschiedenen Krankheitsgruppen
85 **Die optimale Anwendung bei den einzelnen Krankheiten**
95 Seelische Wirkungen
96 **Lehrreiche Wirkbeispiele**
103 Wirkungen verschiedener Art
103 Kann das Kosmoton den Zustand verschlimmern?
103 **Wie sich bei Heilkrisen recht verhalten?**
106 Keine Nebenwirkungen!
106 **Kosmoton - Kosmetik**
107 Volle Wirkung oder nur schwache Wirkung?
109 Die Lebenswichtigkeit des gesunden Schlafes

VII. Wirkhindernisse erkennen und überwinden

113 **Naturale Hindernisse für die Gesundheit**
114 **Personale Hindernisse für die Gesundheit**
116 Hilfe bei Übertonisierung und Wirkhindernissen
116 Was tun bei zu starker Kosmotonwirkung?
117 Was tun, wenn die Kosmotonwirkung nachlässt?
119 Was tun, wenn noch keine Wirkung verspürt wird?

VIII. besondere Wirkbereiche und Wirkumstände

120 **Das Kosmoton bei verschiedenen Therapien**
123 **Das Kosmoton bei höheren Heilverfahren**
125 **Das Kosmoton in der Vorsorge**
126 **Zur Nachsorge mit dem Kosmoton**
127 Das Kosmoton in der Alterspflege
129 Medizinische Hilfen zum Kosmotongebrauch
131 Ein notwendiges Wort gegenüber den Feinden der Gesundheit für die Menschen, die guten Willens sind

IX. Ausblicke

133 **Was kann das Kosmoton noch mehr?**
135 Cheopspyramide und Kosmoton
137 Biotechnik und Kosmoton
140 Die mathematologische Ordnung im Kosmoton
147 **Spezielle Fragen**
163 **Zusammenfassung**
164 **In Harmonie mit dem Unendlichen leben**
165 **Bilder**

EINLEITUNG

Wir leben in der Neugeburt des Abend- und Morgenlandes, in den Geburtswehen der ersten Weltkultur, welche die ganze Menschheit erstmals einigen wird. Aber wir leben zugleich auch in einer verwirrten und kranken Übergangsperiode, in der Agonie des untergehenden alten Abendlandes am »Ende der Neuzeit« (Buchtitel von Guardini). Wir benötigen daher viele Hilfen, um gesund leben zu können. Denn in dem Untergang der alten Kultur bedrohen zahlreiche selber geschaffene tödliche Gifte aller geistigen, seelischen und folgend auch leiblichen Arten unser Leben.

Gegen diese universale Schädigung und Gefahr wenden sich immer mehr Menschen in der ganzen Welt. Sie suchen die allseits »todkranke« (Joh. Paul II.) Lage der Menschheit zu überwinden, indem sie zuerst bei sich selber wieder den Frieden mit Gott, Mensch und Natur suchen. Sie wollen nicht mehr verwirrt und gespalten, sondern bewußt ganzheitlich leben und also in Harmonie mit der Schöpfung Gottes.

So sind weltweit zunächst auf Teilbereiche konzentrierte Gesundheitsbewegungen geistig-seelischer und leiblicher Art erwachsen wie im Essen und Trinken, im Kleiden und Wohnen, in der Lebensweise, Heilweise und Hygiene. Diese sieben Urbereiche alles leiblichen, aber auch seelisch-geistigen Lebens sind seit uralter Zeit bekannt, beispielsweise in den sieben Werken der Barmherzigkeit. Sind das die sieben Werke der ganzheitlichen Heilung des kranken Lebens und zugleich des gesunden Lebens?

In diesem Streben zu einem rundum gesunden Leben werden alle mehr oder weniger guten Methoden und Hilfsmittel genutzt, vom Vollkornbrot bis zu spirituellen und esoterischen Wegen, von Fitnessgeräten und Gymnastik bis zu Yoga, Meditationsübungen, Mandalas, Amuletten und Talismanen. Das alles wird je nach seinem Rang in den Kulturen der Menschheit geachtet.

Zu alledem erscheinen immer neue Gesundheitsbücher. Doch was ist in ihnen zu finden? Sie sind einerseits in einer technokratischen, nämlich mechanistischen Weltanschauung geschrieben, ohne Ahnung vom real lebensqualifizierten Wesen der Gesundheit, Krankheit und Heilung. Andererseits erscheint eine immer mehr anschwellende Bioliteratur mit zahlreichen guten einzelnen Ratschlägen, jedoch mit meist einseitigen und zuweilen extremen naturalistischen Anschauungen. Diesen Schriften fehlt die wirkliche Ganzheit, auch wenn dieses Ziel subjektiv angestrebt wird.

In dieser großen Verwirrung suchen sich immer mehr Menschen gründlich zu orientieren. Ihnen stellen sich drei Fragen:

Erstens: Was ist die wahre, immer gültige Lehre vom ganzheitlich gesunden menschenwürdigen Leben?

Zweitens: Was ist die wahre, immer gültige Lehre von der Heilung?

Drittens: Gibt es Hilfsmittel, die dem ganzen Menschen an Geist, Seele und Leib zugleich wirksam helfen, gesünder zu leben und bei einer Krankheit schneller und sicherer ganz gesund zu werden?

Ein solches Hilfsmittel existiert seit wenigen Jahren! Das Kosmoton.

Folgend wird das bio-logische Wesen dieses grundlegend neuen Gerätes, seine Wirkung und seine optimal wirksame Anwendung bei Gesunden und bei den verschiedenen Krankheiten beschrieben.

Zur sicher erfolgreichen Anwendung dieses universal wirksamen Gesundheits- und Heilgerätes ist die Kenntnis vom ganzheitlich gesunden Leben erforderlich. Denn aus der Mißachtung der Lebensordnung ergeben sich die Krankheiten. Diese können daher nur geheilt werden, wenn man planmäßig bewußt den Rückweg zur allseits lebensqualifizierten Gesundheit geht.

Diese wahre Gesundheits-, Krankheits- und Heillehre wird in allen Hochkulturen der Menschheit im Grunde übereinstimmend gelehrt und erfolgreich praktiziert, im abendländischen Kulturkreis vorbildlich von Paracelsus. Wenn man sie wirklich verstehen will, dann muß man ein Verständnis für zwei Urwahrheiten aufbringen: Erstens für die realen Lebensqualitäten als das Wesentliche des Lebens und zweitens für die Schöpfungsordnung der realen Qualitäten. Und diese Lebensordnung besteht nach Paracelsus in der Lebensgleichung zwischen dem Makrokosmos und dem Menschen als Mikrokosmos. Das ist also die Lehre der Hochkulturen von der Eigenwelt und Umwelt, nämlich von der integralen Einordnung des Menschen in das Universum. Von diesen zwei Grundwahrheiten spricht Paracelsus unaufhörlich. Sie seien nicht nur die Grundlage des gesunden Lebens, sondern auch die Grundlage der ganzen wahren Naturwissenschaft und Geisteswissenschaft. Da Paracelsus fraglos der erfolgreichste Arzt der letzten zweitausend Jahre ist, so ist seine Lehre sehr ernst zu nehmen und gründlich zu studieren.

Das Wesen der Lebensqualitäten (Bioqualitäten!) und ihre baubiologische Ordnung im Makrokosmos und analog im Mikrokosmos Mensch ist im Kosmoton urbildlich (archetypisch) realisiert. Somit ist das Kosmoton wohl das beste Lehrbeispiel, um die Ordnung alles Lebens im Kosmos wirklich zu verstehen und den größten Nutzen daraus für unser gesamtes Leben zu ziehen.

Wer die Baubiologie im Kosmoton und folgend seine Wirkung nicht versteht, der versteht nichts von Lebensqualitäten. Er kann dann auch nicht verstehen, was Bio-Logie ist, was Öko-Logie ist und was irgend eine Lebenswissenschaft ist. Er kann dann laut vielen Worten von Paracelsus nicht wirklich, nämlich lebensgerecht verstehen, was Gesundheit, Krankheit und Heilung ist! Wie könnte er dann auch wirtschaftlich erfolgreich leben? Die Umwelt nicht ruinierend durch seine falsche, lebensfremde Weltanschauung, sondern seine natürliche und zuerst menschliche Umwelt aufbauend, heilend, wirklich kultivierend!

Um all dies wirklich zu verstehen, ist also ein vorzüglicher Weg, das Kosmoton gründlich zu beschreiben und mit ihm selber praktisch umzugehen.

Wer zur Erlangung des lebenswichtigsten Wissens sofort *das Grundwissen vom ganzheitlich gesunden Leben* wenigstens kurz einsehen will, der schlage das Kapitel IV »*Zur wahren Gesundheitskunde*« auf. (S. 29)

Wer eine Übersicht über *die immer gültige Lehre von der wahren Heilkunde* sucht, der schlage das Kapitel V »*Zur wahren Heilkunde*« auf. (S. 41)

Wer sofort *die optimale Anwendung des Kosmoton-Medaillons bei Gesunden* sucht, der schlage den Schluß des Kapitels IV auf. (S. 39)

Wer sofort *die Wirkung des Kosmoton-Medaillons bei den einzelnen Krankheiten* studieren will, der kann im Kapitel VI beginnen »*Die optimale Anwendung bei den einzelnen Krankheiten*«. *(S. 85)*

Wer *Einsicht in die naturwissenschaftlichen Grundlagen* von alledem wünscht, um sich vom geistigen und biologischen Funktionsprinzip des Kosmoton zu überzeugen und von diesem Wissen aus *die Schöpfung Gottes und sein eigenes Leben besser zu verstehen,* auch um das Kosmoton mit diesem Verständnis noch wirksamer zu gebrauchen, der lese bitte unmittelbar weiter.

Wer bei der praktischen Anwendung des Kosmoton-Medaillons nach wenigen Tagen noch keinen spürbaren Erfolg erlebt, der versäume nicht, das Kapitel VII über die Wirkhindernisse zu lesen, da diese zugleich gefährliche Hindernisse für seine zukünftige Gesundheit sind. (S. 111)

Wer zuerst *solide Beweise der Kosmoton-Wirkung* sucht, der kann mit dem übernächsten Kapitel »*Exakte wissenschaftliche Beweise*« beginnen. Weitere erfahrungswissenschaftliche Beweise werden im Kapitel der praktischen Anwendungen bei Gesunden und Kranken zitiert.

Wer spezielle Fragen zum Kosmoton beantwortet haben will, der lese das Schlußkapitel »Spezielle Fragen«. (S. 147)

Das Inhaltsverzeichnis gibt einen genauen Überblick über alle weiteren interessanten Kapitel.

Bei der Arbeit an diesem Buch trat *die allgemeine wahre Gesundheitslehre* und die ebenfalls seit vielen Jahrtausenden gelehrte und erfolgreich praktizierte *wahre Heilkunde* (medicina perennis) so sehr in den Vordergrund, daß das vorliegende Buch weit mehr ein allgemein nützliches Lebensbuch geworden ist. Das Kosmoton spielt darin fast nur noch eine zusätzliche, sekundäre Rolle, nämlich als Hilfsmittel zur Erlangung des wichtigsten Wissens vom Leben. Deshalb liegt das Herz des vorliegenden Buches im Hauptkapitel IV »Zur wahren Gesundheitskunde« und im Hauptkapitel V »Zur wahren Heilkunde«.

Der Begründer der heute weltweit in Theorie und Praxis gelehrten, auch staatlich anerkannten irdischen Baubiologie und Wohnbiologie, der deutsche Arzt Dr. Hubert Palm, der Verfasser des Buches »Das gesunde Haus«, hat im Kosmoton die himmlische Baubiologie und Wohnbiologie urtypisch und wirkkräftig dargestellt. So ist das Kosmoton zu einem Urbild und Lehrmuster der Technobiologie geworden, folgend der Biotechnik. Die künftige Technik wird Biotechnik sein oder nicht sein. Denn alle unbiologische und daher praktisch lebenswidrige Technik, auch Technokratie genannt, schädigt den Menschen und seine Welt. Das aber verletzt Menschenrecht und Menschenpflicht. Dieses Unrecht wird immer klarer erkannt und künftig verboten werden. Wer daher die Biotechnik erlernen will, der muß das Kosmoton verstehen lernen, dieses gesunde himmlische Haus in Mikroform. Nur in dem Maß, in dem er das Kosmoton versteht, wird seine Rede von Lebensqualität, Biotechnik und Biotechnologie objektiv wahrhaftig sein. Und nur in diesem Maß kann er durch seine Worte und Werke dem Leben dienen.

I. WAS IST EIN KOSMOTON?

Seine wissenschaftlichen Grundlagen

Ein Kosmoton ist ein Gerät, das nach Paracelsus und Kepler die guten Lebensenergien, von denen alle Lebewesen leben, in einer Urform aus dem ganzen Kosmos magnetisch anzieht, dann aus dieser höheren Ebene in unsere Welt transformiert und drittens in seine Umgebung ausfeldet, ausstrahlt und ausströmt. Es ist genau besehen ein Kosmos im Kleinen. Jedoch ist er ein in Richtung auf seine ursprüngliche Schöpfungsidee hin verbesserter lebendiger Mikrokosmos.

Das Kosmoton ist daher konstruiert worden nach den grundlegenden Ideen von Paracelsus und Kepler.

Wer sind diese beiden heute weltberühmten Männer? Paracelsus (1493-1541) ist der erfolgreichste Arzt der zweitausendjährigen abendländischen Kultur. Dieser weitgereiste und welterfahrene Gelehrte hat die erste Grundlage für die Entwicklung des Kosmoton-Medaillons dargelegt. Er gab nämlich aufgrund Jahrtausende alter Erfahrungen den Rat, *die sieben Buntmetalle* zur Wiederherstellung, Festigung und Verbesserung der Gesundheit zu nutzen, da sie *die Lebenskräfte der Sonne und ihrer Planeten an die sieben Hauptorgane des menschlichen Organismus vermitteln.*

Paracelsus erklärte, daß alle Krankheiten heilbar sind. Und er bewies dies auch sehr oft durch Heilungen von Kranken, die weithin als unheilbar galten. Deshalb ist die höchste deutsche Auszeichnung für Ärzte die Paracelsus-Medaille. Deshalb hat die Konstruktion des Kosmoton-Medaillons eine anerkannt wissenschaftliche Grundlage.

Wer ist der zweite große Wissenschaftler, dessen Hauptlehre im Kosmoton verwirklicht wurde? Johannes Kepler (1571-1630) ist ein berühmter Astronom der Neuzeit, zugleich und zuerst ein Astrologe im guten Sinne der jüdischen und christlichen Schöpfungsgeschichte (Gen. 1,14). Er hat als erster alle Abstände der Hauptplaneten und ihre Bahnen am Himmel exakt ausgemessen. Und hierbei ist er nicht bei Zahlen als bloßen Quantitäten stehen geblieben, sondern er hat gemäß der Tradition der Naturwissenschaft der Hochkulturen vor allem *die Lebensqualitäten des Sonnensystemes* erforscht. Mit seinem Geistesauge, mit dem Auge des wahren Gelehrten hat er nämlich erkannt, daß die schon von Pythagoras berechneten Urharmonien die Abstände der Planetenbahnen und somit deren Schwingungen beherrschen. Und Harmonie ist Leben! Disharmonie ist Krankheit und Tod! - Harmonie ist Ordnung! Und »Ordnung ist das ganze Leben« (Titel einer Vorlesungsreihe der Universität Konstanz 1987/88). Die Unordnung, durch den Zufall und das Chaos gekennzeichnet, zerstört das Leben.

Die Urordnung alles Lebens hat Kepler in seinem berühmten Buch »Weltharmonik« (Harmonice mundi) beschrieben. Mit diesem seinem wissenschaftlichen Hauptwerk hat er die zweite Grundlage zur Konstruktion des Kosmoton geschaffen. Zugleich hat er hiermit auch die Grunddaten der Konstruktion zukünftiger biophysikalischer, mit dem lebendigen Kosmos harmonierender Geräte aller Arten angegeben. Denn die wichtigsten Geräte des menschlichen Lebens sind die festen Häuser und die mobilen, die Autos, Schiffe und Flugzeuge. Alle lebensgerechten, somit gesunden Geräte und alle Heilgeräte sollten lebensgerecht in der Weltharmonik das Urbild ihrer Konstruktion haben. Denn sie sollen alle kosmosweit und also kosmosintegriert umweltgerecht funktionieren. -

Die lebensqualifizierte Natur des Kosmos

Aber ist der Kosmos nicht nur ein toter Trümmerhaufen? Nein! Paracelsus und Kepler lehren in Übereinstimmung mit fast allen Religionen und allen Kulturen der Menschheit, daß Gott der Schöpfer von allem ist und somit ein Lebendiger. Logischerweise schafft er nur Lebensqualifiziertes und nichts Totes, nur Heiles und Ganzes, nichts Wüstes und Leeres.

Der Kosmos sei daher in seinem wahren, höheren Wesen ein lebendiger Organismus. Das lehrt auch Hildegard von Bingen. Die Sterne -wie uns zunächst die Sonne und ihre Planeten- seien in der Schöpfung Gottes Zentren des Lebens. Sie würden wie »Lichter« alles Leben »beherrschen« (Gen. 1,14). Daher würden sie aus ihren Lebensfeldern reale Lebensqualitäten in Form von Strahlen und Strömen aussenden, teils in unmaterieller Art und teils auch in materieller Gestalt. Weiß heute nicht jeder, daß alle Lebewesen auf Erden zuerst von den -stets qualifizierten!- Licht- und Wärmestrahlen der Sonne leben! Somit von ihren Lebensstrahlen! Diese kann man in ihrer Qualität und also im Wesentlichen nicht künstlich nachmachen. Denn Leben kommt logischerweise von Leben und nicht von toter Materie! Totes wirkt tötend!

Paracelsus lehrt weiter: Der Erden-Mensch sei ein Mikrokosmos, nämlich ein Ebenbild und Gleichnis des im Grunde von Leben, von Harmonie und Qualität erfüllten großen Kosmos, des Makrokosmos. Denn dieser sei ein Teil der Schöpfung Gottes, des Lebendigen.

Jedoch sei der derzeitige Kosmos durch die Einwirkung Luzifers und auch durch den Fall des Menschen größtenteils in seinen Qualitäten und also Lebensprinzipien degeneriert, somit verunstaltet (Gen 3.). Der Kosmos bestehe daher nicht mehr aus einem friedlichen Paradies voller Leben, sondern er enthalte auch viele Wüsten und Leeren. Er sei ein Reich, das aus Licht und Finsternis gemischt ist, aus Gutem und Ungutem, aus Qualität und Unqualität. Das sei das Wesentliche bei der Erkenntnis des Kosmos.

Deshalb habe der Mensch nicht nur die Harmonien und guten Lebenskräfte des Kosmos in sich, sondern auch dessen Finsternis und Disharmonien. Dies gelte gleicherweise für seine Seele und seinen Leib. Nur in seiner wahren, rein guten Urnatur sei der Mensch als Kind Gottes dessen Ebenbild und Gleichnis. Darin sei er auch ein Abbild des guten Urkosmos.

Von dieser guten Urnatur Gottes und seiner Urschöpfung ausgehend, die in der Schöpfungsgeschichte bis zum Kap. 2,4 beschrieben wird, sagt Paracelsus, könne man mit Hilfe der guten Lebensqualitäten des Kosmos, die unguten Unqualitäten möglichst scheidend, abweisend und ausscheidend, die geschwächte und vielfältig auch ungute Natur des Erdenmenschen stärken, regenerieren und heilen. Die großen Lebensqualitäten des Kosmos, von Paracelsus Entien, Arcana, Magisteria und Quintessenzen genannt, werden nicht nur durch die sieben Haupthimmelskörper des Sonnensystemes ausgefeldet, ausgestrahlt und ausgeströmt, sondern sie kommen zuerst aus dem ganzen weiten Kosmos. Und zuletzt kann man die zu allem Leben erforderlichen Lebensqualitäten auch in materieller Gestalt durch die vier Elemente, durch Kristalle bzw. Salze, durch Pflanzen und Tiere erlangen.

Makrokosmos und Mikrokosmos

Auf dieser Grundlehre der Einheit von dem durch und durch belebten und im Grunde hoch sinnvoll geordneten Makrokosmos um uns und dem analogen Mikrokosmos in uns Menschen bauen alle Kulturen der Menschheit auf. Die wahre, immerwährende Heilkunde (medicina perennis) gründet in dieser fundamentalen naturwissenschaftlichen Erkenntnis. Nicht nur die Religionen bejahen diese Wissenschaft, zu der das Auge des Geistes erforderlich ist. Diese Urordnung des Lebens aus den Sternen wurde bereits schon aus der Hl. Schrift der Juden und Christen zitiert (Gen 1,14 f.).

Auch die alten Chinesen lehren, daß der Mensch sich in die Einheit eines lebenerfüllten Himmels und einer im Grunde gleichen Erde, von Yin und Yang, zu integrieren habe. Moderne Physiker wie Heisenberg, Einstein, der die bloße Quantentheorie des Lebens in ihrer Lebensfremdheit und in ihrem Chaotismus strikt ablehnte -er sagte »Gott würfelt nicht«-, Max Planck und Capra lehren diese alte Grundweisheit wieder in Ansätzen auf ihre Art. Und die Ökologie, die Lehre vom Lebenshaushalt der ganzen Welt, somit des ganzen Kosmos, lehrt uns täglich neu mit vielen Konsequenzen für Gesundheit und Krankheit, daß wir uns in die gute, die lebensqualifizierte Natur der Schöpfung Gottes einzuordnen haben, daß wir sie zu bewahren haben und sie nicht ruinieren und vergiften dürfen aus einer total lebensfremden, geistig verkrüppelten, nur quantitativen ideologischen Weltsicht heraus. Denn das bringt nicht nur den Pflanzen und Tieren den Tod, sondern auch uns selber.

Wir haben daher zuerst eine seelisch total verunstaltete, nur mechanistische Ideologie der Selbstevolution des Chaos der bloßen Quantitäten zu überwinden. Diese diabolische Knall- und weitere Zerstörungs- und Kriegs-Ideologie, gekennzeichnet durch einen geistigen Muskelschwund, ist nach dem Urteil großer Gelehrter, wie des Atomphysikers Heitler, das verderblichste moderne Wahngebilde. Sie besteht aus lauter fundamentalen Selbstwidersprüchen.

Die Uraufgabe des Menschen besteht naturgesetzlich und auch gemäß der Offenbarung Gottes darin, die vielfältig kranke Welt, zuerst die seines eigenen Organismus, zu »bebauen« und somit wieder in ein heiles, voll gesundes, höchst lebenerfülltes Paradies zu wandeln (Gen. 2,15 und 3,17-19).

Diese von Gott allen Menschen aufgetragene Grundpflicht, die schuldhaft vielfältig wüst und leer gewordene »Erde« zu bebauen und somit alles gestörte Leben regenerierend zu kultivieren, erfüllt in besonderem Maße der rechte Arzt. Er erforscht, wie der Mensch optimal gesund lebt; und er lehrt die Wissenschaft und Praxis vom gesunden Leben. In der Krankheit erforscht und lehrt er, wie man mit Hilfe von Medikamenten und Heilgeräten -das gesunde Bett ist beispielsweise ein universales Heilgerät- am sichersten und erfolgreichsten den Heilweg zur Gesundheit geht. Hierbei gibt es umständliche, schwierige und auch einfache, bequeme Wege. Jeder Kranke soll seinen eigenen Weg gehen.

In den Heilmitteln und Heilgeräten ist Paracelsus Vorbild. Er lehrt zuerst mit Hippokrates und den anderen großen Ärzten der Menschheit, daß alle gesunden Dinge zugleich auch Heilqualitäten haben sollen. Insbesondere gibt er Rezepte zu großen, vielfältig heilwirksamen Medikamenten an. Unter anderem rät er, man solle die sieben Buntmetalle lebensgerecht, insbesondere kosmosgerecht zu Medikamenten verarbeiten. Warum? Weil diese sieben Grundmetalle die Lebensqualitäten der sieben Haupthimmelskörper vermitteln können und zugleich den sieben Hauptlebensfunktionen des Organismus entsprechen würden. Deren materialisierte Gestalt sind die sieben Hauptorgane des Menschen.

So lehrt Paracelsus, daß das Gold die Lebenskräfte der Sonne vermitteln könne. Und diese würden zuerst dem Herzen helfen. Tatsächlich werden bis zum heutigen Tag Goldmedikamente für Herzbeschwerden bei Gesunden und Kranken erfolgreich verwandt, etwa in der Homöopathie. Er lehrt weiter, die Lebensstrahlen des Mondes würde das Silber vermitteln, das den Magen beherrsche. Tatsächlich werden in der Medizin viele Silbermedikamente für den schwachen Magen und auch für Magenkrankheiten, wie Magengeschwüre, erfolgreich verwandt. Und er erklärte weiter, daß die Kräfte der Venus, die durch das Kupfer wirken würden, der Niere helfen können, gesund und widerstandsfähig zu bleiben oder zu werden. Die Lebenskräfte des Mars, die durch das Eisen wirken, könnten der Galle helfen; die durch das Zinn wirkenden Lebenskräfte des Jupiters könnten der Leber helfen und so fort.

Solche guten Medikamente muß man beständig neu herstellen, neu kaufen und regelmäßig schlucken. Zudem sind solche Medikamente nicht einfach herstellbar, somit auch nicht billig.

Deshalb wurde von einem Paracelsus-Arzt aufgrund der modernen Kenntnisse von Strahlen, Wellen, Antennen, Transformatoren usf. und speziell aufgrund der folgend beschriebenen Forschungsergebnisse von Lakhovsky und Kolisko-Pfeiffer ein bioenergetisches Schwingkreisgerät entwickelt. Es enthält die sieben Lebensmetalle nach Paracelsus und Kepler in den kreisförmigen Bahnen der sieben Haupthimmelskörper. Denn diese Kreisformen sind bekanntlich Antennen- und Transformatorformen. Das hat unsere Wissenschaft erst nach dem Tode Keplers erkannt. So wurde mit dem Kosmoton gleichsam ein Himmelstransformator entwickelt für die Lebenskräfte, die nach Paracelsus und Kepler aus dem ganzen Sonnensystem mit all seinen Planeten auf die Erde strahlen und von denen alle Lebewesen leben.

Das wirkkräftige Mikrosonnensystem

Dieser Lebensstrahlen- und Lebenswellentransformator sieht wie ein rundes Brennglas aus, das die Sonnenstrahlen harmonisch konzentriert. Um jedoch die Lebensqualitäten des ganzen Sonnensystemes in sich zu konzentrieren, ist das als Medaillon geformte, universale Empfangs- und

Sendegerät ein in den Planetenbahnen vollständiges und in seinen Materialien hoch qualifiziertes Mikrosonnensystem.

Zudem ist es möglichst harmonisch geformt, also unter Vermeidung von Disharmonien des Sonnensystemes im Makrokosmos. Dieses harmonische Kosmosgerät kann daher selektiv die guten strahlenförmigen Lebensqualitäten des ganzen Sonnensystemes und aller Sonnensysteme des Kosmos in sich konzentrieren und wie ein Trafo in seine Umwelt vermitteln.

Das Kosmoton ist gemäß der oben genannten Kulturpflicht biophysikalisch so konstruiert, daß es disharmonische Feldwirkungen, Strahlen und Ströme möglichst nicht aufnimmt, sondern sogar noch abwehrt. Denn von der Sonne und den Planeten, auch aus dem ganzen weiten Kosmos strahlt nicht nur Gutes auf die Erde. Beispielsweise können bestimmte Sonnenstrahlen auch einen Hautkrebs verursachen. Daher besteht ein Hauptteil der Konstruktion des Kosmoton darin, in ihm alles Harmonische zu vereinigen und alles Disharmonische zu vermeiden, sodaß es selektiv das Harmonische, das Gute aufnimmt und nicht das Ungute, das Lebensunqualifizierte.

Diese Konstruktion als Medaillon hat den großen Vorteil, daß durch sie die praktisch unerschöpflichen Lebenskräfte der Sonne und ihrer Planeten, sowie analoger Sonnensysteme, ununterbrochen jahraus jahrein angezogen werden, transformiert und an den Träger dieses Gerätes oder an seine andere Umwelt hilfreich ausgestrahlt werden. Es ist dann nicht erforderlich, zur Erlangung der sieben Grundkräfte alles Lebens ständig Medikamente neu herzustellen, neu zu kaufen und immer wieder zu schlucken.

Außerdem ist das Kosmoton-Medaillon höchst bequem in der Anwendung. Es kann in jeder Lage angewandt werden. Hier unterscheidet es sich vorteilhaft von der Mini-Cheops-Pyramide, die zwar allerlei kosmische Lebensenergien vermittelt, die man jedoch fest in der Nord-Süd-Richtung waagerecht aufstellen muß und daher nicht ständig bei sich führen kann.

Weiterhin muß das Kosmoton nicht auf der Haut getragen werden, sondern es wirkt mit seinem kugelförmigen Feld auch noch in beträchtlicher Entfernung vom Körper. Daher kann man es auch in der Hosentasche oder Handtasche bei sich tragen oder nachts auf den Nachttisch legen, ohne sein schützendes und alle Lebenskräfte ganzheitlich stärkendes Lebensfeld zu verlassen.

Ein Gerät nach Kepler ist das Kosmoton insbesondere, weil nach diesem weltberühmten Astronomen und Astrosophen die Planeten-Schwingkreise im Kosmoton kosmosgerecht angeordnet sind, nämlich in der Reihenfolge der Planetenbahnen am Himmel. Um einen goldenen

Kern herum, der die Kräfte der Sonne vermittelt, liegt ein Quecksilberring in Glas, der die Merkurwirkung vermittelt. Das Quecksilber ist hier durch das Glas und das Kosmotongehäuse noch weit sicherer geschützt als zum Beispiel in einem Fieberthermometer. Dann folgt ein Kupferring für die Lebensenergien der Venus, dann ein Silberring für die Lebensenergien des Mondes als Stellvertreters und Hüters der Erde, dann ein Eisenring für die Lebensenergien des Mars, dann ein Zinnring für den Jupiter und schließlich ein Bleiring für den Saturn, den Hüter der Schwelle zu einem höheren Lebensbereich. Denn die dann folgenden Planeten bilden eine höhere Oktav. Sie werden durch die Planeten der unteren Oktave mit vertreten.

Zur Klarheit folgt ein systematischer Überblick:

Die Lebenskräfte der Sonne wirken durch das Gold vorzüglich zentral auf die Herzfunktion.

Die Lebenskräfte des Planeten Merkur wirken durch das Quecksilber vorzüglich auf die Lunge.

Der Planet Venus wirkt durch das Kupfer vorzüglich auf die Nieren.

Der Planet Mond wirkt durch das Silber vorzüglich auf den Magen.

Der Planet Mars wirkt durch das Eisen vorzüglich auf die Galle.

Der Planet Jupiter wirkt durch das Zinn vorzüglich auf die Leber.

Der Planet Saturn wirkt durch das Blei vorzüglich auf die Milz.

Genauer müßte man sagen, daß jeder Himmelskörper mit vermutlich seinen gesamten Bioenergien durch »sein« Metall vorzüglich über »sein« Organ auf den ganzen Menschen wirkt.

Die siebeneinheitliche Anordnung der Planeten am Himmel um die Sonne sei eine universal alles Leben beherrschende und deshalb sehr »wirkkräftige Konstellation«, sagt Kepler. Ihr Abbild im Kosmoton ist in seiner Harmonie noch immer derart wirkkräftig, daß es vorzüglich selektiv die guten, die lebensqualifizierten Bioenergien der Sonne und der Planeten anziehen und verarbeiten kann und so die gesamte Grundordnung des Organismus regenerieren kann.

Das wirkkräftige Urbild des Mikrokosmos

Was trägt Nikolaus von der Flüe zum Kosmoton bei?

Aber das Kosmoton ist nicht nur ein Paracelsus- und Keplergerät. Als eine weitere »wirkkräftige Konstellation« nach den sieben Himmelsmetallen und ihrer sonnensystemgerechten Anordnung wurde das Urbild des Kosmos in reinem Gold in das Kosmoton eingeprägt. Weshalb?

Nikolaus von der Flüe, der Schweizer Nationalheilige und große Friedensstifter lebte nach glaubwürdigen zeitgenössischen Berichten Jahrzehnte lang ohne irdische Speise und Trank, nur genährt von den höchst harmonischen, in sich friedlichen kosmischen und überkosmischen Kräften. Dazu meditierte er viel vor einem Bild, das die Grundordnungskräfte und also Lebenskräfte des ganzen weiten Kosmos, der ja noch erheblich größer als das Sonnensystem ist, auf geistig-seelische Art »wirkkräftig« vermittelt.

Viele Menschen meditieren seit Jahrhunderten vor diesem Urbild, das Gott in einer großen Vision den Nikolaus von der Flüe schauen ließ. Bei einer solchen Meditation wurde erkannt, daß dieses Urbild nicht nur geistig-seelisch, sondern auch körperlich biologisch sehr viel helfen kann, jedoch nur dann, wenn man es in reinem Golde formt. Das wurde getan.

Die Erfahrung mit diesem Urbild auf dem Kosmoton an Gesunden und Kranken ergab, daß hier ebenfalls ein universales Gesundheitsgerät gefunden worden war. Doch im Unterschied zu dem überwiegend biologisch körperlich wirksamen Mikrosonnensystem wirkt das Mikro-Kosmossystem von Nikolaus von der Flüe überwiegend seelisch-geistig.

Die Kombination der zwei »wirkkräftigen Konstellationen« (Kepler)

So hatte der Erfinder des Himmelstransformators nun zwei »wirkkräftige Konstellationen« mit kosmischer Wirkung, nämlich das Mikrosonnensystem und das Mikrokosmossystem. Könnte man jedes nur für sich verwenden? Da das Sonnensystem und also jedes harmonische Sonnensystem ein integraler Bestandteil des ganzen harmonischen Kosmos ist, so mußte es möglich sein, diese beiden Wirksysteme integral harmonisch miteinander zu kombinieren. Denn es existiert nach Pythagoras und Kepler nur eine einzige harmonikale Urordnung. Wie auch nur ein einziger Goldener Schnitt existiert. In zahlreichen Experimenten mit immer neuen Erfahrungen und Überlegungen wurde schließlich die ideal naturgerechte und naturgesetzliche Kombination des Mikrosonnensystemes mit dem Mikrokosmossystem gefunden. Sachgerecht wurde diese schöpfungsgerechte Kombination auf den Namen KOSMOTON getauft. Denn dieses universal hilfreiche Lebensgerät harmonisiert und tonisiert kosmobiologisch, insbesondere kosmobiotechnologisch.

II. EXAKTE WISSENSCHAFTLICHE BEWEISE

Wir werden heute mit so vielen Informationen überschüttet, daß wir für große Behauptungen zu Recht mehrere solide Beweise verlangen, ehe wir uns mit einer solchen Sache überhaupt befassen. Und mit dem Kosmoton wird eine gewaltig große Behauptung aufgestellt. Zwar verdienen Paracelsus, Kepler und Nikolaus von der Flüe allein durch ihre Person und ihre Erfolge schon größtes Vertrauen, ebenso durch ihre Lebens-Logik als Kosmo-Logik, als Logik der Schöpfung Gottes. Gibt es jedoch nicht noch mehr Beweise? Einige sollen folgend angeführt werden.

Der Erfahrungsbericht der Bircher-Benner-Klinik in Zürich

Unsere Wissenschaft ist Erfahrungswissenschaft und kein theoretischer Spekulationsbetrieb, schon garnicht von abergläubischer, materialistischer und mechanistischer Art. Denn der radikale Aberglaube, daß das Leben aus dem Toten kommt, nämlich durch dessen räumliche Bewegung, und daß die Ordnung aus der Unordnung durch unordentliche Bewegung kommt, herrscht heute im Untergang des alten Abendlandes und alten Morgenlandes noch immer weltweit.

In erster Linie maßgebend für die Heilwirksamkeit eines Gesundheitsgerätes, genauso wie einer gesunden Diät, ist daher die Erfahrung am kranken Menschen. Sie ist auch erheblich überzeugender als die Erfahrung am gesunden Menschen. So wurde an der berühmten Bircher-Benner-Klinik in Zürich die denkbar schwerste aller Prüfungen durchgeführt, nämlich an praktisch unheilbar Kranken. In dem erfahrungswissenschaftlichen Zeugnis heißt es, daß die Prüfung bei »Chronischkranken mit diversen Störungen, die bisher weder mit klinischen noch mit außerklinischen Methoden zu bessern waren«, durchgeführt wurde. Es wurde keine Auswahl unter diesen bisher praktisch unheilbar Kranken vorgenommen.

Und was war das Ergebnis? Es wurde eine heilsame »Wirksamkeit bei 57,8%« festgestellt!

Und das schon bei einer Versuchsdauer von nur »8 Wochen«.

Unter den Versuchspersonen, welche die Besserung an sich selber feststellten, waren auch »zwei Ärzte«.

Wo in der Welt wurde je ein Medikament, Gesundheitsgerät oder Heilgerät dieser schwersten aller Prüfungen unterzogen? Und zum Überfluß ergab sich dann noch eine »Wirksamkeit bei 57,8%«! (Siehe Anhang Bild 1).

Dieses erfahrungswissenschaftliche Versuchsergebnis wirkt auf jeden Arzt und jede medizinisch informierte Person derart umwerfend, daß man noch nach weiteren wissenschaftlichen Beweisen verlangt. Insbesondere will man dann auch den Wirkzusammenhang verstehen, den Kausalnexus, wie der Wissenschaftler sagt.

Lakhovskys Kupferring heilt Krebs bei Pflanzen

Die Französische Akademie der Wissenschaften, in ihrem weltweiten Ansehen vergleichbar mit der deutschen Max-Planck-Gesellschaft, jedoch weit älter, hat die Forschungen Georges Lakhovskys in Paris gefördert. Er hatte zu Beginn des 20. Jahrhunderts exakt nachgewiesen, daß man mit einem Kupferring in einer bestimmten Anordnung krebskranke Pflanzen heilen und darüber hinaus ihre Lebenskräfte so sehr fördern kann, daß sie noch viel reicher blühen und größer wachsen als Vergleichspflanzen, die nicht an Krebs erkrankt sind. (Siehe Bild 2 und 3 im Anhang).

Dieses Experiment hatte ein gewaltiges Aufsehen in der zivilisierten Welt erregt. Denn man kann den Krebs bei Pflanzen auf keine andere Art heilen. Der Pflanzenkrebs hat eine ähnliche Wirkung wie beim Menschen. Daher hatten viele Kliniken in Europa und USA nach Lakhovskys Veröffentlichungen Kupferringe um die Betten ihrer Krebskranken angebracht. Es kam in der Regel zu mehr oder weniger lange anhaltenden erheblichen Besserungen. Aber Heilungen konnten beim Menschen nicht sicher nachgewiesen werden. (Nachweise bei Lakhovsky).

Lakhovsky hatte nur einen einzigen Metallring verwandt, in der Regel einen Kupferring. Er ist nach Paracelsus dem Planeten Venus zugeordnet, sodaß er die Lebenskräfte der Venus vermitteln kann. Diese wird in der Astrologie auch bei Kepler, dem berühmten Astronomen, »das kleine Glück« genannt. Die Lebensstrahlen der Venus werden nach Paracelsus als wohltätig erfahren.

Das Kosmoton enthält ebenfalls einen Schwingkreis-Ring aus Kupfer. Aber es enthält die ganze himmlische Oktav aller sieben Buntmetalle der Sonne und ihrer Planeten in jeweils ringförmigen »wirkkräftigen Konstellationen« (Kepler) gemäß der von Gott gesetzten und zugleich mathematisch harmonikalen, kosmischen Anordnung. Daher kann das Kosmoton siebenfach mehr wirken! Und es kann noch erheblich über das Siebenfache hinaus wirken, da die Ganzheit der Siebeneinheit qualitativ noch weit mehr ist, daher auch mehr wert ist, als die bloße Summe der sieben Teile.

Der siebenfache Beweis der Lebensqualitäten der Buntmetalle

Ein wissenschaftlich gebildeter Mensch von heute fragt sich nach solchen ersten Informationen verwundert: Wie kann denn ein bestimmtes Metall auf die -stets lebensqualifizierte!- Strahlung nur eines bestimmten Planeten reagieren? Wie soll man sich das denn physikalisch vorstellen?

Zunächst einmal erscheint das kaum erklärbar. Das fragten sich auch die beiden schweizerisch-deutschen Forscher L. Kolisko und E. Pfeiffer in der ersten Hälfte des 20. Jahrhunderts. So überlegten sie: In allen Kulturen ist bei den Naturwissenschaftlern, etwa bei Paracelsus, die Behauptung zu finden, daß die sieben Buntmetalle Gold, Silber, Kupfer usf. die Lebensqualitäten der sieben Haupthimmelskörper Sonne, Mond, Venus usf. vermitteln würden. Wie kann man diese Behauptung experimentell labortechnisch nachprüfen?

Zu diesem Zweck nahmen sie viele Reagenzgläser und füllten in jedes eines der gelösten Metallsalze, also eine Goldlösung in das eine Glas, eine Silberlösung in das zweite Glas, eine Kupferlösung in das dritte Glas usf. Daneben fertigten sie auch kombinierte Lösungen wie beispielsweise eine Gold-Silber-Lösung. Dann wurde in jedes Glas ein saugfähiges Papier (Chromatografiepapier) eingesteckt. In ihm stieg die Lösung hoch und bildete ein schön geordnet geformtes Steigbild. Jedes Metallsalz bildete seinem Wesen und also seiner Lebensqualität entsprechend ein anderes schön geordnetes Bild in und auf dem Papier.

Diese Steigbilder wurden nun beobachtet, wenn am Himmel der Mond einen der Wandelsterne bedeckte, etwa die Venus oder den Mars oder den Saturn. Und dann geschah etwas Sensationelles: Wenn der Mond am Himmel sich vor die Venus schob, sodaß deren stets geradlinige Strahlen nicht mehr das Reagenzglas im Labor erreichen konnten, dann löste sich in kurzer Zeit das schön geformte Steigbild des Kupfers in ein formloses Chaos auf. Jedoch nur dieses Bild verlor seine harmonikalen Formen. Die anderen Steigbilder blieben unverändert in ihrer schönen Ordnungsform. Deren Lebensqualitäten wurden somit nicht verändert.

Wenn nach einiger Zeit der Mond an der Venus vorbei gewandert war und die Strahlen der Venus wieder das Labor auf der Erde und dort die Metallsalze im Glas erreichen konnten, dann bildete sich langsam das schöne Kupfer-Steigbild wieder neu. Zu dem Wiederaufbau dieser Ordnung wurden zwei bis drei Stunden benötigt. Die Zerstörung der Lebensbilder benötigte dagegen nur wenige Minuten.

Man bedenke hierbei, daß die regelmäßig schön und also ordnungsgemäß geformten Steigbilder die Wirkung von Lebensqualitäten anzeigten. Denn jede Ordnungsform ist eine Lebensform. »Ordnung ist das ganze Leben«, wie auch unsere heutige Wissenschaft erklärt. Die Unordnung dagegen ist ein Anzeichen der Lebensunqualifiziertheit, der Krankheit und des Todes. Eine Krebsgeschwulst wird unter dem Mikroskop daran erkannt, daß ihre Zellstruktur chaotisch ungeordnet ist.

Wenn der Mond zu einer anderen Zeit den Mars bedeckte, dann fiel nur das Steigbild des Eisens in sich wie tot zusammen, kein anderes. Und es bildete sich wieder lebensgerecht geordnet neu, wenn die Strahlen des Mars wieder zum Reagenzglas gelangen konnten. Dasselbe zeigte sich bei allen sieben Himmelskörpern.

Besonders deutlich zeigte sich die Wirkung der Himmelskörper auf »ihre« Metalle bei einer totalen Sonnenfinsternis, in der sich der Mond vor die Sonne stellt, auf eine Gold-Silberlösung. Das normalerweise in Form und Farbe sehr schöne Gold-Silber-Steigbild löste sich in der Sonnenfinsternis fast in nichts auf. Nur zwei strukturlose und also unharmonische kleine Flecken blieben übrig. (Siehe Bilder 4 und 5 im Anhang). Erst Stunden nach der Sonnenfinsternis bildete sich das chromatografische Gold-Silber-Steigbild wieder neu in schöner Farbenharmonie und in geordneter Form.

Was war durch diese sich über Jahre hinweg erstreckende Experimentalserie exakt erfahrungswissenschaftlich bewiesen worden?

1. Daß von der Sonne und auch von ihren Planeten Ordnungsenergien, d.h. qualifizierte Lebensenergien ausgehen.

2. Daß die Lebensenergien jedes Himmelskörpers nur von »seinem« Metall empfangen werden können. Woraus folgt, daß eine qualitative Wesensgleichheit zwischen jedem Stern und »seinem« Metall bestehen muß. Diese Bio-Kosmo-Analogie ist die Grundlage des Biomagnetismus der sieben Buntmetalle und die Grundlage der so wirksamen Metall-Medikamente von Paracelsus und der gegenwärtigen Medizin, wie etwa bei den Goldmedikamenten für das Herz und den Silbermedikamenten für den Magen.

3. Die lebensqualifizierten Energien der Himmelskörper kann das Metall vermitteln, z.B. in die harmonischen Formen des Steigbildes im Papier. In diesem Bild zeigen sich Ordnungsformen und auch Ordnungen in den Farbharmonien. Nach wissenschaftlicher Grunderkenntnis sind Ordnungsformen Lebensformen. Denn Ordnung ist ein Urkennzeichen des gesun-

den Lebens. Hier liegt somit ein weiterer Beweis vor, daß von den Sternen Lebensenergien ausgehen.

4. Bei anderen Metallen zeigt sich bisher keine Zuordnung von Sternen und Ordnungsformen. Also wird die alte Lehre bestätigt: Jedes der sieben Buntmetalle vermittelt aus dem Sonnensystem eine von sieben Grundenergien des irdischen Lebens.

5. Zugleich war exakt bewiesen worden, daß diese Bioenergien hauptsächlich den Strahlenweg gingen. Sie bestanden also in lebensqualifiziert modulierten Strahlen. Die Frequenz war offenbar nebensächlich. Auf die qualifizierte oder unqualifizierte Modulation kam es daher vermutlich an.

Man kann hier auch von Lebenswellen sprechen, wie es Lakhovsky tat. Weshalb man von Lebensstrahlen sprechen kann oder logischerweise sprechen muß, die von der Sonne und ihren Planeten ausgehen.

Es waren also hauptsächlich keine Strömungswirkungen. Denn diese hätten auch um den Mond herum fließen können. Und es waren auch nicht hauptsächlich Feldwirkungen. Denn diese wären um den Mond herum im gesamten Feld bestehen geblieben.

Wenn keine Lebensenergien und somit Lebenskräfte von der Sonne ausgehen würden, wie könnten dann die Pflanzen durch die Sonnenstrahlen Lebensenergien in sich konzentrieren? Woher denn sonst sollten sie kommen? Leben kommt von Leben! Aus nichts kommt nichts! Dies ist logisch gemäß dem Denkgesetz der Gleichheit von Ursache und Wirkung (Kausalgesetz).

Das Fazit: Was war bei dem Versuch eigentlich neu herausgekommen? Man kann experimentell beweisen, daß auch von den Planeten Lebensstrahlen bzw. Lebenswellen ausgehen, nicht nur von der Sonne. Sie müssen sehr kurzwellig sein, ähnlich den Fernsehwellen, die durch Berge abgeschirmt werden können.

Mit dieser jahrelangen Experimentalserie waren die Grundlehren der Religionen und Kulturen exakt als richtig nachgewiesen worden, daß die Sterne im Kosmos als »Lichter« Lebensquellen sind, die alles Leben »beherrschen« (Vgl. Gen. 1,14 f.).

Sieben Haupthimmelskörper - sieben Buntmetalle - sieben Hauptorgane

Und wie steht es mit den sieben Hauptorganen des Organismus? Daß das Herz auf das Gold, der Magen auf das Silber usf. reagiert, das zählt zum Erfahrungswissen auch der heutigen Medizin. Zwar scheinen in der modernen Schulmedizin noch nicht alle sieben Buntmetalle in ihren Grundwirkungen auf die sieben Hauptorgane erforscht zu sein. Aber die lebensqualifiziert arbeitenden Ärzte wie Paracelsus rechnen seit jeher mit der wesensgleichen Siebenordnung der Sterne, der Sternenmetalle und der Organfunktionen.

Also war es bio-logisch, ein Gerät zu konstruieren, welches die strahlenden Bioenergien der sieben Haupthimmelskörper in einer sonnensystemgerechten Anordnung auffängt und wie ein Transformator vermittelt. Doch um endlich auf diese Idee zu kommen, zudem, um sie in jeder wichtigen Hinsicht kosmosgerecht und schöpfungsgerecht auszuführen, dazu bedurfte es der Vorarbeiten vieler Gelehrter in Jahrtausenden.

Existieren noch weitere Beweise von Ordnungen und also Lebensqualitäten der Sterne des Sonnensystemes?

Die Saturnringe

Im Fernrohr machen die Planeten zunächst den Eindruck toter Materiehaufen. Von Totem aber kann kein Leben ausgehen. Doch was zeigten die mit Filmkameras bestückten Weltraumsonden? Sie haben von den Saturnringen so überraschende Bilder gebracht, daß viele Astronomen darüber heute noch sprachlos sind, da sie aufgrund ihrer nur mechanischen Ausbildung Ordnungen und also Lebensqualitäten nicht verstehen können. Denn die Bilder zeigen hoch harmonisch geordnete Ringe. Und Ordnung ist bekanntlich ein Ausweis der Lebensqualitäten. Die Ringe um den Saturn sind sogar farblich gegliedert! Zudem zeigen sie Speichen und regelmäßige Zopfmuster, die ihre Ordnung über mehrere hunderttausend Kilometer hinweg wahren. - Wo wären noch Menschen, die wagen würden, diese hoch differenzierte, ganzheitliche, harmonische Ordnung als eine Wirkung des Zufalles und also des Chaos zu erklären? Das wäre ein zu arger Selbstwiderspruch. Und einen erkannten Selbstwiderspruch aufrecht zu erhalten, das macht den Menschen undiskutabel, von Wissenschaft noch nicht zu reden.

Aus Unordnung kann logischerweise nur Unordnung kommen. Da aber in den Saturnringen eine hoch differenzierte, vielgliedrige Ordnung in Formen und Farben herrscht, ergibt sich logisch unausweichlich, daß das Feld des Saturns hoch lebensqualifiziert sein muß. Folglich muß auch seine im Feld gründende Strahlung lebensqualifiziert sein. Das haben im Laborexperiment die schön geordneten Steigbilder des Bleisalzes bewiesen.

Ordnung ist nun einmal ein Urkennzeichen des Lebens. Das wird seit jeher auf den hohen Schulen aller Kulturen und in jeder kultivierten Familie gelehrt. Ordnung ist Lebensqualität! Somit ist der Saturn ein Lebenszentrum, genauso wie jeder andere der sieben Haupthimmelskörper des Sonnensystemes.

Also ist durch diese Tausende von Fotos bewiesen, daß vom Planeten Saturn hoch harmonisch geordnete Energien ausgehen. Man nennt sie sachgerecht Bioenergien oder schon seit alter Zeit Lebenskräfte. (Bild 6)

Auch die anderen Planeten und die Sonne haben Ordnungsfelder

Die Weltraumsonden zeigen sehr klar, daß auch andere Planeten wie Jupiter, Uranus usf. vielfältig schön gegliederte Ringe haben. Weshalb sollte nur der Saturn durch Lebensqualitäten seiner Feldkräfte gekennzeichnet sein?

Ebenso zeigt die Sonne in ihrem Inneren ein hoch gegliedertes Ordnungssystem mit röhrenartigen Supergranulen von ca. 25000 km Durchmesser (Bild 7). Sie ist also kein brodelndes Chaos.

Die realen Lebensqualitäten der Himmelskörper können physikalisch in Feldform, Strahlenform und Strömungsform aktiviert werden. Diese Felder, Strahlen und Ströme bestehen in realen Lebenskräften. Wie anders könnten die Lebensqualitäten wirken? Und wie anders sollte man ihre Aktivierungen nennen? Man muß hier realistisch exakt biophysikalisch denken und solche Worte gebrauchen. Man darf hier nicht mit schön klingenden, aber sachlich nichtssagenden Nebelworten umgehen. Die Lebensqualität ist für die meisten Menschen derzeit nur ein subjektives Gefühl und keine Realität an sich. Das realistische Denken in Lebensqualitäten ist heutzutage zunächst nicht leicht. Denn man muß dann den modernen ungeheuren Aberglauben überwinden, daß die Materie es sei, die lebendig mache, und daß der Geist -nach Stalin nur eine Ausschwitzung der Materie- zu nichts nütze sei als die Materie zu verändern.

Die Weltraumsonden erbrachten somit einen weiteren und zusätzlichen, erhärtenden Beweis für das, was die Forschergruppe Kolisko-Pfeiffer schon auf ihrem anderen experimentellen Weg entdeckt und bewiesen hatte und was die Wissenschaftler der Hochkulturen seit vielen Jahrtausenden einmütig behaupten, wie besonders Paracelsus und Kepler.

Religiöse und kulturelle Belege

Die Schöpfungsgeschichte erklärt das Sonnensystem als Lebensordnung

»Es sollen Lichter werden an der Veste des Himmels, zu scheiden .. Und sie seien zu Zeichen und Zeiten .. damit sie .. erleuchten die Erde .. zu beherrschen .. Und Gott sah, daß es gut war« (Gen. 1,14 f.).

Die »guten« »Lichter« »erleuchten«, also beleben die Erde. Sie »beherrschen«. Was? Alles Leben! Was sonst? Das Ungeordnete und das Unlebendige ist etwas Unbeherrschtes.

Und sie seien »Zeichen«. Zeichen zeigen! Aus Zeichen und dem, was sie zeigen, besteht alle Wissenschaft!

Also hat Gott sogleich zum Beginn der Hl. Schrift klar die kosmische Lebensordnung des Sonnensystemes gelehrt. Denn von »erleuchten« ist hier die Rede. Erleuchtet wird zuerst unser Bewußtsein, sodaß es Wissen erlangt. Wobei es prinzipiell Wissenschaft treibt! Ist somit schon in der Schöpfungsgeschichte der Hl. Schrift von der grundlegenden Naturwissenschaft alles Lebens die Rede? -

St. Franziskus - Der Sonnengesang

Er schreibt und singt in seinem weltberühmten, viel zitierten Sonnengesang: »Gelobt seist Du mein Herr .. mit der edlen Schwester Sonne .. durch den Bruder Mond und die Sterne. Du hast sie am Himmel gebildet, klar, kostbar und schön .. durch sie erhältst Du Deine Geschöpfe am Leben« –.

Das Bewußtseinsleben, wie im Rechtsbewußtsein und Gesellschaftsbewußtsein, ist das erstwichtige Leben der menschlichen Person. Dann erst folgt das körperliche Leben. Nach dem berühmten Psychotherapeuten C.G. Jung wurzeln unsere archetypischen Grundvorstellungen und Gedanken in der Ordnung des Kosmos.

Der heilige Franziskus ist von der katholischen Kirche als Patron der Umwelt, somit auch der Wirkungen der Umwelt auf uns Menschen anerkannt. Für Katholiken ergeben sich daraus interessante Konsequenzen. Und zusammen mit vielen Lehren des Evangeliums ergeben sich hieraus Folgerungen für alle Christen, die bis zu dem schöpfungsgerechten Bauprinzip im Kosmoton führen.

Goethe - Faust

Goethe würde heute mindestens drei Nobelpreise erhalten, davon zwei für seine naturwissenschaftlichen Entdeckungen. Er beginnt mit großem Bedacht sein weltberühmtes Lebenswerk, den Faust, mit folgenden Worten, die der Erzengel Raphael, der Helfer der Ärzte spricht: »Die Sonne tönt nach alter Weise in Brudersphären Wettgesang. Und ihre vorgeschriebne Reise vollendet sie mit Donnergang. Ihr Anblick gibt den Engeln Stärke.«

Der Gesang der Sphärenharmonie geht geradlinig strahlenförmig aus. Ebenso das Licht, das den Anblick ermöglicht und das Stärke gibt, so etwa auch den Pflanzen, Tieren und Menschen auf der Erde.

Der brüderlich harmonische, einheitliche Gesang aller Planeten und darin zentral der donnernd wirkkräftige Gesang der Sonne spendet dieses Leben.

Die heutige Technik kann jede Strahlung bzw. jede Welle in Töne wandeln. Wenn wir unsere Ohren schon mehr entwickelt hätten, dann könnten wir wohl den kosmischen Weltengesang unmittelbar hören. Behaupten nicht immer wieder Menschen, daß sie in besonderen Situationen Sphärenharmonien gehört hätten!

Johannes-Evangelium und Schöpfungsgeschichte

Der Gesang ist ein sinnvoller Ton. Im Gesang werden Worte gesprochen. Heißt es nicht zu Beginn des Johannes-Evangeliums, daß im Anfang das Wort (Logos) war und daß durch das Wort alles geworden ist!

Auch im ersten Kapitel der Schöpfungsgeschichte heißt es immer erneut »Und Gott sprach«. Z.B.: »Gott sprach: Es werde Licht. Und es ward Licht«.

Und es wird gesagt, daß das natürliche Licht »gut« ist. Es ist also lebensqualifiziert. Es vermittelt somit Lebensenergien. Denn »gut« ist die Bezeichnung für die Qualität aller Qualitäten.

Es heißt im Evangelium weiter, daß das Licht Leben ist. »In ihm (Wort, Gesang) war das Leben. Und das Leben war das Licht der Menschen«. Wer wüßte nicht vom Sonnenlicht und auch vom Licht des Bewußtseins, daß es Leben ist! Wer wüßte nicht, daß dieses Licht für das Leben gut ist!

Also ist das Leben mit dem Licht verbunden und nicht mit der Finsternis.

Man beachte: Es handelt sich jeweils um die ersten Worte des Alten Testamentes, des Johannes-Evangeliums und des Faust, in denen von den Leben spendenden, lichtvollen und sinnvollen Sphärenharmonien die Rede ist! Wie lebenswichtig behandelt also Gott selber die strahlenden Lebensqualitäten des Sonnensystemes und des weiteren Kosmos!

Nur Christen, die das Wort Gottes wenig achten, ziehen daraus keine Konsequenzen für ihr gesamtes Leben. Der Erfinder des Kosmoton hat das Evangelium hoch geachtet und viel bedacht.

Platon

Er berichtet in seinem Werk über den Staat, daß Gott acht liebliche Geister, Sirenen genannt, erschaffen habe, die auf den Bahnen der Planeten wohnen würden und von dort ihre Gesänge als Sphärenharmonien im Kosmos ertönen lassen würden. Von diesem harmonischen Lebenslied würden alle Lebewesen leben, auch alle Gemeinschaften, wie die staatliche menschliche Gemeinschaft und die anderen menschlichen Gemeinschaften. Sind nicht auch Kirche, Schule und Familie menschliche Gemeinschaften.

Dante

Dieser bisher wohl größte Dichter lehrt in der von ihm erlebten »Divina Comedia« als dem Schöpfungsdrama und im Grunde Drama jedes Menschen, daß ausnahmslos jeder gefallene und daher in seiner Seele kranke Mensch den Weg durch die sieben Sphären der Himmelskörper gehen müsse, wenn er zur vollständigen und ewig bleibenden Gesundheit an Seele und Leib gelangen wolle. Es lohnt sich sehr, diesen dritten Teil der »Divina Comedia« nachzulesen. Ganz besonders, wenn man einen höchstgradigen Erfolg mit dem Kosmoton anstrebt.

Eine ganzheitliche Auswertung

Ein Kulturmensch und echter Wissenschaftler denkt systematisch, also integral, d.h. ganzheitlich. Er wertet all diese fundamentalen Beweise und Hinweise auf die Wirkursächlichkeit im Kosmoton in einer ganzheitlichen Schau. Denn die Grundüberzeugung aller religiösen Menschen und aller großen Philosophen ist, daß alles im Grunde eine Einheit ist - in einem Gott. Daher kann man nur aus einer das Leben des ganzen Menschen umfassenden Sicht eine lebensgerechte Erkenntnis erlangen und aus ihr die volle Überzeugung von der Wahrheit einer Sache gewinnen. Diese Sicht haben uns insbesondere Paracelsus, Dante, Kepler und Nikolaus von der Flüe gelehrt.

III. DIE PRAKTISCHEN ANWENDUNGEN

Es folgen zunächst einige Ausführungen über allgemeine Regeln der Anwendung des Kosmoton-Medaillons und über die besten Voraussetzungen zur Erzielung einer optimalen Wirkung der vom Kosmoton vermittelten kosmobiologischen Energien. Denn die Erfahrung hat ergeben, daß dieses universale Regenerationsinstrument umfangreiche lebensgerechte Wirkungen im Organismus verursacht. Sie sind je nach Anwendungsart, Menschentyp, Geschlecht, Alter, Gesundheit, Krankheit usf. verschieden. Man sollte sie daher in ihrem Wesen verstehen, um den optimalen Nutzen aus der Kosmotonanwendung herauszuholen. Wenn man diese Wirkungen mißversteht und dann falsch handelt, hat man im äußersten Fall überhaupt keinen Nutzen vom Kosmoton, sondern vielleicht sogar noch Ärger. Wenn man zum Beispiel eine zunächst unangenehme, aber im Wesen doch sehr begrüßenswerte Heilreaktion fehl deutet als schlechte Wirkung des Medaillons, so wird man verleitet, es in dem Augenblick abzulegen, in dem es seine beste Wirkung entfaltet. Gerade dann aber sollte man sorgfältig heilgerecht reagieren, um eine vielleicht alte, eingefressene Krankheit endlich zu überwinden.

Allgemeine Regeln

Es werden bisher zwei Arten des Kosmoton-Medaillons hergestellt, das Medaillon A (Durchmesser 45 Millimeter, ca. 5 mm flach) und das Medaillon B (58 mm Durchmesser, ca. 5 mm flach).

Beide Medaillons sind in der Grundwirkung gleich. Sie sind nur im Besonderen verschieden. Und darin können sie sich sogar ergänzen.

Das größere Kosmoton ist noch harmonischer und stärker als das kleine, da in ihm die Abstände der Ringe der Planetenmetalle exakt sonnensystemgerecht und also sphärenharmonisch sind. Es wirkt daher intensiver. Deshalb ist es für schwerere Krankheiten besser geeignet. Auch entspricht es im Durchschnitt den höheren Ansprüchen sensiblerer Menschen. Es muß jedoch aufgrund seiner stärkeren und intensiveren Tonisierung von vielen Menschen nachts abgelegt werden. Meist genügt der Nachttisch.

Das Ablegen und der nötige Abstand von ein bis höchstens sieben Meter vom Bett richten sich nach der Gesundheit und Sensibilität des Trägers. Durch zu starke Tonisierung kann der Schlaf unruhig werden, insbesondere in den ersten Wochen. Für den Abstand zum Kosmoton-Medaillon gilt, um ununterbrochen optimal in seinem Wirkfeld zu bleiben und seine Wirkung nicht zu unterbrechen:

So nahe wie möglich
und nur so weit weg wie nötig
damit man nicht übertonisiert wird.

Ein Ablegen in seine Schatulle mindert die Wirkung erheblich, weil die Schatulle in ihrem Kernmaterial wirkmindernd gearbeitet ist. Man kann sie daher auf Reisen mitnehmen und bei hoher Empfindlichkeit auch nachts zum Ablegen gebrauchen.

Man kann die Wirkung des kleinen und größeren Medaillons auch mildern, indem man es vorübergehend in der Hosentasche, Rocktasche oder Handtasche trägt und indem man es nachts unter das Bett legt oder über das Bett an die Wand hängt.

Da das Kosmoton jedes Atom des Organismus zu harmonisieren sucht, folgend jede Zelle und jedes Organ, so beginnt beim Anlegen des Kosmoton-Medaillons ein umfangreicher Regenerationsprozeß im Fundament des Organismus. Davon spüren manche monatelang nichts. Diese Regeneration führt nach Wochen oder Monaten zu Änderungen in der Reaktion auf das Kosmoton. Auch führt er zu Stabilisierungen im eigenen Körper und gegenüber Umwelteinflüssen, sodaß nach einigen Wochen das große Kosmoton von vielen sogar schon nachts in Körpernähe vertragen wird. Andere dagegen vertragen es noch nicht einmal nach einem Jahr nachts in Körpernähe. Robuste und sehr energiegeladene Naturen wiederum können das große Kosmoton vom ersten Tage an ununterbrochen 24 Stunden tragen und haben dann den größten Nutzen. Das ist also individuell sehr verschieden.

Hinzu kommt noch die seelische Einstellung zum Kosmoton. Wer sich als Glied eines kosmischen Lebensprozeßes fühlt, integriert in die Schöpfung Gottes, und daher das Kosmoton freudig begrüßt als großer Helfer in einer sehr kranken Welt, der öffnet sich selber weit für die guten kosmischen Bioenergien. Er kann in drei Tagen ein neuer Mensch werden mit einem bisher unbekannten, intensiven und weitumspannenden Lebensgefühl. Wer dagegen sein Herz an die Materie und opulentes Essen gehängt hat, der ist weithin blockiert gegen kosmische Energien. Bei ihm müssen sich diese feinen Lebensenergien sich mühselig in Monaten erst einen Zugang zu den Organen verschaffen. Ebenso können auch andere psychische Verspannungen eine erhebliche Sperrwirkung verursachen.

Das kleinere Medaillon kann im Unterschied zum größeren von vielen auch alsbald nachts am Körper getragen werden. Und dies bringt ungefähr der Hälfte der Kosmoton-Träger fast von der ersten oder zweiten Nacht an schon einen deutlich besseren, somit erholsameren und heilsameren Schlaf. Da der gesunde Schlaf äußerst wichtig ist für die gesamte Gesundheit des Menschen, soll man die nächtliche Plazierung des Medaillons sorgfältig ausprobieren. Andere benötigen einige Wochen, um dann so weit im Organismus schon harmonisiert zu sein, daß sie nun das Kosmoton nachts unter dem Kopfkissen plazieren oder am Körper tragen können. (Vgl. das Kapitel »Die Lebenswichtigkeit des gesunden Schlafes«).

Das größere Medaillon kann manche, auch bisher praktisch unheilbare Beschwerden wegnehmen, deren zugrunde liegende Störung das kleine Medaillon nicht bewältigen kann. Seine Kraft ist somit harmonischer und intensiver.

Je sensibler ein Mensch lebt, je mehr er geöffnet ist für den Kontakt mit höheren Welten, desto mehr und schneller nützt ihm das große Kosmoton.

Bei einigen Verwendungszwecken wiederum, etwa bei der Bildschirmarbeit, ist das kleinere Medaillon zu empfehlen. Es wird dann auf den Bildschirm gelegt oder/und am Körper getragen. Dasselbe gilt für Kinder vor dem Fernseher, für Vielseher und Menschen, die auf das Fernsehgerät oder Bildschirmgerät sensibel reagieren. Nach weltweiten Ermittlungen der Gewerkschaften werden die Schädigungen durch die Bildschirmarbeit von 80 bis 90% der hier Arbeitenden schon früh verspürt. Jedes Medaillon hat somit seine eigenen Vorteile. Doch die Vorteile des großen Medaillons überwiegen insgesamt.

Es sind hier noch keine allgültigen Regeln ermittelt worden. Wer die beste Wirkung erlangen will, der muß ausprobieren und sich von Zeit zu Zeit seinen sich verändernden Reaktionen anpassen, sofern er das Kosmoton nicht schon am Brustbein oder auf dem Nabel trägt. Da in vielen Familien ein größeres und ein kleines Kosmoton vorhanden ist, kann man leicht ausprobieren. Ein erfahrener Radiästhesist kann in Sekundenschnelle ermitteln, wo derzeit bei einem Menschen der beste Sitz ist und ob für ihn das kleine oder große Kosmoton anzuraten ist.

Man kann zur Erzielung einer sehr starken Wirkung auch beide Medaillons am Körper tragen, auf Stunden oder über den ganzen Tag hinweg, oder einige Tage und Wochen. Dann aber beide Medaillons an verschiedenen Stellen. Etwa bei Krebs und anderen schweren Krankheiten hat es sich für Männer und Frauen als nützlich erwiesen, ein Kosmoton am Nabel anzuwenden. Und dann wird meist das große sofort gut vertragen. Das kleine Medaillon kann in diesem Fall zusätzlich vor dem Brustbein oder – zumindest anfangs- unter der eisenfreien Vollmatratze im Kernbereich der Krebserkrankung plaziert werden. Wenn man die Stärke der Wirkung nach einiger Zeit verkraften kann, sollte man auch beide Medaillons Tag und Nacht am Körper tragen.

Manche gesunde Menschen tragen mit Vorteil auch zwei kleine Medaillons, das eine an der Vorderseite des Körpers, das andere am Rücken, dies z.B. bei Rückenbeschwerden oder Altersbeschwerden. Aber über Nacht dann meist besser nur eines am Körper behalten. Auch dies ist auszuprobieren.

Wo und wie trägt man das Kosmoton optimal wirkungsvoll?

Der für alle Menschen gute und zentral wirksame Sitz ist der vor dem Brustbein. Er liegt, gerechnet für den Mittelpunkt des Medaillons, ungefähr einen Dezimeter unter der Schlüsselbeingrube. Dieser Sitz ist besonders für Männer als gut erprobt.

Frauen tragen das Medaillon in der Regel am erfolgreichsten vor dem Nabel (Sonnengeflecht, das Nervenzentrum des Körpers). Das Medaillon soll optimalerweise den Nabel bedecken.

Dieser Sitz ist auch bei Männern ratsam, wenn und solange sie Beschwerden im Bauchraum besonders intensiv und schnell behandeln wollen, wie etwa Magen-Darm-Leber-Gallebeschwerden, Erkrankungen an der Bauchspeicheldrüse, am Zwölffingerdarm und an der Milz.

Frauen tragen das Medaillon auch vor dem Brustbein optimal wirksam, wenn und solange sie bei Herz-Kreislauf- und Nierenbeschwerden, auch bei Lungenbeschwerden und Brustbeschwerden eine Hilfe suchen. Dann stecken es einige sogar in den infrage kommenden rechten oder linken BH, insbesondere bei einer Verdickung in der Brust und bei Regelbeschwerden. Andere jedoch geben an, daß der zentrale Sitz vor dem Nabel oder Brustbein deutlich wirkungsvoller sei. Individuell ausprobieren! Wenn Frauen sehr energisch sind, also männliche Qualitäten haben, oder in den Sternzeichen Widder, Löwe oder Skorpion geboren sind, so wirkt bei Ihnen das Kosmoton öfters besser auf dem Brustbein.

Eine andere Regel für eine mehr vorübergehende Anwendung lautet: Wenn irgendwo Beschwerden bestehen, dort anwenden, etwa unter Leukoplast oder unter einem leichten Verband, wie z.B. einer elastischen Binde. Unter einem Klebeband sollte das Goldzeichen geschützt werden durch ein naturtextiles Säckchen um das Kosmoton. Bei Arthrose z.B. kann das Kosmoton nachts am Kniegelenk unter einer elastischen Binde getragen werden. Meist mildert dies die Beschwerden schon nach der ersten Nacht. Bei Kopfbeschwerden das Kosmoton-Medaillon am Kopf unter einer Mütze oder einem Stirnband tragen oder nachts unter das Kopfkissen legen. Bei Beschwerden im Bauchbereich dort tragen, etwa am langen Band oder in einer Gürteltasche. Oder das Medaillon nachts in dieser Gegend unter das Leintuch legen. Bei Unterleibsbeschwerden in der Rock- oder Hosentasche tragen, dann aber kein Metall daneben. Oder noch näher in der Unterwäsche befestigen. Bei Fußbeschwerden nachts oder auch tagsüber im Strumpf bzw. in der Socke tragen, bei Handbeschwerden im Wollhandschuh, besonders nach Verstauchungen, Verletzungen, Knochenbrüchen und Operationen.

Wenn das Kosmoton am Sonderort befriedigend gewirkt hat, die stille Nachwirkungszeit bzw. Rekonvaleszenz einrechnen, dann wieder zurück zum Zentralsitz auf dem Brustbein oder vor dem Nabel tragen. Auch vom Zentralsitz aus werden alle einzelnen Bereiche des Organismus regeneriert, und zwar besonders intensiv ganzheitlich. Wenn man das Medaillon vor dem Brustbein trägt oder vor dem Nabel, kann z.B. erfahrungsgemäß ein Überbein an der Hand schon in acht Tagen aufgelöst werden.

Bei Kleinkindern unter einem Jahr das Kosmoton A und B nicht am Körper anwenden, da dort meist zu stark wirkend. Dann unter die metallfreie Wiege legen oder 1-2 m über ihr an der Wand anbringen. Doch keine Regel ohne Ausnahmen! Auf das hoch harmonische größere Kosmoton am Körper reagieren auch manche Kleinkinder gut, besonders tagsüber und besonders, wenn geburtsgeschädigt.

Zur lebensgerechten Entwicklung des Kindes und optimalen Kosmotonwirkung eine metallfreie Wiege aus Vollholz mit Wollvollmatratze verwenden, darüber eine Woll- oder Steppdecke. Keine Federn, wie Daunen. Darüber hat schon Hufeland, der Leibarzt des Königs ein eigenes Buch geschrieben. Auch kein Gummi, Kunststoff oder Metall in der Wiege verwenden! Das im ersten Lebensjahr hoch empfindliche Kind kann vielfältig und kaum mehr heilbar geschädigt werden, wie z.B. durch eine schon frühkindliche Fehlfunktion und Allergie!

Vorgeburtlich, in der Schwangerschaft, nur das Medaillon B verwenden und dies nur über dem Brustbein tragen, nicht über dem Bauchraum. Die harmonische Entwicklung des Kindes kann sehr geschützt und gefördert werden.

Man soll das Kosmoton generell nicht in dem Bereich zwischen Brustbein und Nabel tragen, da im Bereich des Brustbeines, unter dem die Thymusdrüse liegt, welche besonders die Jugend und Regeneration beherrscht, eine solare, positive Vitalität vorherrscht. Am Nabel dagegen wirkt eine passive, lunare, aufnehmende Vitalität. Der Nabel des Körpers ist zugleich ein Nabel zum Empfang der kosmischen Energien, gleich wie vor der Geburt von der Mutter her. Zwischen diesem Plusbereich und Minusbereich liegt eine Neutralzone, in der sich die Kosmotonwirkung nicht lebensgerecht entfalten kann. Dieser Tragefehler ist daher sorglich zu vermeiden, wenn man eine optimale Wirkung wünscht. Man beachte also die Regel:

Das Kosmoton nicht zwischen Brustbein und Nabel tragen!

Hilfreiche Grundkenntnisse zur optimalen Anwendung

Paracelsus, der erfolgreichste Arzt des Abendlandes lehrt, daß das wirksamste aller Mittel für die Gesundheit die Lebensenergien, auch »Entien«, »Arcana« und »Magisteria« genannt, von »Sonne, Mond und Sternen« enthalten müsse, denn der Mensch und im Allgemeinen auch jedes andere Lebewesen sei in seinem Organismus ein Ebenbild und Gleichnis des ganzen Kosmos. Aus ihm, wie zunächst von der Sonne, bezieht der Organismus alle Lebensenergien.

Jeder Teil einer Ganzheit ist ein besonderes Abbild der Ganzheit. Er kann nichts anderes sein; denn sonst wäre er kein organischer und also echter Teil der Ganzheit. Deshalb haben Tiere wie Menschen sieben Hauptorgane: Ein Herz, einen Magen, eine Leber usf. Und diese sieben Organe werden nach der Lehre der Naturwissenschaftler der Hochkulturen von denselben allgemeinen Lebenskräften belebt, wie die sieben Haupthimmelskörper und die sieben Buntmetalle.

Daß all diese Ordnung aus dem Zufall des Chaos, somit aus der Unordnung durch die Unordnung entstanden sei, auch daß das Leben aus dem Toten entstanden sei, das ist der ärgste Aberglaube.

Also muß nach Paracelsus und gemäß der Kosmo-Bio-Logik der Religionen und Kulturen der Menschheit ein Gesundheitsgerät, das alle sieben Sternmetalle in organisch lebensgerechter Anordnung wesensgleich wie im Sonnensystem enthält, im Prinzip das wirksamste Gesundheitsgerät für alle Lebewesen unter der Sonne sein.

Dieses keineswegs nur von Paracelsus vorgegebene Ziel wird bei der Konstruktion des Kosmoton-Medaillons zu verwirklichen gesucht. Schon die alten Inder strebten zu universalen Pranageräten. Und die alten Chinesen suchten die Himmelskräfte von Yang und Yin mit verschiedenen Verfahren für den menschlichen Gebrauch zu konzentrieren. Was dann 3000 Jahre vor Christi Geburt bei den Ägyptern in der Cheopspyramide und Memnonssäule in Großbauweise realisiert wurde. Viele Tempel wohl aller Religionen sind mehr oder weniger nach kosmobiologischen und also harmonikalen Bauprinzipien errichtet worden.

Gehört das Kosmoton nur in die Hand des Arztes?

Wie ist daher das Kosmoton bei allen Gesunden und allen Kranken praktisch anzuwenden? Wäre das nicht allein Sache des Arztes? Nein! Es heißt: »Die Gesunden bedürfen des Arztes nicht, sondern die Kranken« (Mt 9,12). Die Gesunden haben das Menschenrecht und die Menschenpflicht, sich selber um das Grundwissen des gesunden Lebens zu bemühen wie in der echten Biologie = Lebenslehre. Hierbei haben die Ärzte eine Hilfsfunktion, aber keine dominierende Funktion. Denn ihr Amtsbereich umfaßt die Krankheit und deren Heilung, also das Krankheitswesen und Heilwesen, nicht aber das Gesundheitswesen. Denn der Gesundheit dient alles, bei Licht, Luft und dem täglichen Brot angefangen bis hin zu Kleidung und Behausung. Sollte dies alles apothekenpflichtig werden?

Aber auch das Grundwissen von den Krankheiten und ihrer Heilung soll jeder Mensch haben. Dies nicht nur deshalb, um in allen ernsteren Fällen gut mit dem Therapeuten (= Heilkundigen!) zusammenwirken zu können, sondern weil das allgemeine Wissen der Abweichung vom gesunden Leben und der Rückkehr zu ihm noch zum Gesundheitswissen zählt. Was ergibt sich hieraus allgemein?

Der Kulturmensch besitzt das Grundwissen vom gesunden Leben, darin insbesondere das Grundwissen der Heilkunde

Seit alten Zeiten zählt es zum Fundamentalwissen des Kulturmenschen, daß er die Grundordnung des bio-logisch naturgerechten und also gesunden Verhaltens in allen sieben Urbereichen des Lebens beherrscht. Das heißt in Essen und Trinken, in Kleiden und Wohnen, in Lebensdynamik, Heilweise und Hygiene. Das optimal gesundheitsgerechte Verhalten in allen Lebensbereichen ist bei den Kulturvölkern ein Hauptteil der Erziehung und Schulbildung. (Vgl. »Das Lebensprogramm« von H. Palm). Dieses Grundwissen zu erlangen ist somit eine Grundpflicht des Kulturmenschen. In diesem Wissen gründet die objektive Kultivierung des Menschen! Denn die Natur ist in vielem ungeordnet, also unqualifiziert, daher der Kultur bedürftig (Kultur von colere = die Erde bzw. die Natur bebauen). Der Kulturmensch ist der Mensch, der geordnet lebt, d.h. ganzheitlich lebensqualifiziert in Geist, Seele und Körper. Das ist sein Lebensziel.

Noch ein weiterer Grund besteht, warum jeder Mensch dieses siebenfache Grundwissen beherrschen sollte. Die Krankheiten sind kein sinnloser Zufall, sondern die ursachengerechte Folge von den Mißachtungen der Naturgesetze in den sieben Lebensbereichen. Man wird krank, weil man Schlechtes oder unmäßig ißt und trinkt, weil man sich mangelhaft oder mit ungesunden Textilien kleidet oder weil man in einem kranken Haus wohnt, weil man Melodie und Rhythmus seines Lebens in Arbeit, Ruhe und Erholung mißachtet, wie etwa in einem Genußmittelmißbrauch, oder weil man zu träge lebt oder sich in der Arbeit hetzt, weil man weiter lebenswidrig zu kurieren sucht oder weil man unhygienisch lebt. Es existieren keine anderen Krankheitsursachen!

Das ist sehr sorgfältig und gründlich zu bedenken. Denn alle echte Heilkunde gründet in diesem Gesundheitswissen.

Diejenigen Völker, welche diese Krankheitsursachen vermeiden, sind vollständig gesund! Sie kennen keine Krankheiten! Was ein zusätzlicher Beweis der eigenen Verursachung der Krankheiten ist.

Welche Verantwortung hat hier der Mensch vor Gott, Mensch und Natur?

Der Mensch hat nicht nur das Menschenrecht, selber und mit anderen gesund zu leben. Er hat auch die Menschenpflicht zum gesunden Leben! Das umfaßt die gesunde Behandlung der gesamten Eigenwelt und Umwelt. Also muß er das Grundwissen über die Lebensgesetze in allen sieben Lebensbereichen haben oder im Notfall rechtzeitig erlernen. Wozu auch das vorliegende Buch einen nicht unwesentlichen Beitrag leisten soll.

Also soll der Kulturmensch auch wissen, wie man sich in allen Krankheiten allgemein naturgerecht, insbesondere heilgerecht verhält. Der Mensch soll nicht heildumm sein und nicht allgemein gesundheitsdumm, somit nicht lebensdumm. Das wäre die größte und unverantwortlichste aller Dummheiten.

Nun weiß der eine Mensch heutzutage schon sehr viel von einem optimal gesunden, somit auch optimal heilgerechten, wirklich bio-logischen Verhalten; ein anderer weiß weniger. Je nachdem, wie viel oder wenig einer weiß, soll er bei ernsteren Krankheiten den Rat eines Biotherapeuten suchen, der in der wahren Heilkunde (medicina perennis) erfahren ist, wie sie Paracelsus lehrt und wie sie prinzipiell übereinstimmend in allen Hochkulturen gelehrt wird, angefangen bei der indischen Kultur.

Was ist das für ein Therapeut? Das ist ein Arzt oder anderer Biotherapeut wie Psychologe, der in den sieben Lebensbereichen und also in der ganzen Lebensordnung weiß, was geistig-seelisch und körperlich gut und was schlecht ist, was lebendig ist und was tot ist, was rein ist und was unrein ist. Er weiß, wie man den Kranken zuerst entgiftet und also befreit von dem Schlechten, das im Übermaß stets krank macht. Er weiß, daß die Reinigung durch ein Fegefeuer von einigen vorübergehenden Beschwerden führen kann. Und er begrüßt erfreut diese Beschwerden, da sie ein sicheres Anzeichen der beginnenden Heilung sind. Er weiß zweitens, wie man die gestörten Lebensfunktionen wieder ordnet, und drittens, wie man den Patienten in den neu geordneten Lebensfunktionen wieder kräftigt.

Das Kosmoton unterstützt jede solche rechte Heilung. Es führt den Menschen durch eine Kur. Also muß sich ein Kranker, der zu seiner Hilfe ein Kosmoton benutzt, auch kurgerecht verhalten, zugleich kosmotongerecht, genauer kosmosgerecht und also allgemein lebensgerecht. Sonst kann er keinen vollen und bleibenden Erfolg erzielen. Was besagt dies konkret?

Sinnlos und falsch wäre es in jeder Krankheit, weiter krank zu leben wie bisher und somit seine Krankheit weiter zu verursachen, wie noch zu füttern, jedoch vom Kosmoton Gesundheit zu erwarten oder gar zu beanspruchen. Man kann nicht eine kranke Lebensweise führen und zugleich gesund werden! Das ist weder mit dem Kosmoton noch ohne das Kosmoton möglich. Das Kosmoton wirkt zwar auch dann oft hilfreich, wenn die Krankheitsursachen weiter bestehen. Aber es kann logischerweise dann nur teilweise helfen oder nur vorübergehend, sei es auch schon auf ein halbes oder ganzes Jahr hin. Dazu ein zeitgemäßes Musterbeispiel:

Das Ekzem (allergisch oder nicht, auch als Heuschnupfen, Asthma, Schuppenflechte, Neurodermitis, Milchschorf usf.). Das Ekzem ist ein Ausschlag. Und was ist der? Der Ausschlag ist ein Zeichen, daß der Körper Gifte nicht ausreichend durch Lunge, Niere, Darm, Periode usf. ausscheiden kann. Vielleicht kann noch dazu der Körper eine eigene innere Giftquelle nicht überwinden und schließen. Dann schlägt er die Gifte durch die Oberhaut und/oder Schleimhaut als Notventil heraus, normalerweise Ausschlag genannt. Was jedoch zu allerlei Beschwerden, Verkrampfungen, Entzündungen und Schmerzen an der Außenhaut oder/und Schleimhaut führen kann bis hin zu Fisteln, wie Analfisteln, Operationsfisteln, Unterschenkelgeschwüren usf.

Da das Kosmoton entgiftet, kann es viele der sonst praktisch unheilbaren Ekzeme nach einigen Wochen oder Monaten gänzlich überwinden und ein Wohlbefinden herstellen. Was nach der Definition der Weltgesundheitsorganisation berechtigen würde, von Heilung zu sprechen. Aber der Mensch ist dann in der Sicht der großen Ärzte nur teilweise heil. Es läuft nämlich dann nur das Faß seines Organismus nicht mehr über von Stoffwechselgiften und anderen Giften; doch sind noch zu viele ausscheidungspflichtige Gifte in ihm, die weiter schaden. Also sollte er dann erstens zu einer gesunden, giftfreien Lebensweise übergehen, zweitens alle Giftquellen in ihm wie Giftstreuherde überwinden und drittens im Zusammenwirken mit dem Kosmoton noch weitere Heilmaßnahmen gebrauchen, um seinen Organismus ausreichend giftfrei zu machen. Das sind Blutreinigungskuren, Fastenkuren, Schwitzkuren (Sauna, Bäder), ansteigende Fußbäder, Schrothkuren, Kneippkuren usf. Solche medizinischen Hilfsmaßnahmen werden später bei der Besprechung der einzelnen Krankheiten genannt, damit das Gesundheitsgerät Kosmoton optimal erfolgreich angewandt werden kann.

Grundsätzlich gilt: Das Kosmoton beginnt zusammen mit den im Grunde gesunden Selbstheilkräften des Menschen eine tiefgründige Regeneration, also eine gründliche Kur. Wenn man hierbei einen vollen Erfolg wünscht, dann muß man den guten Willen zur ganzen Gesundheit haben und sich kurgerecht verhalten. Das besagt, sich zuerst das Grundwissen vom gesunden Leben anzueignen und dann konkret in der Tat Diät zu halten im alten griechischen Sinn von Hippokrates, nämlich die Lebensordnung im Ganzen und allen Teilbereichen wirklich achten. Also: Gesund leben, Ruhe halten und Gifte ausscheiden.

Nur in dem Ausmaß, in dem ein Kranker wirklich gesund leben will,
kann ihm ein guter Arzt und das Kosmoton dauerhaft helfen!
Und in diesem Maß wird ihm auch geholfen!
Jeder einzelne Schritt zum gesunden Leben hin
wird ihn gesünder machen!

IV. ZUR WAHREN GESUNDHEITSKUNDE

Die sieben Hauptbereiche des gesunden Lebens

Sieben Hauptbereiche hat das Leben des Menschen. Sie waren den Gelehrten schon in vorchristlicher Zeit bekannt. Denn dieses Wissen ist das Grundwissen aller Gesundheit, Krankheit und Heilung. Der Lehrer aller Wahrheit von allem voll gesunden Leben und aller Heilung, der Heiland hat dazu erklärt, daß wir bei dem Eintritt in die Ewigkeit danach gerichtet werden, wie wir die menschenwürdige gesunde Lebensordnung in diesen sieben Bereichen geachtet haben (Vgl. Mt 25,31 f.).

Auch zur zeitlichen seelischen und leiblichen Gesundheit können wir nicht gelangen und diese nicht bewahren, wenn wir die Prinzipien, Gesetze und Gestalten (Kategorien, Axiome und Archetypen) des Lebens in diesen sieben Urbereichen, die alles menschliche Leben umfassen, nicht wissen und nicht achten.

Diese siebenfache Ordnung des Lebens ist zunächst bekannt in den sieben Werken der Barmherzigkeit: Die Hungrigen speisen, die Durstigen tränken, die Nackten kleiden, die Fremden beherbergen, die Gefangenen befreien, die Kranken besuchen (heilen) und die Toten begraben. Die vielhundertjährige Sozialordnung des Mittelalters gründete in diesen sieben Werken.

Diese Grundordnung des gesunden Lebens umfaßt die sieben Bereiche der Speise, des Trankes, der Kleidung, der Wohnung, der Lebensdynamik (Lebensweise), des Heilwesens und der Hygiene. Alle sieben Bereiche sind nicht nur leiblich, sondern auch und zuerst geistig-geistlich und seelisch zu verstehen.

Folgend soll das Wesentlichste dieser siebenfachen Grundordnung alles menschlichen Lebens kurz beschrieben werden. Denn je gesünder ein Mensch in dieser Lebensordnung lebt oder je intensiver er zu ihr strebt, desto mehr hilft ihm das Kosmoton zur ganzen Gesundheit in Geist, Seele und Körper.

Je mehr er aber in diesen sieben Bereichen weiterhin ungesund lebt, desto mehr Widerstand schafft er selber gegen die gesunde und mittelbar heilkräftige Wirkung des kosmischen Universalgerätes Kosmoton. Das sollte insbesondere derjenige verstehen lernen, der gesund werden will, aber unbewußt ungesund lebt und so sich selber im Wege steht und dann durch das Tragen dieses Medaillons eine nur geringe Hilfe hat oder im äußersten Fall zunächst überhaupt keine Hilfe verspürt.

Folgend wird regelmäßig die Bezeichnung biologisch verwandt zur Kennzeichnung, daß die Ordnung der realen Lebensqualitäten (»Entien« bei Paracelsus) und ihrer ebenso qualifizierten Lebensgesetze gemeint ist und nicht irgend ein materialistischer und mechanistischer Aberglaube. In solch einem Aberglauben, der das Ende jeder Kultur kennzeichnet, also auch das Ende der Neuzeit, existiert kein realistischer Begriff von Lebensqualität, Lebensgesetz, Lebensgestalt und Lebenskraft. Aus solchem Aberglauben kann daher auch keine echte medizinische Wissenschaft erwachsen.

1. Die biologisch gesunde Speise

Die Hungrigen speisen!

Der Lehrer alles Lebens erklärt: Nicht mit Steinen, Schlangen und Skorpionen könne man den Menschen gesund ernähren, sondern selbstverständlich nur mit lebendigem Brot, mit Eiern, Fisch usf. (Luc. 11,11 f.). Was besagt, daß man nicht mit Unqualifiziertem, wie mit Totem und Giftigem, den Menschen gesund ernähren kann, sondern nur mit lebensqualifizierten und reinen, also schmutzfreien wie giftfreien Nahrungsmitteln. Dazu zählen Weizen, Reis, Fisch, Ei, gutes lebendiges Salz, kalt geschlagenes Olivenöl, gute Früchte, gute Gemüse, Gewürze, Fleisch von guten und ohne Gift frei gezogenen Tieren, wie dem Lamm, solchem Geflügel usf. Das alles wird seit altersher in den Kulturen als Nahrungsmittel verwandt. Diese Nahrungsmittel muß man bio-logischerweise auch lebensgerecht und giftfrei verarbeiten. Wozu auch backen, dünsten und fermentieren, wie beim Sauerkraut, zählt und der Gebrauch edler Gewürze.

Zur Giftfreiheit zählt die Freiheit von allem Verkünstelten, sei es auch nach materialistischem und anderem quantistischen Aberglauben noch so »naturidentisch« oder ungiftig oder »chemisch rein«. Zu diesen Giften zählen also die künstlichen Düngemittel, die künstlichen Schädlingsbekämpfungsmittel, ebenso die künstlichen Säuerungshilfen, Aromen, Vitamine, Konservierungsmittel, Färbemittel usf.

Ein weiterer wesentlicher Faktor der Gesundheit besteht in der Mäßigkeit in allen sieben Lebensbereichen. Man solle gesunderweise nur eßen und trinken, solange man echten Hunger und Durst hat. Nicht vom Appetit soll man sich bei der Menge leiten lassen. Denn der Appetit entartet gar schnell zur Sucht. Was das Übergewicht beweist und was später die Magen-Darm-Leberbeschwerden bis zum Diabetes, zu Rheuma und Krebs beweisen.

2. Der biologisch gesunde Trank

Die Durstigen tränken!

Der gesunde Trank beginnt bei dem giftfreien reinen und lebendigen Wasser, das am Ende der Neuzeit fast nur noch in einzelnen Bergquellen zu haben ist, aber nicht mehr im Grundwasser oder gar Seewasser und nicht mehr im Regenwasser. Gesunde Milch ist nur erhältlich von gesunden, nicht überzüchteten Kühen, die acht bis höchstens zwölf Liter Milch am Tag geben, auf giftfreien Wiesen frei grasen, nicht in Stallkäfigen wie Maschinen gehalten werden, und die nicht mit synthetischen Hormonen und anderen Giften behandelt werden. Dies gilt analog für die Schafsmilch und Ziegenmilch. Einen guten Tee kann man nur von gesunden Kräutern und mit reinem Wasser erlangen. Er kann nur in einem Gefäß aus Ton, Porzellan oder in einem emaillierten Gefäß bereitet werden, nicht aber in einem blanken Metallgefäß oder in einem Kunststoffgefäß oder mit Kunststoff ausgekleideten Gefäß.

Gesunde Erfrischungsgetränke kommen von giftfreien Quellen und giftfreien, gesunden Früchten, die selbstverständlich frei von allen Chemikalien sein müssen. Ein gesunder Wein kann nur von einem gesunden, giftfrei behandeltem Weinstock kommen und aus lebensgerechter, giftfreier Vergärung. Und nur aus einem guten, reinen Wein kann man einen guten, reinen Essig bereiten. Diese Biotechnik beherrschen noch manche südfranzösischen Fachleute.

3. Die biologisch gesunde Kleidung

Die Nackten kleiden!

Da nur Hautfasern die millionenfach lebensqualifizierten Hautfunktionen als zweite Haut erfüllen können, so besteht die gesunde Kleidung aus den Hautfasern Wolle, Leinen (Bastfaser = Pflanzenhautfaser) und Seide. Alle Hochkulturen sind darin gekleidet! Hinzu kommt möglichst biologisch zubereitete Baumwolle. Verkünstelte Fasern und andere solche Materialien wirken naturgesetzlich verkünstelnd, also naturwidrig, somit ungesund. Doch nicht alles, was heute Kunstfaser genannt wird, ist eine verkünstelte Faser, da auch Naturstoffe dazu verwandt werden können, etwa Zellulose. Besonders Kranke sollten sich Kranke optimal gesund kleiden, wie z.B. bis zum giftfreien Lederschuh oder solcher Sandale, bis zu solchem Woll- oder Lederhandschuh und einer Kopfbedeckung aus hoch qualifizierten natürlichen giftfreien wie formaldehydfreien Materialien. Denn je gesünder die Kleidung, desto größer ihr Heilwert.

Die naturgerechte Kleidung soll warm genug sein, besonders am Unterleib und Bein der Frauen. Bei zu kalter und gar naturwidriger Bekleidung sind chronische Unterleibserkrankungen bis zum Krebs am Ende unvermeidlich. Mit vielfachem Sinn soll die Nacktheit bekleidet werden.

Lama, Angora, Mohair, Alpacca und Kamelwolle haben spezielle gesundheitliche Eigenschaften.

Mit Imprägnierungsmitteln und Farbstoffen, mit denen heute viele Fasern regelmäßig versehen werden, kann man Menschen gesundheitlich schwer schädigen bis zu Dauerekzemen und lebensgefährlichen Krankheiten.

4. Die biologisch gesunde Wohnung

Die Fremden beherbergen!

Wir sind Fremdlinge in dieser Welt, die in Zeit und Raum vergänglich ist. Daher haben wir uns zuhöchst um die Erkenntnis des wahren und deshalb unvergänglichen Hauses und Lebens darin zu bemühen. Nach seinem Vorbild sollen wir unser vergängliches Haus bauen und bewohnen, also bio-logisch, d.h. lebensqualitätsgerecht.

»Das gesunde Haus« (Titel des Buches von Dr. H. Palm, mit dem weltweit die Baubiologie begründet wurde, auch »Bibel der Baubiologie« genannt) besteht als »Dritte Haut« ebenfalls naturgerecht aus Hautmaterialien tierischer, pflanzlicher und mineralischer Art. Denn nur sie können natürlicherweise die millionenfältig verschieden lebensqualifizierten Grenzwechselfunktionen und also Hautfunktionen zwischen dem Menschen und seiner Umwelt leisten, das heißt zwischen dem Mikrokosmos und Makrokosmos.

Das gesunde und somit heilkräftige Haus besteht daher aus Ziegeln (giftfrei ohne Rotschlamm und Kunststoffe), die aus der Haut der Mutter Erde gewonnen werden, aus Ton-Lehm. Dazu zählen auch Naturkalk und Sand im Mörtel und Verputz. Es besteht weiter aus so viel giftfreiem Holz wie möglich. Denn Holz ist ein Bastfaserprodukt. Und die Bastfaser ist der Hauptbestandteil der Haut der Pflanze. Daher besteht das gesunde Haus im Innenbereich aus vielen Naturtextilien wie Leder, Wolle, Seide, Leinen und Baumwolle. Wände, Möbel, Heizungen usf. werden mit Naturanstrichen wie auf Leinölbasis behandelt, ohne Kunststoffe und andere Gifte. Auch enthält ein gesundes Haus so wenig wie möglich Metalle außer Kupferrohren im Normalfall und Elektroleitungen aus Kupferdraht. Es wird durch einen Allfreischaltautomaten laufend elektrostörfrei geschaltet, wenn besonders im Schlafbereich kein Strom mehr benötigt wird.

Die gesunde Wohnung wird mit gesunden Möbeln eingerichtet, also ohne Span- und Faserplatten, die bisher das krebsgiftige Formaldehyd enthalten, und ohne andere giftige Kunststoffe. Der Boden besteht aus Naturvollholzparkett, Holzdielen oder Tonplatten. Darauf werden giftfreie Naturfaserteppiche lose gelegt, nicht gespannt oder gar geklebt, was beides unhygienisch ist.

In die Küche gehört ein Naturgasherd. Er wird betrieben mit Propan, Butan oder Erdgas. Kein Elektro- oder gar Mikrowellenherd! In der Elektroplatte quält sich der Strom durch die Drähte und erzeugt hierbei die disharmonische Reibungshitze, deren Disharmonie auch in die Speisen geht und dann in unserem Organismus. Weshalb manche Diabetiker nicht zu heilen sind, solange sie auf einem Elektroherd kochen oder gar noch ihre Speisen aus der Tiefkühltruhe beziehen. Denn diese erzeugt disharmonische Kälte anstatt der harmonischen, lebensqualifzierten Kühle. Auch der Mikrowellenherd erzeugt Reibungshitze, noch abgesehen von seinen anderen Schädlichkeiten. Die Hitze ist das Gegenteil der lebensqualifizierten Wärme. Diese wird nur von einer Flamme (Öl, Gas, Holz, Kohle) erzeugt. Hitze ist daher ungesund. Sie wird in flammlosen Vorrichtungen erzeugt.

Die Fenster des gesunden Hauses sind aus Glas in Holzrahmen. Tapeten bestehen aus giftfreien Naturstoffen, wie etwa aus reinem Papier (aus Holz), aus Bastfasern, Kork und Erdfarben. Tapeten werden mit Bioklebern geklebt. Zur Möbel- und Raumpflege werden ebenfalls nur lebensqualifizierte Biomittel verwandt.

Das vollständig gesunde Bett

Das Haus im Haus, das Bett ist höchst lebenswichtig, weil wir allnächtlich das über Tag durch Arbeit und andere Betätigung strapazierte und teilweise schon etwas erkrankte Leben unseres Organismus regenerieren müssen, um gesund bleiben zu können. Worin besteht daher das genau so wie Essen und Trinken höchst lebenswichtige, biologisch gesunde Bett? Es besteht aus Holz, Wolle und Leinen! Und aus nichts anderem! Das ist ein sehr studierenswerter Grundsatz. Das Bettgestell besteht daher aus Holz mit einem Lattenrost. Die Matratze soll eine Vollmatratze aus ca. 15 kg Roßhaar oder Schurwolle sein, in warmem Klima auch aus Kokosfasern. Keine Metallfedern darin und kein Latex bzw. Gummi. Beides macht das Kreuz gummiweich und also krank und schmerzhaft, auch schief! Auch keine Kunststoffe gehören in und auf das Bett. Eingefaßt wird die Matratze mit Ramie oder Leinendrillich, notfalls mit Baumwolldrillich. Eine Roßhaarvollmatratze kann einseitig mit 2-3 cm Schurwolle als Winterseite abgedeckt werden.

Die Matratze liegt auf einem Querlattenrost. Auf ihm liegt der Matratzenschoner aus harten Naturfasern. Die Matratze wird bezogen mit einem reinleinenen Bettuch, notfalls mit einem Baumwolltuch. Das Nachtgewand besteht aus Naturtextilien, wie z.B. Leinen, Wolle oder Naturseide, notfalls Baumwolle. Als Zudecke sollte zuerst eine Schurwolldecke mit angeknöpftem, reinleinenem Bettuch verwandt werden, notfalls mit einem bisher üblichen Baumwolltuch. Darüber eine Schurwollsteppdecke als Einziehdecke, insbesondere in der Form der Doppeldecke, weil diese gleichmäßig dick ist. Darüber im winterkalten Schlafzimmer für Menschen mit erhöhtem Wärmebedürfnis eine hochwertige Decke, wie z.B. aus Kamelhaar, Lama, Alpacca, Mohair usf. Naturseide ist als Bezugsstoff erlaubt, als Steppdeckenfüllung hat sie nicht die Lebensqualität, Atmungsfähigkeit und Heilqualität der Schurwolle, die vom Schaf gewonnen wird.

Keine Federn oder Daunen, keine Kunststoffe und keine Metalle im gesunden Bett! Vor allem keine Strom führenden Drähte! Das ist strikte Bedingung, wenn jemand wirklich gesund werden oder bleiben will bis ins hohe Alter! Kunststoffe und Metalle sollten auch nicht im nahen Umkreis des Bettes und Schläfers von zwei bis zu fünf Metern zu finden sein! Noch besser im ganzen Schlafzimmer nicht. Andernfalls kann man auch dann nicht gesund schlafen und im Krankheitsfall nicht ganz gesund werden!

Das gesunde Bett ist frei von geopathischen Zonen (Erdstrahlen), von Elektrostörungen und Materialfeldstörungen im Umkreis von fünf bis zehn Metern. Es ist also frei von größeren Eisenmengen, anderen Metallen, von Nachtspeicheröfen, Elektroboilern im Nebenraum, Hausapotheken, Hausdrogerien usf. Sogenannte Bio- oder Gesundheitsmatratzen sind aus Unkenntnis der Hersteller bisher oft ernsthaft gesundheitsschädlich! Man erkundige sich präzise nach allen (!) verwandten Materialien, dies einschließlich chemischen Imprägnierungen, und nach dem inneren Aufbau.

5. Die biologisch gesunde Lebensdynamik

Die Gefangenen befreien!

Die Dynamik unseres Lebens, auch Lebensweise genannt, wird durch Melodie und Rhythmik bestimmt, insbesondere gemäß der individuellen Natur unseres eigenen Mikrokosmos. Der Zeitbedarf für Schlaf, Arbeit und Lebensfreude wird zu ungefähr je ein Drittel des Tages gerechnet. Für alle drei Lebensarten gilt, daß wir uns in die natürliche Lebensrhythmik der Tag- und Nachtordnung zu integrieren haben und in deren wechselnde Lebensqualitäten. Nur in diesem Grundrahmen können wir nach der Melodie und dem Rhythmus unserer individuellen Art leben. Andernfalls leben wir krankhaft. Dies etwa typisch in der Hetzjagd nach falschen Zielen, etwa nach Profit bzw. Geld, nach irdischer Ehre, nach Macht, Sex und anderem extremem Lebensgenuß. Dabei wird auch gerne die Nacht zum Tage gemacht. Der Schlaf vor Mitternacht zählt jedoch doppelt und ist in seiner Lebensqualität unersetzlich. Insbesondere ist auch auf seelische und körperliche Giftfreiheit im Schlaf, in der Arbeit und in der Lebensfreude zu achten. Doch obenan steht die Harmonie in der Melodie unserer Lebensdynamik. Dann erst folgt in der Lebenswichtigkeit der Rhythmus. Ein Rhythmus ohne lebensqualifizierte Melodie ist tot. Ein extremer Rhythmus kann daher im Grunde tödlich wirken!

Aus der Gefangenschaft in mancherlei Süchten, bei der Egosucht bzw. Statussucht angefangen, ist der Mensch zu befreien. Zuerst soll er sich selber befreien. Denn nur im Ausmaß seiner eigenen Anstrengung hat er ein Recht auf Hilfe. Und erst dann kann er die Hilfe recht anwenden!

6. Die biologisch gesunde Therapie

Die Kranken heilen (besuchen)!

Daß man nur mit naturgemäßen Methoden und Mitteln die Natur unseres Lebens im Krankheitsfall heilen kann, das ist eine simple Selbstverständlichkeit. Jeder naturwidrige Weg, jede naturwidrige Methode und jedes naturwidrige Mittel schädigt unsere Natur, da wir keine Maschine sind, sondern ein lebensqualifizierter, natürlicher Organismus. Er soll von unserer freien Person gut und also lebensgerecht beherrscht werden.

Daher ist jede Krankheit als qualifizierter und damit prinzipiell gesunder Abwehrkampf der relativ gesunden natürlichen Grundkräfte gegen disharmonische, das sind giftige Einwirkungen, zu verstehen. Deren Ursache ist zu ermitteln, nämlich in einem der sieben Lebensbereiche, meist in einer Reihe von Lebensbereichen zugleich. Und dann ist ursachengerecht der Abwehrkampf zu unterstützen, denn nach alter Weisheit heilt die Natur selber. Der Medicus kann nur Sorge tragen durch Herstellung der besten Heilbedingungen (»Natura sanat, medicus curat«).

Daher ist im Krankheitsfall das Leben des Kranken im Höchstmaß zu harmonisieren, somit zu qualifizieren. Hierbei sind in allen sieben Lebensbereichen bestmögliche Lebensbedingungen herzustellen, wie in einem gesunden Haus oder wirklich biologischen Kurhaus. Denn Paracelsus sagt, daß alle unsere Lebensmittel, d.h. alle unsere Mittel zum Leben, zugleich auch Heilmittel sein können und sein sollen. Das gesunde Haus mit seinem gesunden Bett ist das erste aller Heilmittel! Wenn wir in den sieben Bereichen nicht gesund leben, so können wir nicht recht und also nicht wirklich geheilt werden. Das nächste universale Gesundheitsmittel, das sekundär ebenfalls Heilwirkungen hat, ist das Kosmoton. Es ist ein Haus für die Lebensqualitäten des Kosmos.

7. Die biologisch gesunde Hygiene

Die Toten (das Tote) begraben!

Alles Tote ist leichengiftig. Denn es ist Naturgesetz: Totes tötet. Daher soll alles Tote aus dem Lebenskreislauf der Eigenwelt und der Umwelt entfernt werden.

Eine Zwischenbemerkung: Tot sein ist ein Zustand der Fehlleitung, Inaktivität und Eingesperrtheit des Lebens. Sonst könnten die Toten auch nicht gerichtet werden und nicht auferstehen.

Das tote Leben ist wieder in den Lebenskreislauf zurückzuführen. Dazu muß es von seinen Banden erlöst, gewandelt und neu geboren werden. Das ist lebensgerecht nur in einem geschlossenen Raum und also Gefäß möglich. Typische Formen hierfür sind der Sarg in der Erde, der umhüllte Komposthaufen, die Dunggrube und Güllegrube. Aber auch der Dünsttopf und Backherd, das Weinfaß und der Sauerkrauttopf sind solche lebensnotwendigen Hüllen zur heilsamen Wandlung des Lebendigen. Und jede lebensgerechte Hülle ist eine Haut!

Der Wandlungsprozeß zur Neugeburt hin ist ein urtypischer und hoch lebenswichtiger Vorgang. Weshalb nach alter Weisheit eine lebensgerecht geführte Dunggrube eine Goldgrube für den Bauern ist. Denn der hoch lebensqualifizierte Dung macht die Böden in Qualität und Quantität sehr fruchtbar an hoch lebensqualifizierten Feldfrüchten. Dasselbe gilt für den rechten Komposthaufen des Gärtners. (Siehe Alwin Seifert, Gärtnern, Ackern ohne Gift).

Diese Lebenskunst der Wandlung beginnt im gesunden Haus in einer Ableitung aller Abfälle auf kürzestem Wege aus dem Haus, sodann im Haushalt in einer gesunden Möbel- und Raumpflege, im gesunden Baden bzw. Waschen mit gesundem, lebensqualifiziertem Wasser, mit solchen Seifen und Waschmitteln, sowie im Gebrauch biologisch gesunder Pflegemittel in allen Bereichen, bei der Biokosmetik angefangen. Durch Verwendung gifthaltiger Mittel auf der Haut, in der Herstellung und Pflege der Kleidung, zur Reinigung der Möbel, Böden und Fenster, typisch mit Formaldehyd (Formalin), kann der Mensch totkrank werden. Aufgrund dieser abergläubischen Gifthygiene sind auch die modernen Krankenhäuser am Ende der Neuzeit todkranke Häuser. Sie verursachen ungeheure Gesundheitsschäden an den Patienten. Wie schon große kritische Magazine berichten. Man nennt dies auch Hospitalismus. Und daran können auch Wohnhäuser, Büros und Fabriken sehr krank sein und ihre Bewohner in Krankheit halten, wie etwa zum Krebs führen.

Daher ist der siebte Bereich des Lebens so lebenswichtig wie der erste und jeder, der dazwischen liegt, vor allem der vierte Bereich; denn im Haus werden wir geboren und wachsen wir heran. Über 95% unseres Lebens verbringen wir im Hause. Hier essen, trinken wir und kleiden wir uns an und aus. Wo arbeiten wir? Wo schlafen wir? Wo vergnügen wir uns zumeist? Wenn wir krank sind, werden wir im Hause geheilt, zuerst im kleinen Haus, genannt Bett. Auch die Hygiene beginnt im Wohnhaus. Und wenn wir sterben, wird unser Leib dem Haus der Erde übergeben.

Wer mit dem Kosmoton einen großen und dauerhaften Erfolg anstrebt, der benötigt in allen sieben Lebensbereichen ein gründliches Wissen über das biologisch gesunde Leben. Wer insbesondere die Gründe kennen lernen will, warum das Dargelegte gesund ist und warum alle Abweichungen ungesund sind, der studiere »Das gesunde Haus« und »Das Lebensprogramm« von Dr. H. Palm. (ORDO-Verlag und Versandbuchhandlung Kreuzlingen/Konstanz).

Die sieben Ringe der Lebenskette Ihr schwächstes Glied bestimmt die Vitalität

Die sieben Lebensbereiche sind ineinander verbunden und harmonisch integriert wie eine einzige Lebenskette. Auch wirken alle Lebensbereiche auf den einen, ganzen Menschen. Sie sind sein eines Leben. Und sie umfassen sein eines, ganzes Leben.

Man kann daher nicht in einem einzigen Bereich krank leben, ohne daß der ganze Mensch krank wird und auch sein Leben in den anderen sechs Bereichen leidet. Wer z.B. krank ißt, der hat eine schlechte Basis für das Leben in allen weiteren Bereichen, etwa für seine Lebensfreude, für seine berufliche Leistungsfähigkeit und für die Heilung seiner Erkrankungen. Und wer am Ende der Lebenskette in der Hygiene einen schweren Fehler macht, der kann auch hierdurch schwer erkranken und sterben, gleich wie durch »Gift in der Nahrung« (Alter Buchtitel) oder Gift in der Kleidung, Gift in der Wohnung, Gift in den Genußmitteln, Gift am Arbeitsplatz oder Gift in den Medikamenten und in der Hygiene.

Noch eine weitere grundwichtige Erkenntnis: Das schwächste Glied der Lebenskette bestimmt die Tragkraft der ganzen Kette. Und es bestimmt hinzu, wie kräftig der eine Strom des Lebens durch alle sieben Glieder der Kette fließen kann!

Die Nutzanwendung daraus lautet: In allen sieben Bereichen ein gleiches Qualitätsniveau halten! Denn der eine Mensch stellt große Ansprüche an seine Gesundheit, der andere geringere. Wer das Kosmoton trägt, besonders das größere, der stellt in der Regel größere Ansprüche an die Qualität seiner Gesundheit, seiner Vitalität und Leistung. Und er wünscht, daß diese reale Lebensqualität und Leistungsfähigkeit ihm bis ins hohe Alter erhalten bleibt. Dann ist die Lebensfreude weit größer. Und die Leistung kann in ihrer Qualität unabsehbar größer werden. Denn das Kosmoton bewahrt ja nicht nur die Gesundheit, sondern es öffnet zugleich den Sinn für die feineren Lebensbereiche, also für die höhere Biologie bis zur Esoterik und spirituellen Lebensführung, gar bis zur echten Mystik. Diese umfaßt nach der Lehre der Hochreligionen und Hochkulturen die höchste Lebensweisheit und Lebenswirklichkeit.

Die Kosmotonwirkung bei Gesunden

Zunächst: Wo sind gesunde Menschen?

Die wirklich gesunden Menschen sind heute äußerst selten geworden. Viele wähnen sich nur gesund. Eine Untersuchung der AOK Darmstadt bei Bürgern Hessens ergab, daß 97% der sich gesund Glaubenden medizinisch behandlungsbedürftig waren.

Allen, die wirklich gesund sind, vor allem all denen, die sich gesund glauben und noch relativ leistungsfähig sind, die jedoch aufgrund einer vielfältig ungesunden Lebensführung nur »trächtig gesund« sind, nämlich krankheitsträchtig, all diesen hilft das Kosmoton, die echte ganze Gesundheit zu erlangen, zu stärken und zu stabilisieren. Was zum Beispiel in erhöhter Leistungsfähigkeit wie Arbeitsfähigkeit erkennbar wird, in größerer Kraft, neuem Lebensmut, in Lebensfreude und in geringerem Schlaf- und Eßbedürfnis. Das Kosmoton ersetzt aufgrund seiner tonisierenden Wirkung für viele z.B. den Kaffee, genauer den Kaffeemißbrauch! Was auch der Gesundheit sehr zuträglich ist. »Ich werde gar nicht mehr müde« ist ein öfters berichtetes Erlebnis.

Hier muß jedoch sofort gewarnt werden. Man soll sich bei der durch das Kosmoton erlangten neuen Schaffenskraft nicht zu einer extremen, ungesunden Belastung des Organismus verführen lassen, sondern man soll sich bemühen, das goldene Mittelmaß einzuhalten. Umso länger hat man Freude am Kosmoton. Ein Extremversuch bei einer siebzigjährigen Person ergab, daß zwar zwei Jahre hindurch über 100 Stunden in der Woche gearbeitet werden konnte, daß dann jedoch das Arbeitsmaß wieder auf ca. 70 Wochenstunden vermindert werden mußte, da der Kreislauf der hohen Arbeitsbelastung nicht mehr standhielt. Es zeigten sich jedoch keinerlei Schäden.

Einige typische Beispiele bei Gesunden: Frau E.R. aus N, Modechefin. An einem sehr anstrengenden Tag wurde morgens das Anlegen des Medaillons vergessen. Abends todmüde. Wollte deshalb notgedrungen ihre Gäste verabschieden. Da erinnerte sie sich des Kosmoton-Medaillons und legte es sofort an. Daraufhin mit den Gästen »munter bis vier Uhr morgens«.

Ein Handwerksmeister aus N. mit täglich schwerer Arbeit berichtet: »Wenn ich das Kosmoton nicht trage, bin ich abends todmüde und habe Kreuzschmerzen. Wenn ich es trage, dann bin ich abends nicht müde und habe keine Kreuzschmerzen«.

Ein Herr R.N. aus N. berichtet: »Es ist mir ein Anliegen, Ihnen für das gelieferte Gerät Kosmoton A zu danken, denn ich bin über die Wirkung des

Gerätes begeistert. Durch das Tragen von Kosmoton A kann ich meine anstrengende Nebenbeschäftigung, die mich immer todmüde machte, ohne die geringste Ermüdung ausführen. Das Gerät Kosmoton A trage ich immer Tag und Nacht. Nur die erste Nacht war mein Schlaf unruhig, aber die folgenden bis heute schlafe ich wie nie zuvor. Das Fernsehen strengt mich nicht mehr so an. Meine Magen- und Darmbeschwerden haben sich schon sehr gebessert. Es ist einfach wunderbar. Man fühlt sich wieder frisch und munter...«

Viele Träger des Kosmoton-Medaillons, die in höherem Alter bis um die 90 stehen, berichten, daß so allerlei Beschwerden, wie etwa im Stoffwechselsystem oder im Kreuz, die sie nicht zu den Krankheiten zählen, unter Kosmotoneinfluß verschwinden, daß sie jedoch weit mehr die seelisch aufhellende, harmonisierende und stabilisierende Kosmotonwirkung schätzen. Denn diese gibt ihnen mehr Lebensgehalt und mehr Lebensfreude. Man lebe intensiver und bewußter, ruhiger und zuversichtlicher.

Menschen, die schon konsequent bio-logisch gesund leben und öfters meditieren oder feinere Übungen machen, berichten übereinstimmend, daß sie in wenigen Tagen eine erstaunliche und öfters wunderbare Erneuerung erlebten durch das Kosmoton. So berichtete eine Dame aus Zürich-Zollikon, daß sie sich nach dem Anlegen des Medaillons am ersten Tage schlecht gefühlt habe mit etwas Übelkeit, daß der zweite Tag mäßig verlaufen sei, daß sie sich aber am dritten Tag vom frühen Morgen an »so wohl gefühlt habe wie noch nie in meinem Leben.« Und dabei sei es »bis heute geblieben«.

Einige Menschen erleben diese fundamentale Erneuerung sogar schon in 24 Stunden. Und fast alle diese Menschen äußern sich in irgend einer Form, sie würden sich nun kräftig fühlen wie »zum Bäume ausreißen«.

Andere fügen hinzu, sie würden viel leichter gehen, wie befreit und erhoben.

Wer dies trotz Kosmoton nicht erlebt, aber erleben möchte, der studiere das später folgende Kapitel über Wirkhindernisse. Der Mensch hat nicht nur ein Recht zum voll gesunden Leben, er hat auch die Pflicht dazu. Und wäre die volle Lebensfreude nicht auch seine Liebe?

V. ZUR WAHREN HEILKUNDE

Zu den Grundlagen

Viele Menschen sind an der wahren Heilkunde interessiert. Die Gründe sind mannigfach: Das Bedürfnis und die Pflicht, das zu einem menschenwürdigen Leben Erforderliche zu wissen, dies insbesondere in der fürchterlichen und abergläubisch materialistischen Verwirrung am Ende der Neuzeit; dann die Pflicht zur Vorsorge, da jedermann heute ernsthaft erkranken kann; oder eine bestehende ernste Erkrankung; oder einfach mangelhafte Gesundheit; das Motiv, anderen in ihrer Not zu helfen, die Amtspflicht dazu wie bei allen Therapeuten; oder schlicht der Wissensdurst. Schließlich will der Besitzer eines Kosmoton-Medaillons informiert sein. Denn die Wirkung dieses mikrokosmischen Universalgerätes ist ein Musterfall der wahren Heilkunde. Diese muß kosmisch grundorientiert sein; oder sie ist »ohne Grundlage« (Paracelsus) und dann sehr fehlerhaft und mangelhaft.

Da das Kosmoton allein den normalen Zivilisationsmenschen nicht ideal gesund machen kann, sondern da hier eine Mitwirkung des Kranken gemäß der Heilungsordnung erforderlich ist, so stellt sich die große Frage: Worin besteht die wahre, persongesetzliche und naturgesetzliche Heilkunde?

Die wahre Heilkunde gründet in der wahren Gesundheitslehre. Eine andere Gründung ist logisch und sachlich unmöglich. Also gründet die naturgerechte Krankheits- und Heillehre in der biologischen »philosophischen Anatomie« (Paracelsus) der Schöpfung Gottes, insbesondere in der Erkenntnis des Mikrokosmos Mensch und seiner integralen ganzheitlichen Einordnung in den Makrokosmos. Und sie gründet folgend in der biologischen Physiologie des Menschen. Diese ist eine biokosmologische Lebenslehre des Mikrokosmos Mensch. Sie wird von Paracelsus logischerweise als »Astronomia« bezeichnet. Denn die »Astra« bzw. Lebensqualitäten beherrschen alles Leben.

Diese »philosophische«, d.h. geistes- und naturwissenschaftliche »Anatomia« und »Astronomia« ist die Grundlage der Gesundheitslehre der sieben Urbereiche des Lebens. Denn nur aus der Mißachtung dieser ganzheitlichen drei- und siebenfachen Ordnung gehen alle Krankheiten hervor. Nur auf dieser Grundlage kann man daher auch die Selbstheilordnung des Organismus voll verstehen. Denn der Arzt hat die Aufgabe, diese im Organismus grundgeordneten Selbstheilvorgänge verständnisvoll lebensgerecht Sorge tragend zu begleiten. Nur dann kann man die Heilreaktionen des Organismus verstehen, insbesondere auf die vom Kosmoton verursachten Wirkungen hin. Und nur dann kann man auf sie richtig, nämlich lebensgerecht reagieren, sodaß man zum optimalen Heilerfolg gelangt.

Tatsächlich existiert eine immerwährende wahre Heilkunde (medicina perennis). Sie wird in allen Hochkulturen der Menschheit, von Indien und China über Persien, Chaldäa und Ägypten bis zum Abendland in den Prinzipien übereinstimmend gelehrt und erfolgreich praktiziert.

Diese seit vielen Jahrtausenden bewährte wahre, nämlich durch und durch lebensqualifizierte Heilkunde ist auch heute noch, richtiger wieder, die Grundlage jeder erfolgreichen Therapie und somit auch der optimalen Nutzung des Kosmoton-Medaillons bei den verschiedenen Krankheiten. Die Kenntnisse in der wahren Heilkunde sind jedoch heute in Europa und Nordamerika sehr gering, aber bei dem weitaus überwiegenden Teil der übrigen Menschheit noch groß.

Warum ist die Kenntnis von der Lebensordnung in den Industrieländern der Erde, von denen heute die weltweite Umweltverschmutzung ausgeht, so gering? Am Ende der Neuzeit herrscht in Europa und USA der Aberglaube vom Quantismus, seinem Materialismus und Mechanizismus noch fast ungebrochen. Das ist der typisch von Stalin vertretene Aberglaube, daß das Wesentliche des Lebens in Quantitäten und in deren Veränderungen bestehe. Dieser primitive Aberglaube wird auch Positivismus genannt, obwohl er nur ein Negativismus ist gegenüber allem Wesenhaften. Er wähnt sich selber als allein wissenschaftlich. Daher trachtet er bewußt und unbewußt danach, alles Gute und Lebensqualifizierte, alles objektiv Wesentliche als unwissenschaftlich zu diskriminieren und zu vernichten, auch weil es nicht positivistisch sei. Dies zeigt sich schon in seiner Ablehnung der Worte Seele, Lebensqualität, Lebenskraft usf.. Daher ist es notwendig, folgend das Wesentlichste der immerwährenden wahren Heilkunde kurz darzulegen. Paracelsus hat dies auf vielen tausend Seiten getan. Seinen Ausführungen wird hier gefolgt.

Zum Verständnis für die wahre Heilkunde ist es zuerst erforderlich, zu wissen, was der Grund der Welt ist, wie sie entstand und wohin sie sich entwickelt, dann was der Mensch ist, wie er in diese vergängliche Welt gekommen ist und was die Möglichkeiten seiner weiteren Wege sind. Ohne dieses Grundwissen hat man keine Grundlagen. Dann wirbeln die eigenen Ideen haltlos durch die Luft. Und man irrt ständig erfolglos herum und kann allenfalls nur symptomatische Teilerfolge erzielen. Aber die Patienten werden immer kränker und das auch noch chronisch. Zudem kann man dann Schwierigkeiten mit dem Kosmoton bekommen.

Wie schon eingangs kurz dargelegt, ist diese ganze vergängliche Raumzeitwelt im Grunde krank. Gesundheit in ihr besteht nur in einem vorübergehenden Gleichgewicht von »Gut und Gift« (Paracelsus). Denn wäre sie voll gesund, also voll harmonisch, so wäre sie unvergänglich und ein reines Paradies ohne Wüsten und Leeren. Das in sich Harmonische und also Gute existiert seinsgesetzlich endlos. Denn aus welchem Grunde könnte und sollte es enden? Das in sich Disharmonische dagegen zerstört sich selber. Daher hat alles Böse und Schlechte ein Ende. Und auch jedes Gleichgewicht zwischen Licht und Finsternis muß vergänglich sein.

Nun weiß jeder, daß unsere zeiträumliche Welt nicht voll harmonisch ist, sondern daß auch viel Finsternis in ihr ist, viel Ungutes, Böses und Schlechtes, viel Wüstes und Leeres. Dies ist auch am Menschen, in seinem armselig mangelhaften und winzigen Bewußtsein erkennbar. Das ist vor seinem Gewissen und an seinem Körper zweifelsfrei erkennbar. Sonst wäre z.B. kein Grund für ihn da, sich zu schämen.

In alledem muß man sich eine ganzheitliche, widerspruchsfreie Weltanschauung erarbeiten. Sonst kommt man aus seinen Irrtümern, Selbstwidersprüchen und Fehlern nicht heraus, wie sie die Krise des Rechtsanschauungen, der Gesellschaften (Ehe, Familie, Kirche, Schule, Staat, Betrieb usf.) und der Wirtschaften der Menschen heute täglich drastisch vorführt. Und somit kommt man auch nicht aus den Krankheiten, Streitereien und Mißerfolgen heraus.

Dies alles ist an der großen geistigen Verwirrung am Ende der Neuzeit erkennbar, an der Krisis der Wissenschaften, der Kirche und des Staatslebens, an der stetig steigenden Eigen- und Umweltvergiftung, an den stetig steigenden Krankheitszahlen und der immer weiter ansteigenden Kriminalität. Verschiedene Mafiagruppen beherrschen steigend die Politik von immer mehr Ländern in Europa und anderwärts. Die Herren der Rauschgifte verhindern erfolgreich, daß sie noch ernstlich bekämpft werden. Dies wird in den Medien ständig deutlichst beschrieben und nachgewiesen. Der Normalmensch will dies heute nicht realisieren. Auch kann er dies teils nicht mehr.

Was also ist die Grundlage der wahren Heilkunde? Dazu müssen wir uns zunächst um die Schöpfungsgeschichte bemühen. Denn die Logik lehrt, daß aus dem Nichts von selber nichts kommen kann. Aus dem Chaos kann durch die Wirkung des Chaos wie der Mutation und anderen Zufalls keine Ordnung kommen. Aus der Vielheit kann durch die Vielheit keine

Einheit werden. Und aus dem Toten kann vonselber, nämlich aus dem Wesen des Toten kein Leben kommen. Das sind alles Selbstverständlichkeiten. - Oder man hat überhaupt noch keinen realistischen Begriff von der Logik und ist also genau besehen nicht zurechnungsfähig. Und man hat noch keinen realistischen Begriff vom Leben. Man leidet dann noch an dem fürchterlichen Aberglauben, daß die mechanische Bewegung der toten Materie Leben sei und daß diese Materie, wie Stalin lehrt, den Geist und das Bewußtsein durch Ausschwitzen erzeuge.

Jede solche Annahme, also daß aus dem Nichts von selber etwas wird, etwa von einem Urknall ab, daß aus dem Chaos durch das Chaos, also durch den Zufall die Ordnung folge, daß aus dem Toten das Leben und aus der Vielheit die Einheit folge, jeder solche Gedanke widerspricht radikal dem Denkgesetz der Gleichheit von Grund und Folge und dem Kausalgesetz der Gleichheit von Ursache und Wirkung. Jeder solche Gedanke ist also radikaler Unsinn, auf gut deutsch gesagt Wahnsinn!

Ist nicht das Weltbild der heutigen Wissenschaften bzw. Schulen, der anderen Gesellschaften und ihrer Wirtschaften, wie ihrer Techniken, in allen vier Himmelsrichtungen von diesem Unsinn beherrscht? Hat dieser Wahnsinn nicht alle Geister verwirrt? Sodaß die führenden Psychiater der Welt im Verein mit Joh. Paul II. den Zustand der Zivilisationsmenschheit als »todkrank« erklären!

Da aber Leben, Viel-Einheit und Ordnung in weiten Bereichen existiert, so bleibt keine andere Möglichkeit, als einen in sich einheitlichen, ewigen, lebendigen und guten Gott vorauszusetzen, der keinen Anfang hat. Oder man spricht unpersonal, da nach dem Zeugnis vieler, die Gott erfahren haben, dieser ganz anders sei, als der Mensch es sich vorstellen könne. Dann muß man ein »höchstes Gut« (summum bonum) voraussetzen, aus dem alles Gute und somit alles Leben kommt, alles Bewußtsein, alle Wahrheit und alle Schönheit. Vor allem ist dieses höchste Gut der Grund aller Einheit, somit auch der Alleinheit seiner Schöpfung. Dieses höchste Gut muß schon immer existieren. Das ist zwar nicht leicht zu fassen und zu glauben. Aber nur aus dieser Voraussetzung folgt ein widerspruchsfreies, somit logisches und verantwortbares Weltbild. Und sich ein widerspruchsfrei logisches Weltbild zu schaffen in seinem Bewußtsein, dazu ist der Mensch verpflichtet. Andernfalls lebt er im Widerspruch. Und das ist menschenunwürdig. Auch führt der Widerspruch den Menschen ins Unglück, in Elend, Leid und Tod.

Ohne die Annahme eines anfangslosen allmächtigen Gottes kommen wir aus den Widersprüchen nicht heraus. Wer sich aber selber widerspricht und in dem Selbstwiderspruch bleibt, der ist wissenschaftlich undiskutabel. Er kann im Bereich seiner Selbstwidersprüche keine Mündigkeit beanspruchen und somit kein Recht, auch nur gehört zu werden.

So wird heute anstelle der Schöpfung Gottes weitesthin unter dem Schein der Wissenschaft eine Knall-Ideologie gelehrt. Aus ihr folgt auch eine Knall-Entwicklung, nämlich in Gestalt der chaotischen Zufallsmutationen und des »Kampfes ums Dasein«. In all diesen Knallideologien wird der Widerspruch, die Disharmonie, der Konflikt und also Krieg, somit die Zerstörung zum Vater aller Dinge erklärt. Die Vernichtung des Lebens wird zum Vater des Lebens erklärt. In den ständigen Urselbstwidersprüchen dieser Entwicklungsideologie wird alle Logik auf den Kopf gestellt.

Im Anfang wäre der Urknall. Aus ihm wäre alles geworden, was geworden ist, aller Tod und auch alles Leben. So könnte man in totaler Verdrehung des Johannes-Evangeliums formulieren. Diese scheinwissenschaftliche Knall-Ideologie umfaßt jedoch auch die totale Perversion aller Logik. Denn diese Ideologie besteht in einem fortlaufenden Chaos von Selbstwidersprüchen, also in einem Chaos von Unsinn und Wahnsinn.

Wer dieses Chaos studiert, anfänglich etwa informiert durch die Darlegungen des Züricher Atomphysikers Heitler, der die Urknall- und Zufallsideologie des Kosmos als den verderblichsten und dümmsten Aberglauben der Neuzeit erklärt, der erkennt immer deutlicher, daß es eine Grundforderung der Menschenwürde ist, sich zunächst ein widerspruchsfreies Weltbild zu erarbeiten. Das ist nur mit der Annahme Gottes möglich, also mit dem Glauben an Gott.

Paracelsus zur immerwährenden Heilkunde

Paracelsus lehrt wie alle großen Heiler der Menschheitsgeschichte, daß der von Gott dem Lebendigen gebildete Kosmos eine Lebenseinheit, also ein Organismus ist. Er lebt in einer großen, kausalgesetzlich seinem Schöpfer wesensähnlichen Grundordnung. Diese ist deshalb vielfältig dreieinheitlich und speziell für den Kosmos siebeneinheitlich -als reduzierte Dreimaldreiordnung - und dann zwölfeinheitlich - als Dreimalvierordnung -. Auch die Teile des Kosmos, seine Organe, in der untersten der drei Lebensebenen des Kosmos als Sonnen und Planeten erkennbar, sind nach uralter Lehre selber lebende Organismen. Noch Goethe spricht im Faust die Erde als Lebewesen an, wie es auch alle Kulturvölker und Naturvölker tun.

Paracelsus lehrt weiter, daß alles Leben in Lebensprinzipien gründet. Sie werden von Aristoteles -dem »Vater der abendländischen Wissenschaft« (Sein Ehrentitel)!- Entelechien genannt. Von Paracelsus werden sie Entien und von Leibniz -dem letzten Universalgelehrten des alten Abendlandes- Monaden genannt. Sie werden heutzutage als Lebensqualitäten bezeichnet. Deren Aktivierungen sind logischerweise als Lebenskräfte zu bezeichnen. Das sind in sich harmonische, also lebensgerecht geordnete, jeweils verschiedenartig qualifizierte Energien. Sie werden daher heute auch als Bioenergien bezeichnet.

Paracelsus lehrt, daß das Wesentliche dieser Energien, ihr »Geist« also, ihre Qualität unsichtbar ist. »Unser ganzes Vorhaben ist, hier darzulegen, daß der Grund der Arznei letzten Endes auf den Arcana beruht.. Darum wisset, daß die Arcana nur die Tugend und Kräfte sind. Darum sind sie Volatilia, haben keine Corpora...sind klar und durchsichtig und der Gewalt des Gestirnes unterworfen« (Im Kapitel über die dritte Säule der Heilkunde). Mit Zangen und Mikroskopen, mit Physik und Chemie kann man also die Lebensqualitäten, somit das Wesentliche des gesunden und kranken Lebens und aller Therapie nicht erfassen. Das Wesentliche des Lebens hat keine materielle Struktur, sondern allenfalls nur einen materiellen Träger, eine materielle Hülle.

Das Leben und die Energien zum Leben nur in der sichtbaren Materie selber zu sehen, in den »Corpora«, und nur nach ihren Quantitäten zu beurteilen, das ist laut Paracelsus eine armselige, lebensblinde Betrachtungsweise. Dieses geistlose, wesenlose und lebensblinde Schauen und Denken kennzeichnet die primitive Physik. Sie widerspricht der Physik der großen Nobelpreisträger, die mit Einstein, Max Planck und anderen den Geist als den Inhalt der Materie erklären, als das Wesentliche in allem.

Diese armselige niedrige Sicht kennzeichnet auch die primitive Chemie, welche unwissend und blind die Lebensqualitäten vernichtet und in Gifte wandelt. Diese lebensblinde primitive Sicht kennzeichnet auch die mechanistische Technik und Medizin des untergehenden alten Abendlandes. Deshalb ist das alte Abendland wie das alte Morgenland am »Ende der Neuzeit« (Guardini) an die tödlichen Grenzen dieses krebsig lebenswidrigen, intellektuellen Wachstumes geraten. Die Folge dieser lebensfremden Betrachtungsweise, die zum Aberglauben wird, wenn man wähnt, mit ihr das Leben erfaßt zu haben und gar bessern zu können, ist der Technoterror und Chemoterror gegen das Leben in der Eigenwelt und Umwelt und das Sterben beider Welten in der geistigen, seelischen und leiblichen Weltverschmutzung bzw. Selbstvergiftung. Was man heute weltweit »Das Selbstmordprogramm« (G. Taylor) nennt.

Aus diesem geistigen Selbstmord, der im Aberglauben des Quantismus und folgend Materialismus und Mechanizismus gründet, auch Positivismus genannt, gelangt man nur heraus, soweit man, den größten auch heutigen Physikern folgend, wieder lernt, in realen geistigen Einheiten, in objektiven, zuerst geistförmigen Lebensqualitäten zu schauen und zu denken.

Wie ist dies näher konkret zu verstehen?

Den realen Lebensqualitäten stehen die ebenso realen Unqualitäten gegenüber, auch Gifte genannt. D.h. dem Guten, dem in sich Harmonischen steht das Ungute, das in sich Disharmonische gegenüber.

Woraus besteht das Ungute? Das Ungute besteht nach alter, auch christlicher Lehre aus einem entarteten Guten. Wenn das gute Leben in der Person aus ihrem freien Willen heraus disqualifiziert wird, nennt man es böse. Wenn -folgend!- das Gute in der Natur disqualifiziert wird, nennt man es schlecht.

Was ergibt sich hieraus zur Schöpfungsgeschichte und also zum Werden und Vergehen dieser Welt?

Zur Schöpfungsgeschichte

Nach alter Lehre hat Gott, der Gute und Lebendige, der allmächtige Herr von allem ein vollkommenes Reich des Lebens erschaffen. Dies ohne Disharmonie, Vergänglichkeit und Tod. Es wird von China über Indien bis in den fernen Westen Himmel genannt. In ihm existiert die vollkommene Natur, also das vollkommen Natürliche.

Unter diesem ewig harmonischen Reich des Lebens existiert in der Tiefe ein Reich der Finsternis, auch Infernum oder Hölle genannt. Es besteht aus dem Widerspruch zum Guten, aus dem Nein zum wahrhaft harmonischen Leben. In ihm existieren die gefallenen Geister, weltweit seit Jahrtausenden auch als Dämonen und Teufel bezeichnet. Sie widersprechen ständig ihrer von Gott geschaffenen guten Urnatur, denn sie widersprechen Gott.

Als vorübergehende Zwischenwelt zwischen Himmel und Hölle existiert der Kosmos. Er besteht aus den lichten Auswirkungen des oberen Reiches und aus den finsteren Auswirkungen des unteren Reiches. Er ist also gemischt aus zwei im Grunde unvereinbaren Mächten und Kräften, so unvereinbar wie Gerechtigkeit und Ungerechtigkeit. Weshalb am Ende des Kosmos, d.h. am Ende der zeiträumlichen Welt sich diese beiden Auswirkungen auch wieder trennen durch einen Rückgang in ihren jeweiligen Ursprung (Geh.Off. 21 f. u.a.). Das Analoge geschieht bei dem Tod jedes kosmischen Lebewesens, wobei sich irdische Materie und Geistseele trennen.

Als relativ lichtes oberes Zentrum des Kosmos zu sehen, existiert das Paradies.

Wir müssen wieder ganz realistisch und weiträumig denken lernen und das primitive, enge und niedrige materialistische Stein- und Tagesdenken überwinden, das auf fortwährenden Selbstwidersprüchen gründet und auf einer Blindheit allen Lebensqualitäten gegenüber.

Welche Stellung hat der Mensch im Kosmos zwischen Himmel und Hölle? Das Bild des Menschen zu erschauen ist notwendig, um die Gesundheit, die Krankheiten und die Heilungen des Menschen wirklich gründlich verstehen zu können und so die besten Wege zur Heilung überschauen zu können.

Ein Mensch aus Erde, der von oben eine geistige Seele eingehaucht erhielt, die sein eigentliches Wesen repräsentierte, wurde in das paradiesische Zentrum des Kosmos gesetzt zur Prüfung. Hier herrschte der Friede zwischen dem Menschen und allen anderen Bewohnern. Diese Prüfung bestand der Mensch Adam nicht. So wurde er aus dem Zentrum des Kosmos verbannt in den untersten der drei Bereiche des Kosmos und in dessen Peripherie, nämlich auf diesen Erdball. Hier herrscht als Folge der Verfehlungen der Personen weithin der Krieg zwischen den Geschöpfen.

Die unterste, die materielle Ebene des Kosmos nehmen wir Erdenmenschen mit unseren fünf Sinnen wahr. Zur Erkenntnis höherer Welten muß man seine höheren Sinne entwickeln, die jeder Mensch hat. Aber auch hier erkennen wir den Kosmos als eine Zwischenwelt zwischen der Welt des Lichtes und der Finsternis. Daher sind alle drei Ebenen des Kosmos gleich wie diese Erde gemischt aus »Gut und Gift« (Par.), aus Paradiesen und Wüsten, aus Gesundem und Krankem, aus heilsamen Lebewesen und aus Unkräutern (Vgl. Mt 13,25-3o und Mt. 12,24-28). Woraus klar folgt, wie wir mit allen Dingen im Kosmos umzugehen haben, zuerst mit uns selber, nämlich den guten Kern bewahrend, alles wieder aufbauend, kultivierend, verbessernd, heilend. Wir haben den Krieg zu überwinden, die Disharmonie, vor allem anderen in der Ethik. Das besagt, wie haben im Recht das Machtrecht zu überwinden und den Egoismus, die Unterdrückung anderer Lebewesen und ihre Ausbeutung für gar noch ungute Zwecke. Diese Disharmonie ist also zuerst in unserer eigenen Person zu überwinden, zuoberst vor unserem Gewissen.

Die naturwissenschaftliche und besonders medizinische Grund- und Kernlehre dazu lautet, daß diesem gemischten Kosmos gleich der Erdenmensch als Mikrokosmos gebildet sei in seiner Konstitution und also Lebensordnung. Der gefallene Mensch, der Erdenmensch ist somit durch seinen Fall ebenso ein aus Licht und Finsternis, aus »Gut und Gift« gemischtes Lebewesen. Was ergibt sich daraus?

In der »großen Welt« (Makrokosmos, Universum) und in der »kleinen Welt« (Mikrokosmos, Mensch) sagt Paracelsus, würde ein fortwährender Kampf zwischen den guten Mächten, die in ihrem Wesen gesund sind, und den unguten, finsteren, den disharmonischen, somit giftigen Mächten geführt, die in ihrem Wesen krank sind, nicht nur böse. Die materiellen Auswirkungen dieses Weltenkampfes kann man z.B. mit einem guten Fernrohr sehen, wenn man die Sonne betrachtet in dem Chaos ihrer Eruptionen. Und man kann sie Tag und Nacht in den Disharmonien des Wetters auf der Erde erkennen, wie im tobenden Sturm und in der eisigen Kälte. Aber jeder, der gewissenhaft in sich schaut, erkennt sich zuerst selber als Kampfplatz zwischen gut und ungut. Und er selber steuert diesen Kampf beständig durch seinen guten oder unguten Willen, folgend durch sein gutes oder ungutes Denken und Fühlen. Wer den guten, den harmonischen, lebensgerecht wirkenden Mächten nicht konsequent folgt, so lehrt Paracelsus, der werde unvermeidlich öfters oder dauernd krank.

Die wahre Entwicklung des Menschen, sein wahrer Fortschritt in seinem ganzen Leben, seine Kultivierung in Recht, Gesellschaft und Wirtschaft und auch die gute Entwicklung seiner irdischen Natur besteht daher in dem beständigen Kampf seiner guten Lebensmächte gegen die unguten Mächte in ihm und in dem von ihm gewollten Sieg der guten Mächte. Hierdurch wird seine geistige, seelische und leibliche Natur (= Beschaffenheit) ständig verbessert. Was man auch Religion und Kultur nennt.

Aus alledem ergibt sich auch eine Klärung des Begriffes »natürlich«. In ihm ist zuerst die vollkommen gute Urnatur gemeint und zweitens das kosmische Gleichgewicht zwischen »Gut und Gift« in jedem kosmischen Ding. Dieses Gleichgewicht ist somit eine zweite Art von Natur und natürlich. Das Niveau dieses Gleichgewichtes beständig zu heben, indem der ungute Anteil verringert und der gute vermehrt wird, ist die noch gemeinsame Aufgabe von Religion und Kultur.

Prinzipien, Gesetze und Typen des lebendigen Seins

Für die ganz gründlich Interessierten noch eine weitere Darlegung.

Nach uralter Lehre ist alles Existierende dreieinheitlich grundgeordnet. Man spricht hier in der Wissenschaft von der Ontologie, der Seinslehre. So läßt sich alles Existierende erfassen in der Dreieinheit von Seinsprinzipien, Seinsgesetzen und Seinstypen (Kategorien, Axiomen und Archetypen).

Mit gleichem Sinn kann man von Lebensprinzipien, Lebensgesetzen und Lebenstypen sprechen. Denn das wahre Sein ist lebendig.

In der indischen Hochkultur ist alles in Brahma, Vishnu und Shiva gegründet, welche Dreieinheit aus der Ureinheit hervorgeht, Brahman genannt. In Ägypten ist alles auf der Dreieinheit von Osiris, Horus und Isis gegründet, im Abendland auf Vater, Sohn und Heiliger Geist. Die Geheimlehre des Judentumes spricht von der Dreiheit Kether, Chochmah und Binah. Pythagoras hat nach alter Tradition dem Studium der Dreiheit in der Mathematologik wie dem Dreiklang in der Harmonielehre den größten Teil seines Lebens gewidmet. Kant, der wohl schärfste Denker der Neuzeit, hat alles Leben im Reiche des Denkens, somit alles geistige Leben in vier Dreiheiten von Urbegriffen gesehen, genannt Kategorien. Seine Tafel der zwölf Kategorien ist unter Denkern weltberühmt geworden.

Aus dem dreieinigen Gott geht eine pyramidale hierarchisch-organische Ordnung von Lebensprinzipien hervor und zwar in der Form selbstbewußter Lebewesen, also von Personen. Diese Ordnung ist, wie im Abendland Dionysius Areopagita lehrt, neuneinheitlich. Durch den Fall einiger Engel und des Menschen ist diese Ordnung tief gestört worden; als Folge davon ist der aus Licht und Finsternis gemischte Kosmos entstanden. Alles Existierende ist nun auf dem Heilwege zur Entwicklung einer zwölfeinheitlichen Ordnung. An die Neuneinheit des wahren Lebens wird nämlich in der weiteren Schöpfung Gottes eine vierte Dreieinheit von Existenzmöglichkeiten bzw. Lebensebenen angefügt.

In der irdischen Natur zeigt sich diese Grundordnung nach Paracelsus als Ordnung von drei urverschieden lebensqualifizierten Ursubstanzen, die Sal, Sulfur und Mercur genannt werden. Sie zeigt sich weiter als Ordnung von vier Urqualitäten des Lebens warm, kühl, trocken und feucht. Deren Entartungen sind die vier Urunqualitäten hitzig und eiskalt, dürr und naß. Aus ihnen ergeben sich die vier Elemente. Weiter entstanden Fünfordnungen und viele Siebenordnungen. Die allgemeine Naturwissenschaft, nämlich die Kosmobiologie lehrt diese natürliche Grundordnung aller kosmischen Ordnung mehr oder weniger klar seit vielen Jahrtausenden, in Griechenland etwa durch die alten Naturphilosophen wie Thales von Milet, Empedokles usf.

Aus der Ordnung der Prinzipien (Kategorien) folgt die Ordnung der allgemeinsten Lebensgesetze, der Urgesetze des lebendigen Seins (Axiome). Sie beschreiben die Funktionsordnung der Prinzipien. Diese Ordnung soll im Wichtigsten folgend in einem eigenen Kapitel dargelegt werden.

Aus der Ordnung der Prinzipien und Gesetze folgt die Ordnung der Gestalten, der Typen des Lebens, zuerst der Urtypen (Archetypen), wie sie etwa C.G. Jung zu erkennen und darzustellen versuchte. Es ist nach christlicher Lehre der Hl. Geist, der alles Lebendige gestaltet.

Alle diese Ordnungen können wie die Ordnungen der Prinzipien und Gesetze nur so und nicht anders sein. Sie sind also unveränderlich wie die Mathematik. Denn diese ganze dreieinheitliche Ordnung ist nicht nur logisch, sondern auch mathematologisch verstehbar, wie schon Pythagoras in seiner Harmonielehre und Leibniz in seiner Mathesis universalis gelehrt haben. Und von der Mathematik weiß jeder zurechnungsfähige Mensch, daß sie nur so sein kann, wie sie ist, und nicht anders. Die Zahlenfolge von Eins, Zwei und Drei ist unabänderlich, man mag sie benennen wie man will. Sie ist urselbstverständlich. Wer hier zu zweifeln beginnt, der ist schon todkrank. Ebenso der, der die Logik und Mathematik auf den Zufall der Wahrscheinlichkeit zu gründen sucht. Er hat den Sinn für das Wesen der Seinsgesetze schon vollständig verloren.

Die gesamte Urordnung des Seins, die Grundordnung der Personen mit ihren Persongesetzen, etwa typisch denselben Personurrechten Gottes und des Menschen, bei dem Menschen als Menschenrecht bezeichnet, und mit ihren Naturgesetzen hat also im Grunde nicht nur eine logische, sondern auch eine mathematische Struktur. Hierdurch ist die personale und naturale Urordnung alles Existierenden unabänderlich wie die Mathematik, aber auch ganzheitlich einig wie die Mathematik. Deshalb spricht man auch seit Jahrtausenden schon von einem ewigen Gesetz (lex aeterna bei Thomas von Aquin), das auch Gott nicht ändern könnte und das auch gelten würde, wenn Gott nicht wäre (etsi deus non daretur). Wer daher wähnt, das Persongesetz, etwa das der wahren Menschenrechte und ihrer Gerechtigkeit, oder das Naturgesetz abändern zu können, der behauptet im Grunde, das Einmaleins abändern zu können. Ist er dann nicht einer psychiatrischen Behandlung dringend bedürftig? Denn würden solche Menschen nicht, wenn auch unbewußt, die menschenwürdige Ordnung aufzulösen trachten und dem Menschen den Boden unter seinen Füßen wegziehen?

Es sei hier nebenbei bemerkt, daß über die Gesundheit und Krankheit des Menschenverstandes, auch über seine Heilung die Ärzte maßgeblich zu urteilen haben und kein anderer!

Diese Darlegungen sind für den ganz gründlich interessierten Leser bestimmt, welcher den tiefsten und unabänderlichen Grund zur Konstruktion des universalen Harmonie-, also Ordnungs- und Lebensgerätes kennen lernen will und der sich mit der Erkenntnis der Ordnung des Lebens und der lebensgerechten Konstruktion von Geräten für alles Leben und den Menschen befassen will.

Für das Verständnis der wahren Heilkunde und die Wirkungen des Kosmoton-Medaillons im Rahmen der Ordnung der wahren Heilkunde genügt es hier jedoch, folgend die Ordnung der Lebensgesetze zu studieren.

Die Grundgesetze des Lebens

Aus den Prinzipien folgen die Gesetze, also aus den Lebensprinzipien die Lebensgesetze. Für den gesunden, lebensoffenen Menschen sind die allgemeinen Lebensgesetze selbstverständlich.

Aus den Gesetzen des guten Lebens folgen als Gegensatz die Gesetze des unguten Lebens. Beide hat ein Mensch, der mit offenen Augen lebt, fast ständig in seinem Bewußtsein. Denn sie beherrschen alle Lebensvorgänge.

Die ersten drei Lebensgesetze sind die des eineinheitlichen, zweieinheitlichen und dreieinheitlichen guten Lebens, angefangen bei dem guten Denkleben, Willensleben und Fühlleben. Das sind die Gesetze des -identischen- Selberlebens, des Miteinanderlebens und des -integrierten- Gemeinschaftslebens. Man kann in personaler Sicht auch vom guten und also realistischen Ichleben, Duleben und Wirleben sprechen. In mathematologischer Sicht kann man vom eineinheitlichen Leben, vom zweivieleinheitlichen Leben und vom dreialleinheitlichen Leben sprechen. Dies zählt zur mathematologischen Ordnung der wahren und richtigen, der ganzen Menschenrechte (Vgl. »Die Menschenrechte in christlicher Sicht« von H. Palm).

Der hervorragende Denker Kant spricht von den ersten drei Kategorien der Einheit, Vielheit und Allheit. Das Wesen der Vielheit ist in klarerer Sicht nach uralter Lehre die Zweiheit. Das Wesen der Allheit ist die Dreiheit bzw. Dreieinheit.

Naturwissenschaftlich interessant ist besonders das vierte Urgesetz alles Lebens, das Gleichungsgesetz. Es wird in der Ordnung des Denklebens, der Logik, als das Axiom der Gleichheit von Grund und Folge bezeichnet. In der Biophysik und auch in der toten Physik wird es das Kausalgesetz der Gleichheit von Ursache und Wirkung genannt. Seine bewußte und konsequente Beachtung ist im zeiträumlichen Leben, dem Leben »dieser Welt« besonders lebenswichtig. Welches sind daher die wichtigsten Sonderformen des Kausalgesetzes in der Biologie samt Biophysik und Biochemie? Aber sie sind ebenso gültig auch in der Psychologie und Ethik (d.i. Sittlichkeit, Recht, Moral) bis zur ganzen Religion und bis zu jeder menschenwürdigen Weltanschauung!

Dieses vierte Lebensgesetz wird folgend als Kausalgesetz an der Dreieinheit der drei Urqualitäten gut, lebendig und rein dargelegt. Diese drei Urqualitäten sind sowohl im bewußten Leben der Person als auch im unbewußten Leben der irdischen Natur maßgebend für alles Leben.

Gutes wirkt gut
Lebendiges wirkt lebendig
Reines wirkt rein

Ungutes wirkt ungut
(Böses wirkt böse. Schlechtes wirkt schlecht)
Totes wirkt tot
Unreines wirkt unrein
(Gift wirkt giftig)

Für die Krankheitslehre folgt daraus:

Schlechtes wirkt verschlechternd
Totes wirkt tötend
Unreines verunreinigt
(Gift vergiftet)

Zusammengefaßt:

Unheiles macht unheil
Krankes macht krank

Für die Heillehre folgt daraus:

Gutes verbessert
Lebendiges verlebendigt
Reines reinigt

Zusammengefaßt:

Heiles heilt
Nichts anderes kann heilen

Denn das wahrhaft Heile ist in sich gut, lebendig und rein. Es ist in sich harmonisch. Alles andere ist nicht heil und kann daher nicht wirklich heilen.

Für den gesunden Menschenverstand sind dies alles fast banale Selbstverständlichkeiten. Doch für den verbildeten Menschen, dem der gesunde Menschenverstand auf den Schulen des untergehenden Abendlandes und untergehenden Morgenlandes am Ende der Neuzeit ausgetrieben worden ist, sind dies alles unverständliche Sätze.

Würde nicht für alle Menschen, welche von »Gut und Gift« konkret nichts mehr verstehen oder noch nichts wieder verstehen, die also keine realistische Vorstellung von den Lebensqualitäten und Unqualitäten haben, somit von Mensch und Kosmos, die aber etwas von Gesundheit, Krankheit und Heilung lehren und praktizieren wollen, angefangen in Recht, Gesellschaft und Wirtschaft, in Kultur und Natur, nicht nach Christus und Paracelsus Mt 7,15 f gelten? »Hütet euch vor den falschen Propheten, welche in Schafskleidern zu euch kommen, inwendig aber reißende Wölfe sind! An ihren Früchten werdet ihr sie erkennen.«

Über die lebensgerechte Zubereitung von Heilmitteln

Quintessenz und Kosmoton

Wenn man einen kranken Menschen heilen will, wenn man die Wirkung des Kosmoton-Medaillons bei Gesunden und Kranken gründlich verstehen will, und wenn man auf einem rechten Heilweg mit einer rechten Heilmethode ein rechtes Heilmittel anwenden und zuerst herstellen will, dann muß man all die vorgenannten Lebensgesetze praktisch beachten und die guten daraus sorgfältig anwenden.

Darüber lehrt Paracelsus in seiner dritten Säule der Heilkunde, auch Spagyrik genannt. Er erklärt darin, daß man in der »Apotheke Gottes«, also im relativ guten Teil des Kosmos, wie z.B. in der noch gesünderen Umwelt der hohen Berge, möglichst hoch lebensqualifizierte Substanzen pflanzlicher, aber teils auch mineralischer bzw. elementischer und animalischer Art holen solle. (In die Apotheke des Teufels, in die Tiefen der Erde solle man nicht gehen; man solle dort nicht Pech und Schwefel holen). Und man solle vor allem das »Ens astrorum«, d.h. den guten -nicht den schlechten!- Einfluß der Gestirne therapeutisch nutzen. Was man auf verschiedenen Wegen, mit verschiedenen Methoden und allerlei Mitteln tun kann.

Da in allem, bei dem Einfluß der Gestirne angefangen bis zur Erde unter unseren Füßen ein Gut und ein Gift sei, solle man das Gute vom Unguten, nämlich dem lebenswidrigen und unreinen Gift darin scheiden (spagyrein heißt scheiden, daher Scheidekunst) und »nur das Gut brauchen, das Gift nit«.

Diese Scheidekunst beginnt bei dem Anbau ausgelesener, guter Pflanzen. Sie führt zu der Auslese reifer, gesunder, fäulnisfreier Früchte und zu dem Reinigen und Verlesen des Gemüses in der Küche. Dann folgen vielerlei Verfahren, in denen das Gute entwickelt und das Ungute möglichst unschädlich gemacht wird, so das Einlegen in Salz, Wein, Honig oder Essig, das Kochen, Dünsten, Braten, Fermentieren bzw. Vergären usf., dies typisch und hochwertig im Sauerkrautfaß. Es folgt weiter die lebensgerechte Kombination des Guten, beispielsweise eines guten Salzes, eines guten Öles, eines guten Essigs, eines guten Weines und einer Prise guten Zuckers wie etwa Honigs bei einem guten Salat oder bei einem anderen guten Gemüse.

Eine weitere Stufe der Scheide- und Vereinigungskunst ist das Fermentieren des Heiltees. Hierbei wird Ungutes relativ unwirksam gemacht, vom Guten geschieden und dieses höher entwickelt. Man hat dann im Tee wirksamere und reinere Heilkräfte als im rohen Kraut und Saft, in dem doch Rohstoffe, Halbfertigprodukte und Endprodukte samt Ausscheidungsprodukten gemischt vorhanden sind. Nur der weithin lebensblinde Naturalismus verherrlicht diese Rohheit als natürlich. Auch kann man mit einem guten Wein gute Essenzen aus frischen und getrockneten Heilkräutern ausziehen, wozu Paracelsus viele Beispiele nennt. Mit einem schlechten oder gar toten Wein bzw. Alkohol kann man das nicht! Die gute Wirkung ist stets von der realen Lebensqualität abhängig, von dem Gut in den Dingen!

Eine noch höhere Stufe besteht -dann als Apothekerkunst- darin, daß aus heilen, reinen, lebensqualifizierten Rohstoffen das Gute herausgearbeitet und in mancherlei Form höher und freier, somit wirksamer entwickelt wird. Ein Beispiel ist das Potenzieren in der Homöopathie, das nichts mit Verdünnen zu tun hat. Ein anderes Beispiel ist nach Paracelsus das Brotbacken und die Herstellung eines guten Weingeistes aus gutem Wein, etwa aus einem Kräuterwein. Diese Kunst hat nach Paracelsus noch viele weitere und höhere Stufen, in denen noch universalere und wirksamere Heilmittel hergestellt werden können. Paracelsus sagt, man benötige sie, um alle Krankheiten heilen zu können.

Ebenso ist auch aus den »astralischen« Einflüssen der Gestirne das Gute auszulesen und das Gift dieser »meteorischen« Einwirkungen abzuweisen. Dazu gibt Paracelsus ein Mittel aus den sieben Buntmetallen an. Aufgrund der heutigen bioelektronischen Kenntnisse ist diese Kunst hoch lebensqualifiziert weiter entwickelt worden in Gestalt des universal wirksamen Kosmoton-Medaillons. Es nimmt selektiv nach Möglichkeit nur die guten, harmonischen Einflüsse aus dem Kosmos auf, nicht aber die unguten, disharmonischen, finsteren Einflüsse!

Je besser der Therapeut, desto bessere, höher entwickelte und universaler wirksame Mittel kann er erkennen, hat er erkannt und verwendet er praktisch. Und er kann sie lebensgerecht verwenden, also heilgerecht. Denn er weiß die Wege des Guten und die Wege des Schlechten! Je reiner, höher und universaler solche strahlenden, luftförmigen, flüssigen oder festen Mittel sind, desto besser und wirksamer arbeiten sie mit dem universalen, reinen und guten Kosmoton zusammen.

Über die lebensgerechten Gesundheitsgeräte und Heilgeräte

Seit unbekannter Vorzeit verwendet die Menschheit Geräte, welche die Gesundheit verbessern und bei einer Krankheit Hilfe zur Heilung leisten. Das sind Geräte, welche die lebensqualifizierten Funktionen des Organismus höher qualifizieren und stärken. Sie bestehen selber aus lebensqualifizierten Materialien, sodaß sie auch imstande sind, Lebensqualitäten aufzunehmen, zu verarbeiten, zu speichern und abzugeben.

Die lebensqualifizierten Geräte unterstützen die Aufnahme von Lebensqualitäten durch die fünf Sinne, die Haut und Schleimhaut, sowie durch die sieben Chakras, und die Assimilation der realen Lebensqualitäten. Und sie unterstützen die Reinigung des Organismus in gesunden und kranken Tagen. Sie helfen mit bei der Regeneration in der Ruhe und in kranken Tagen durch die Wiederordnung der Lebensfunktionen. Schließlich kräftigen sie die Gesundheit und unterstützen die Rekonvaleszenz. Einige Geräte helfen sogar bei zwei Hauptteilarbeiten des Organismus oder gar bei allen dreien zugleich, also bei der Entgiftung, der Wiederordnung der Lebensfunktionen und dann bei ihrer kräftigenden Wiedervereinigung. Was ist hier in der Weltgeschichte bekannt und als erfolgreich erprobt?

Reinigungsgeräte sind die Badewanne, die Sauna, die Klistierspritze, das Baunscheidtgerät, der Schröpfkopf, die Aderlaßkanüle, die Fußbadewanne für ansteigende Fußbäder, das Gleichstromkörpergerät, die Hautbürste mit Naturfasern, der Badeschwamm, die Seife aus lebensqualifizierten Naturstoffen usf.

Hilfreiche Geräte für die zweite Phase der Heilung und teils auch für die erste sind Akupunkturnadeln, Baunscheidtnadeln, Quarzglasfensterscheiben für ein südwärtiges Heilfenster der Wohnung, ein Schwimmbad usf.

Für die Kräftigung der Gesundheit und die dritte Phase der Heilung, die Rekonvaleszenz, gibt es vielerlei Übungsgeräte, z.B. Fitnessgeräte.

Viertens gibt es Geräte, welche die ganze Gesundheit und alle drei Heilungsphasen teils passiv und teils aktiv unterstützen. Dazu gehören das gesunde Haus aus Ziegeln, Kalk und Holz und darin das gesunde Bett aus Holz, Wolle und Leinen und aus nichts anderem, das gesunde Auto, das gesunde Schiff usf.

Überwiegend aktiv wird die ganze Gesundheit und jeder Heilvorgang unterstützt durch Universalgeräte wie das Kosmoton.

Zum Kosmoton existieren in der Weltgeschichte viele Vorstufen, etwa Geräte, welche linsenförmig, spiegelförmig, kreis- oder kugelförmig Bioenergien konzentrieren. Dazu zählen auch Geräte, die mit Hilfe gewöhnlicher Eisenmagnete oder mit Hilfe von Metallkombinationen -wie die Orgongeräte- mehr oder weniger kosmische Energien anziehen oder/und konzentrieren, auch wandeln und/oder speichern, und dann vermitteln in ungerichteter oder gerichteter Form. Talismane, die mit wirkkräftigen Formen und Materialien arbeiten, sind in der Weltgeschichte uralt bekannt und mit größerem oder geringerem Erfolg erprobt. Sie werden auch als Harmonisierungsgeräte (Harmonizer) bezeichnet, da sie das ganze System des Organismus oder Teile von ihm mehr oder weniger gezielt und wirksam durch Harmonisierung verbessern.

Unter einem Amulett wird ein Gegenstand verstanden, der Schriftzeichen enthält, meist Worte, und der hauptsächlich durch die Kraft der geschriebenen Buchstaben und Worte, auch Wortzeichen wirken soll. Zuweilen werden hierbei zweitrangig auch andere Wirkzeichen verwandt. Ein Amulett wird daher hier nicht als Gerät bezeichnet.

Schließlich existiert noch die Gruppe der nicht lebensqualifiziert konstruierten Geräte. Ihre Konstrukteure haben keine klare Vorstellung oder am Ende der Neuzeit als Mechanisten überhaupt keine Vorstellung von den Lebensqualitäten, aus denen der Organismus besteht und in denen er lebt. Folglich haben sie auch keine Vorstellung von deren Lebensfunktionen und Lebensgesetzen. Daher können solche Geräte bestenfalls nur eine reizende und hierdurch auch anregende Wirkung haben, teils mit allerlei unerwünschten Nebenwirkungen. Dazu zählen -mechanistisch konstruierte- Bestrahlungsgeräte der verschiedensten Art, wie etwa Kurzwellengeräte und Hochfrequenzgeräte, Magnetgeräte, Durchströmungsgeräte usf.

Manche haben dumpfe Vorstellungen von den Bioenergien. Doch denken sie noch weithin mechanistisch quantitativ. Aus diesem Zwischen- und Übergangsbereich entstehen zahlreiche Geräte, die besonders in esoterischen Kreisen, in der New Age-Literatur, bei Parapsychologen und Paraphysikern bekannt sind. Solche besseren Geräte werden auch als Biotransmitter bezeichnet.

Bei den lebensqualifizierten Universalgeräten kommt es auf die Qualität und also Harmonie der Konstruktion an. Diese Qualitäten umfassen alles und gründen in allem wie in den Materialien, Formen, Farben, Wirkprinzipien usf. Hier ist bis jetzt das wirkkräftige Mikrosonnensystem im Kosmoton mit hohem Abstand unerreicht an Qualität und Quantität der Wirkung. Es übersteigt bei gleicher Größe die Wirkung der Mini-Cheopspyramide um das Zigfache. Zudem ist es im Unterschied zu dieser Pyramide in jeder Lage und Bewegung fast gleich bleibend wirkkräftig.

Und das goldene Kosmoszeichen ist von den universal kosmisch wirksamen Konstruktionen, wie sie u.a. in vielen metallisierten Mandalas vorliegen -ohne Metall zu den Amuletten und Meditationsbildern zählend-, bis jetzt ebenfalls unerreicht an einfachster und präzisester, harmonischer Darstellung des Wirksystemes des ganzen und gesamten Kosmos. Das belegen Tausende von Erfahrungsbeweisen für beide Wirkeinheiten im Kosmoton.

Aber auch die Biologik der Theoretischen Biologie -das ist die systematisch ganzheitliche Lehre von den Lebensprinzipien, Lebensgesetzen und Lebensgestalten- läßt schnell erkennen, daß es sich hier um hoch wirksame Konstruktionen handelt. Aus der höheren Theoretischen Biologie und zugleich Biophysik erhält man daher auch Einsichten in die Bauprinzipien aller lebensqualifizierten Gesundheits- und Heilgeräte. Hier ist das Kosmoton ein Lehrmuster für vieles, was erst die Zukunft bringen wird.

Die drei Stufen des wahren Heilweges und die Selbstheilordnung des Organismus

Die vorstehend beschriebenen Grundkenntnisse von den Lebensprinzipien und Lebensgesetzen beherrschen jeden Heilweg, jede Heilmethode und die Herstellung und Anwendung jedes Heilmittels und Heilgerätes. Von diesem Grundwissen aus können wir uns der ewig unabänderlichen – weil mathematologischen und naturgesetzlichen- Grundordnung des wahren Heilweges verständnisvoll zuwenden. Diesen Heilweg schlägt die Natur von sich aus stets ein. Ihn hat daher auch der verständige Therapeut einzuschlagen im Sinne des alten Wortes »Natura sanat, medicus curat«. Oder der Therapeut handelt wider die Natur. Was zunächst der Patient büßen muß. So kommen wir zu der Grundfrage:

Was ist Krankheit? Die uralte und milliardenfach bewährte Antwort der wahren Heillehre (medicina perennis) lautet: Störung der Harmonie der Lebensfunktionen. Somit Unordnung des Lebens.

Was ist daher Heilung? Wiederherstellung der Harmonie. Harmonisierung und also Neuordnung der disharmonisch gewordenen Lebensfunktionen.

In allen Jahrtausenden hat sich an dieser Grunderkenntnis der wahren Heilkunde nichts geändert.

Worin besteht diese Ordnung der Heilung im Besonderen? Uralte Lehre der Kulturen ist, daß alle echte Heilung an Geist, Seele und Körper bis hinauf zur Heilung im höchsten geistlichen Bereich durch drei Stufen läuft. Sie läuft erstens durch die Reinigung, in der das gesunde Leben die Herrschaft hat oder ergreift und das ungesunde Leben dem gesunden Leben aufopfert. Hierbei wird das Ungesunde vom Gesunden geschieden, nämlich gelöst, abgeleitet und ausgeschieden. Zweitens läuft jede echte Heilung durch die erneuernde Wandlung des gestörten Lebens wieder zum ungestörten harmonischen Leben. Drittens führt der wahre Heilweg ebenso naturgesetzlich unausweichlich und nicht abänderbar zur Wiedervereinigung der bisher gestörten und hierdurch getrennten und geschwächten Lebensfunktionen und Lebenskräfte. Was man auch Rekonvaleszenz nennt.

Das sind drei wesensverschiedene Tätigkeiten des Organismus und zugleich des Sorge (cura) tragenden, helfenden Therapeuten. Sie folgen daher nacheinander, und das nur in dieser Reihenfolge der Opferung, Wandlung und Wiedervereinigung. Jedoch können sie sich mehr oder weniger weit auch überlappen. Wenn die eine Tätigkeit im Wesentlichen vollbracht ist und nur noch ausläuft, kann schon die nächste beginnen.

Dies ist das wichtigste Grundwissen des Kulturmenschen und besonders des Heilfachmannes. Es gründet auf dem Grundwissen, erstens daß die -realen!- Qualitäten (Lebensqualitäten!) das Wesentliche alles Lebens sind, zweitens, daß der Kosmos gemischt ist aus Lebensqualitäten und Unqualitäten, also aus Harmonie und Disharmonie, drittens, daß der Mensch in seiner Natur ein Mikrokosmos ist.

Alle Religion und Kultur, aller menschenwürdige Fortschritt, nämlich aus dieser gemischten Welt heraus nach oben-innen zur vollkommen harmonischen, ideal sozialen Welt hin, somit alle gute Entwicklung gründet in diesem Grundwissen und dessen Praxis. Ohne dieses Wissen ist keine wirklich menschenwürdige, nämlich qualifizierte und wirklich erfolgreiche Entwicklung in dieser Welt möglich, ja nicht einmal ein klarer lebensqualifizierter Begriff der Entwicklung. Sondern dann liegt mehr oder weniger weit eine Verwicklung vor, zuerst des Denkens. Wie ist dies konkret zu verstehen?

Nach Paracelsus besteht jede Krankheit in der disharmonischen Wirkung einer disharmonischen und daher giftig genannten Substanz, also in der Wirkung eines Giftes. »In einem jeden Ding ist eine Essenz und ein Gift. Essentia ist das, was den Menschen am Leben erhält, Gift das, was ihm Krankheit zufügt« (Paracelsus). Deshalb habe der Arzt -zunächst- »nichts anderes zu tun« als das Gift im Kranken zu erkennen, zu lösen, abzuleiten und dann auszuleiten. Was eine Scheidekunst ist, eine hoch qualifizierte bio-logische Kunst und Wissenschaft! - Nach einer solchen guten, dem Kranken jeweils individuell angepaßten Reinigung von den Krankheitsgiften (Toxinen, deren eigentliche Substanzen jedoch primär unkörperlicher Art sind!) vermag der Körperbaumeister und Verwalter, der »Archäus«, schon mehr als die Hälfte aller Krankheiten allein aus eigener Kraft zu überwinden.

Dutzende von Verfahren zur guten, schnellen und schonenden Reinigung von den zuerst geistigen Giften hat die Menschheit entwickelt. Laotse und Kungfutse erklären, daß nach einer schweren Krankheit einer Kultur und Gesellschaft -die heutige Weltgesellschaft ist »todkrank«!- zuerst das Denkleben zu reinigen ist durch die Wiederherstellung des klaren, guten Sinnes der Begriffe. Ähnlich lehrt die kulturwichtigste, heilig geachtete Schrift des alten Persien und Chaldäa, das Gilgamesch-Epos vom »guten Sinn«. Der gleiche Sinn liegt auch in den Gathas von Zarathustra.

Reinigungsinstrumente, wie der Schröpfkopf und die Klistierspritze sind sogar Jahrhunderte lang Abzeichen der Ärztezunft gewesen, etwa in China und Europa. Sie beweisen eindeutig und überzeugend, welche Bedeutung der wesentlichen Reinigung bei aller echten Heilung in den Hochkulturen zuerkannt wurde. Ein guter Heilfachmann weiß viele Reinigungsverfahren bzw. Entschlackungsverfahren naturgerecht zu praktizieren, z.B. Fastenkuren, angefangen bei dem Saft- oder Weizengelfasten, Schwitzkuren, Abführen, Kneipp- und Schrothkuren, Aderlaß, Baunscheidtieren usf. Er kann dem Kranken heilgerecht zu Hilfe kommen, insbesondere demjenigen, bei dem die Arbeit des Kosmoton-Medaillons durch zu viele Gifte in der Eigenwelt und Umwelt behindert wird. Denn das Kosmoton entfaltet zuerst selber eine Reinigungswirkung durch Lösung, Ableitung und Ausleitung von Giften bzw. Schlacken. Wenn sich der Kranke dann nicht heilgerecht verhält, nämlich auch das Seine dazu tut, um eine bei ihm vielleicht behinderte Giftausscheidung zu fördern, dann kann er Schwierigkeiten durch die Giftstauungen in seinem Blut und in seinen Geweben bekommen, was ihm Übelkeit verursachen kann, Kopfschmerzen usf. Dann gerät er in Verwirrung und wähnt gar, das Kosmoton schade ihm.

Organismus, Arzt und Kranker müssen also einheitlich lebensqualifiziert zusammenarbeiten. Das ist besonders bei dem Gebrauch des Kosmoton-Medaillons in schweren Krankheiten erforderlich.

Die zweite Stufe jeder echten Heilung besteht in der Rückwandlung der gestörten Lebensfunktionen wieder in die harmonische Lebensordnung des Organismus. Hier kann und soll der heilkundige Mensch ebenfalls allerlei Hilfe leisten. Denn das Kosmoton kann bei dieser seiner zweiten Hauptarbeit durch Unkenntnis des Patienten ebenfalls Schwierigkeiten haben. Z.B. kann bei der Reinigungsarbeit und besonders Wandlungsarbeit der Patient ziemlich müde werden. Das Kosmoton kann wie »KO-Tropfen« wirken. Wie kann hier geholfen werden? Natürlich zunächst mit Ruhe halten wie in jeder guten Kur. Was aber ist noch weiter zu beachten und zu tun?

Man kann auch bei der zweiten und eigentlichen Hauptarbeit des Kosmoton-Medaillons viel helfen, indem man gemäß der Ebenbildlichkeit und Gleichheit des Menschen als Mikrokosmos mit dem Makrokosmos aus diesem diejenigen Lebensqualitäten (Entien, Arcana, Magisteria, Quint-Essenzen nach Paracelsus) holt und dem Kranken gibt, die durch seine Krankheit in ihm funktionsgestört waren. Diese Lebensqualitäten aus der Umwelt sind, wie oben beschrieben, entweder küchenüblich, wie als Tee, oder sie sind noch höher spagyrisch oder homöopathisch aufzuschließen, d.h. zu reinigen, zu verbessern und zu entwickeln. Sie überwinden in harmonischem Gleichklang mit dem Kosmoton wirkend, auch es im besonderen unterstützend, die Störung noch schneller und wirksamer. Sie bewirken im Einklang mit dem Kosmoton und von dessen allgemeinen, also unspezifischen Grundenergien nachhaltig unterstützt wieder eine ordnungsgemäße harmonische Funktion der Lebenskräfte des Organismus. Diese therapeutische Unterstützung des Kosmoton durch hoch lebensqualifizierte Mittel ist bei vielen ernsten Krankheiten entscheidend wichtig, um zur Heilung zu gelangen, zu der man ohne das Kosmoton vielleicht nicht gelangen konnte.

Solch gute Essenzen können auch die Reinigung des Organismus verbessern, wie etwa bei der Blutreinigung. Wozu Zitronensaft, Schöllkraut, Schafgarbe, Wacholder, Hirtentäschel, Gottesgnadenkraut, Bärlapp, Benediktenkraut, Quittenmus, Honig usf. brauchbar sind.

In der dritten Stufe oder Phase jeder echten Heilung werden die nun wieder ordnungsgemäß arbeitenden Organfunktionen ganzheitlich vereinigt mit den anderen gesunden Teilfunktionen des Organismus und zugleich mit den gesunden Lebensfunktionen der Umwelt, also mit den kosmischen Lebensfunktionen. Wobei das Kosmoton verständlicherweise ebenfalls zentral tätig ist. Man nennt dies auch Rekonvaleszenz. Denn die wieder geordneten Lebenskräfte, die nach ihrer Neuordnung noch schwach sind, werden jetzt durch die Vereinigung mit den anderen guten Lebenskräften und durch den nun freier und stärker fließenden Strom der Bioenergien gestärkt, sodaß sie leistungsfähiger und widerstandsfähiger werden.

Es ist naturgesetzlich nicht möglich, unter der Herrschaft des Giftes die gestörten, also noch disharmonischen Lebensfunktionen wieder zu harmonisieren und gar noch nachhaltig zu kräftigen. Und es ist ebenso naturgesetzlich nicht möglich, den Organismus zu kräftigen, solange seine Lebensfunktionen noch disharmonisch sind, solange also Organe und Glieder noch unqualifiziert und somit ungeordnet arbeiten. Sondern dann kann man nur Symptome vertreiben. Das aber führt den Menschen in die Frühinvalidität und seine Wirtschaft zur Kostenexplosion. Am Ende steht unvermeidlich der Zusammenbruch der Gesellschaft. Nur einzelne Menschen können sich dann rechtzeitig dem wahrhaft Guten zuwenden.

Die Ordnungstherapie

Wenn jemand bei Dir Gesundheit sucht,
so frage ihn zuerst, ob er bereit ist,
künftig die Ursachen seiner Krankheit zu meiden.
Erst dann darfst du ihn behandeln!
Hippokrates/Sokrates

Der recht ausgebildete, verantwortungsbewußte und erfolgreiche Heilfachmann treibt Ordnungstherapie. Was ist das? Er erforscht zunächst, wie der Patient bisher gelebt hat. Was man eine gründliche Anamnese nennt. Sie wird seit jeher von den führenden Ärzten hoch geschätzt. Der gründliche Arzt geht sogar als Hausarzt in das Haus des Patienten und erforscht dort die Lebensumstände. Denn reden kann der Patient vieles, auch in bestem Glauben, weil er es nicht besser weiß oder weil er es überhaupt noch nicht weiß. Mit Röntgen oder Laborchemie kann man die Lebensumstände sicher nicht erkennen.

Ohne Kenntnis der Lebensumstände einen ernster Kranken heilen zu wollen, das erklären die großen Ärzte wie Hippokrates und Paracelsus als Kurpfuscherei! In den sieben Lebensbereichen, die geistig-geistlich, seelisch und leiblich zugleich zu verstehen sind -also auch als 21 Bereiche zählbar!- liegen die Ursachen aller Krankheiten des Menschen! Deshalb hat Hippokrates, der größte Arzt im alten Griechenland, in Kos eine Klinik betrieben, in der die Kranken in allen Lebensbereichen einheitlich seelisch-leiblich gesund betreut wurden, angefangen bei ihren religiösen Problemen! Und er hat keinen behandelt, der nicht bereit war, die Ursachen seiner Erkrankung künftig zu meiden.

Wer nicht ursachengerecht heilen will, sondern nur Symptome vertreiben will, der wird von Paracelsus ebenfalls als verantwortungslos bezeichnet. Jedoch muß man hier hinzusetzen, daß es Zeiten gibt, wie etwa heute am Ende der Neuzeit, in denen kaum ein Kranker wirklich ganz und ehrlich gesund werden will; die allermeisten wollen nur von den Folgen ihrer Sünden gegen die Natur befreit werden, um dann unbeschwert weiter sündigen zu können. Das aber ist nur möglich, indem man sich selber betrügt, so etwa durch ein gefährliches Unterdrücken der Alarmsignale, wie der Schmerzen, die als Alarmklingel eine Krankheit melden, oder durch Vertreiben eines in Gestalt eines Ausschlages auf die Haut ausgeschiedenen Giftes in irgend einen anderen Winkel des Körpers. Die Rechnung wird nach einiger Zeit vom eigenen Körper mit Zins und Zinseszins gestellt, nämlich in Gestalt von Rheuma, Arthrosen, Leberschäden, Ausschlägen, Geschwüren, Allergien, Zuckerkrankheit, Arterienverkalkung, Krampfadern, Multipler Sklerose, Parkinson, Alzheimer, Krebs und auch Aids.

Und es kommt hinzu, daß am Ende einer Kultur stets eine große geistige Verwirrung herrscht. Sie ist heute im Untergang des alten Abendlandes und zugleich am »Ende der Neuzeit« größer denn je. Und diese schwere, schon todkranke Verwirrung herrscht in allen Lebensbereichen, in der Religion und Ethik, im Recht und in der Sozialordnung der Gesellschaften, in der Wirtschaft, sowie in den Anschauungen über Kultur und Natur. In dieser schweren Geistesverwirrung wissen nur die wenigsten, was ein wirklich gesundes Leben ist. Deshalb wird hier so eindringlich auf die immer gültige Harmonie-Ordnung des geistig, seelisch und leiblich gesunden Lebens hingewiesen. Die vollständige Harmonie im Kosmoton strebt zur vollständigen Harmonie im Menschen. Je mehr ein Mensch daher zum vollständig harmonischen Leben strebt, eine desto größere Hilfe erlangt er durch das Kosmoton.

Ein *Beispiel der heutigen Therapieprobleme: Das Krampfadergeschwür.* Über die Hälfte der älteren Zivilisationsmenschen leidet unter Krampfadern, dem Vorstadium des Krampfadergeschwüres. Man kann es samt den Krampfadern eine Zeit lang verhindern durch fest sitzende elastische Strümpfe. Man kann es zukleistern, indem man es mit Salben fest verbindet. Man kann weiter die Adern durch Salz und anderes veröden oder gar herausschneiden. Man kann auch umgekehrt eine Zeit lang die Giftabsonderung durch das Geschwür anregen und das Gift aufsaugen durch Verbände, etwa mit der sehr saugkräftigen Kaffeekohle oder mit Zucker. Durch diese Entgiftung bzw. Entschlackung fühlt man sich zunächst wohler. Man kann weiter auch durch vorsichtiges Massieren und Bürsten der noch schwach ausgebildeten Krampfadern mit verdünnter Arnika- und Hamamelis-Essenz diese teilweise sogar wieder verringern, auch bis zum vollständigen Verschwinden. Schließlich aber sieht man, daß das alles nur kurzfristig hilft. Dann endlich bemüht man sich um die Erkenntnis der Ursache von alledem. Und das ist der Schlamm, der sich bei einem ungesunden Leben, wie bei einem ungesunden Essen auch in den Venen bildet, nicht nur in den Arterien als Arterien»verkalkung« und in den Gelenken als Arthrose. Nach den Gesetzen der Physik setzt sich der schwere Unrat im tiefsten Bereich des Körpers, also in den Beinen als Schlammfang ab. Und durch seine Giftigkeit erweitert und lähmt er die Adern.

In seiner Not sucht sich der Organismus dieser massiven Giftansammlungen durch ein Notventil zu entledigen. Das ist das Krampfadergeschwür. Dann wird dieser Eigenweltschmutz ausgeschieden, sodaß er dem Körper nicht mehr schaden kann. Verschließt man das Geschwür jedoch, so geht es dem Patienten fühlbar schlechter - bis zum Krebs! Das Krebsgeschwulst besteht nämlich in einer massiven Ansammlung von Giften aller Art, teils von außen aufgenommenen Giften, teils von Stoffwechselgiften, welche die giftkranken Organe selber produzieren. Weshalb das Krebsgeschwulst bei seinem Aufbrechen auch entsprechend riecht. Menschen und auch ganze Völker, welche relativ frei von Zivilisationsgiften leben, bleiben daher auch frei von Krampfadern, Unterschenkelgeschwüren, Krebserkrankungen und den vielen anderen Krankheiten, welche durch die modernen Gifte erzeugt werden wie da sind: Magen-, Darm-, Leber- und Gallekrankheiten, Zuckerkrankheit, Hochdruck, Nierenkrankheiten, Rheuma, Arthrosen, Allergien, Ekzeme, Neurodermitis, Parkinson, Alzheimer, Multiple Sklerose usf.

Wenn man das erkannt hat und über einen gesunden Lebenswillen verfügt, auch über ein Verantwortungsbewußtsein, dann beendet man all die nicht ursachengerechte und daher nutzlose, zeitraubende und teure Werkelei am Bein -auch die Werkelei zur Behebung der Arterienverkalkung, Leberverfettung, Arthrose usf.- und beginnt vor allem eine gesunde Ernährung. Dann erst lohnt es sich, den ganzen Körper, somit auch das Blut von allem Schlamm zu reinigen. Welcher Schlamm ein Gift und eine Schlacke ist.

Die Umstellung des Lebens und eine erste Grundreinigung dauert mindestens ein Jahr. Bei Menschen über 40 wird sie zu einer mehrjährigen Arbeit, die zuerst der Kranke zu leisten hat. Das ist eine Arbeit mit sich selbst und an der eigenen Lebensführung. Und diese Arbeit ist nicht leicht. Weshalb gute Therapeuten diese Mühe mit dem Patienten erst beginnen, wenn er einen klaren und festen Willen zur Gesundheit erklärt und tatkräftig bewiesen hat! Wie eingangs dieses Kapitels auch das Zitat von Hippokrates lehrt.

Immer mehr gute, nämlich dauerhaft erfolgreiche Ärzte und andere Therapeuten gehen am Ende der Neuzeit wieder dazu über, Patienten nicht anzunehmen, solange diese in schweren Sünden gegen ihre Gesundheit verharren, also etwa weiter schlemmen, weiter rauchen, weiter verschiedene Drogen gebrauchen, die Nacht zum Tage machen, sich für trügerische Ziele hetzen usf.

Zurück zu dem Beispiel der Krampfadern: Erst durch die beginnende Reinigungsarbeit kann der Schlammfang sauber werden und bleiben. Daher lohnt es sich erst dann, wenn der Patient seinen Hauptanteil an der Arbeit zur Erlangung der Gesundheit übernehmen will, den alten Schlammfang gründlich zu reinigen, wie etwa mit ansteigenden Fußbädern, durch Baunscheidtieren zuerst an den Schultern und am Rücken, auch als Trokkenbaunscheidtieren, durch Fasten, Blutreinigungstees und schließlich durch eine Bearbeitung der Beine mit Arnika-, Hamamelis- und anderen Essenzen. Jetzt endlich kommt Logik in die ganze Therapie! Und damit auch der Erfolg! Vorher hatte der Heilfachmann und auch der Kranke »keine rechten Grundlagen« (Paracelsus) zu einem erfolgreichen Handeln.

Bei alledem hilft das Kosmoton und zwar nicht wenig. Es hilft entgiften, die Lebensfunktionen wieder gesund zu tonisieren und hierdurch harmonisch zu ordnen, sowie in der Rekonvaleszenz wieder integriert gleichgewichtig harmonisch zu vereinigen und so zu kräftigen. In allen drei Heilphasen harmonisiert und tonisiert das Kosmoton die Heilarbeit der Selbstheilkräfte.

Die Wurzel der Ordnungstherapie

Die Wurzeln der Ordnungstherapie liegen im Wurzelbereich unseres Lebens. Und dieser liegt in Gott. Wer also ganze und gründliche Ordnungstherapie treiben will, zuerst an sich selber, der bemüht sich um die Erkenntnis, wo die Erstursache seiner Beschwerden liegt. Und diese liegt stets in seinem Verhältnis zu Gott und somit zur Quelle alles Lebens.

Die großen Ärzte weisen immer wieder darauf hin, daß fast alle Krankheiten in psychischen Problemen wurzeln. Und die großen Psychiater wie C.G. Jung erklären, daß die psychischen Probleme zutiefst in religiösen Problemen wurzeln. Ist es nicht eigentlich schon ein religiöses Problem, ob wir genügend Verantwortung aufbringen, um die -teilweise oben genannten- biologischen Naturgesetze in der Schöpfung Gottes und also in unserer Eigenwelt und Umwelt zu achten?

Die erfolgreichen Ärzte der Weltgeschichte wie Hippokrates, Paracelsus u.a. haben daher immer wieder zuerst auf diesen Wurzelbereich aller Heilung hingewiesen. Wer ihn zu umgehen sucht, der kann nie ganz gesund und also ganz glücklich werden. Er gelangt nicht zum inneren Frieden, nicht zur Harmonie seines Lebens.

Dieser Erkenntnis folgend haben die Hochkulturen in ihrer Heilkunst strenge Regeln aufgestellt. Wer etwa im hohen Mittelalter ernstlich erkrankte, zu dem durfte der Medicus erst gehen, wenn der Kranke zuvor sein Verhältnis zu Gott überprüft und wenn nötig mit Hilfe eines Priesters -heutzutage auch mit Hilfe eines religiösen Psychiaters oder Arztes- neu geordnet hatte.

Der theoretische und auch der nur praktische Atheismus -am Ende der Neuzeit heute in allen vier Himmelsrichtungen weit verbreitet- gilt in allen Hochkulturen als schwere Krankheit und Degenerationserscheinung. Sie ist typisch für den Untergang einer Kultur. Noch nie konnten Atheisten eine Kultur schaffen. Auch bei allem -weithin selbstbetrügerisch gegründeten?- subjektiv guten Willen haben sie objektiv am Ende stets zerstörend gewirkt, in sich und auch um sich, zunächst in ihrer eigenen Familie. Ihr Weg führte stets in die menschliche, gesellschaftliche und am Ende auch wirtschaftliche Katastrophe, so etwa in den braunen oder roten Ruin.

Doch wer ist wirklich ein Atheist? Das ist der Mensch, der nicht guten Willens ist. Wer vor seinem Gewissen guten Willens ist, der ist ein Theist. Denn Gott ist das höchste Gut (summum bonum). Wenn er sich selber treu bleibt in seinem guten Streben -»wer immer strebend sich bemüht« (Goethe)-, der findet mit Hilfe seiner Gewissensstimme den Weg vom subjektiv guten Willen zum objektiv guten Willen.

Die echte Ganzheitstherapie und Ordnungstherapie beginnt also in der Religion des Menschen und in seinem Gewissen. Und sie führt auch zur echten Religiosität, ohne die keine Menschenwürde Bestand hat.

Das Kosmoton im Herzen tragen

Welche großen Wahrheiten des Lebens kann das Kosmoton lehren?

Das Kosmoton kann bei der höchsten und zentralsten Heilung eigener Krankheiten helfen. Wie? Indem man es nicht nur auf dem geistigen Herzen vor dem Brustbein trägt, sondern zuerst geistig im Herzen. Diese Hilfe erlangt man, wenn man mit dem Kosmoton meditiert, wie es Nikolaus von der Flüe getan hat, der große Friedensstifter und Einiger der staatlichen menschlichen Gemeinschaft. Denn das goldene Zeichen der Schöpfung Gottes auf dem Kosmoton kann helfen, den Menschen zu dem gottmenschlichen Leben Christi zu führen, zu dem wahren, herrlichen und mächtigen Leben, das niemals endet.

Vor allem hilft dieses große Zeichen, Wahrheiten zu erkennen. Man kann dann begreifen, was die Welt im Innersten zusammenhält, was also ihre Ordnung ist. Und man versteht dann, daß wir aus Gott leben und daher auch mit Ihm und in Ihm leben sollen, wenn wir wahrhaft menschenwürdig leben wollen.

In Jesus Christus sind wir keineswegs nur ein Mikrokosmos, sondern zuerst und maßgebend ein Mikrologos. - Aber wenn wir werden wollen, was wir im höchsten Grunde sind, dann muß zuerst Christus in uns geboren werden, wie Angelus Silesius schreibt. Christus ist *das* Leben. Er ist auch *die* Wahrheit alles Lebens. Und er ist sogar auch *der* Weg zu alledem!

Wer gebärt Ihn? Und also das wirklich menschenwürdige Leben in uns?- Diese Frage möge man sich klar beantworten und dann konsequent handeln. Zum wahren Leben -zuerst in den großen Wahrheiten des Lebens- führt kein Weg an Maria, an der Mutter Gottes vorbei! Die auch Luther hoch verehrt hat. Wenn man diesen Weg blindlings zu gehen sucht, wird man ziemlich sicher fallen.

Nikolaus von der Flüe ging diesen Weg. Er trat in das wahre Leben ein und benötigte über ein Jahrzehnt keine irdische Speise mehr. Er wurde aus der Quelle ernährt, die sich in dem Goldzeichen zeigt und die jeder Betrachter für sich öffnen kann.

Grundsätzlich hat jeder Betrachter dieses großen Zeichens dieselben Möglichkeiten.

Was lehrt dieses Zeichen Gottes? Es lehrt zunächst, daß wir uns in einer quadratischen und somit vielfältig auch disharmonischen Welt befinden, in »dieser Welt«, der vergänglichen Raumzeitwelt aus Licht und Finsternis. Es lehrt weiter, daß der Kern dieser Welt und aller ihrer Dinge Gott ist und Sein dreieiniges Leben. Das zeigt erstens der dreifache Zentralpunkt, der den Vater im Himmel symbolisiert, von dem alles ausgeht und auf den alles hingeordnet ist, wie geometrisch deutlich erkennbar ist. Zweitens zeigt dies die dreifache Aussendung des wahren Lebens auf dem Wege des Lebens aus dem Zentrum und die ebenfalls dreieinheitliche Rückkehr alles Lebens zum Zentrum, welcher zweifache Weg Christus selber ist als Gottmensch, Menschensohn und himmlischer Mensch. Und drittens zeigt dies der Doppelkreis, der alles umschließt und den Vater mit dem Sohn vereinigt. Die Person dieser allvereinigenden Lebensmacht ist der Hl. Geist. Der dritte Außenring ist vorübergehend zum Doppelquadrat umgewandelt worden durch den unguten Gebrauch des freien Willens von Geschöpfen Gottes.

Diese dreifache Dreieinheitsordnung ist ein Urschlüssel zur Erkenntnis aller wahren Ordnungen, zuerst der ewig gültigen Urrechtsordnung der Personen, d.h. der Seinsordnung des Rechtes (der Sittlichkeit, Moral, Ethik), der ebenso dreieinheitlichen Seinsordnung der Gesellschaft in der Dreieinheit von Kirche, Schule und Staat, allgemein aller Sozialordnung in der Ich-Du-Wir-Ordnung, weiter aller Wirtschaftsordnung und aller Naturordnung, sowie der gleichfalls immerwährenden Grundordnung aller Kultur.

Wer die großen Probleme unserer Zeit lösen will, etwa das Problem der Grundordnung der Gesellschaft und also jeder Gesellschaft (Familie, Kirche, Schule, Staat, Betrieb usf.) bis zur Überwindung der großen Zeitprobleme wie der sogen. Arbeitslosigkeit, der Inflation, der Vergiftung der Eigen- und Umwelt, der kann die Lösung in diesem Urschlüssel zu aller Erkenntnis finden.

Das Goldzeichen zeigt das -aus Gott ausgehende- harmonische und also wirkliche und friedliche Leben in jedem Ding in dieser Welt, bei dem Atom angefangen, und in jedem Menschen. Der ganze Mikrologos-Mikrokosmos Mensch ist wirkkräftig in diesem dreifachen Kreisbild enthalten, das von dem viereckigen Schein dieser Welt umgeben ist. Dieser Schein, von den Indern Maja genannt, ist das Wesen der irdischen Materie, also der Substanz dieser Welt. Platon hat dies auf seine Art durch das Höhlengleichnis angedeutet. Der eigentliche Inhalt der Substanz ist das Licht, wie jede Atomexplosion auf irdische Art offenbart.

Die siebeneinheitliche Sphärenharmonie, die wie alles aus der dreifach dreieinheitlichen Urordnung der Schöpfung hervorgeht, ist ebenfalls ein Zeichen Gottes. Sie führt den Menschen zur Erkenntnis der Urharmonie des Kosmos, von dort bis zu den sieben Siegeln auf dem Buche des Lebens und den alle Befreiungs- und somit Erlösungsordnung des gesamten irdischen Lebens klärenden sieben Stufen des Lebensweges in der hl. Eucharistie. Wer die von Gott gesetzte Urharmonie der Natur des Kosmos näher studieren will, der muß sich um das Fundamentalwerk von Kepler »Weltharmonik« bemühen.

Ein ganzes dickes Buch könnte und sollte man allein über das zweifache Gotteszeichen im Kosmoton schreiben. Denn es offenbart auch den Grund aller Wissenschaft im Kosmos. Aber dem, der guten Willens ist, wurde mit den oben stehenden Worten das Tor zum lebenskräftig wirkenden Inhalt dieses Zeichens gezeigt und geöffnet.

Wer in irgend einer Not ist, etwa in einer Krankheit, wer also das Kreuz dieser Welt leidvoll fühlt, die Disharmonie im Kampf von Licht und Finsternis, von Ordnung und Unordnung, der hat die Möglichkeit, dieses Zeichen Gottes vor sich hinzustellen und sich mit dem Gebet um Erleuchtung auf sein Wesen zu konzentrieren. Man sei ohne Sorge, daß dieses Gebet nicht erhört würde. Es wird stets erhört. Die einzige Bedingung ist, daß man sich geistig nach oben wendet, sich selber also als unten stehend bekennt, was der Kern der Demut ist. Wer demütig zu Gott aufblickt und um Hilfe auf dem Wege zu Ihm bittet, der Quelle von allem Guten, der wird stets erhört. Er kommt mit Sicherheit einen Schritt voran.

Doch ein einziger Schritt genügt nicht. Der Rückweg zu Gott ist lang, steil und nicht leicht. Denn tief sind wir gefallen. Verständlicherweise müssen wir den ganzen Weg zurück gehen. Aber wir erhalten Hilfe bei jedem Schritt. Sodaß sich Schritt um Schritt unsere Lage verbessert. Wir gehen dann den Weg zur Fülle des nie endenden Lebens.

Wer ein einziges Mal in der oben beschriebenen Art vor dem Kosmoton meditiert hat, der beginnt, das Kosmoton in seinem Herzen zu tragen. Immer wieder wird ihm dann das wirkkräftige Zeichen Gottes vor dem geistigen Auge stehen. Und es wird ihm stets ein geöffnetes Tor sein, das zum wahren Leben führt, zu dem herrlichen Leben in vollkommenem Frieden.

Daher versäume kein Träger des Kosmoton-Medaillons, der guten Willens ist, wenigstens ein einziges Mal eine kleine Weile in der Stille seines Zimmers vor dem Kosmoton zu meditieren. Es mögen fünf Minuten sein, fünfzehn Minuten oder bei einem zweiten Mal gar eine ganze Stunde. Diese Zeit wird sich für ihn sehr lohnen.

Der Anlaß zur Meditation mag die Dankbarkeit sein, wenn ihm das Kosmoton schon wesentlich geholfen hat. Oder es mag auch umgekehrt die noch fehlende Hilfe sein. Sie führt zu der Frage: Welches Hindernis existiert in mir und um mich, daß ich noch keine fühlbare Hilfe durch das Kosmoton erfahre? Das doch schon so vielen viel geholfen hat. Wo bin ich blockiert? Was ist es, das mir den Weg zu der Quelle dieses überkosmischen und kosmischen Lebens sperrt? Zu der Lebensquelle, die ich doch in meiner Hand habe, an meinem Herzen trage und die im Zentrum meines Herzens geöffnet werden soll!

Vielleicht liegt das erste Hindernis in einer mangelhaften Haltung zu Gott? Mangelt es mir an Demut? An Glaube? Ist mein Glaube an Gott tot? Wie der Apostel Jakobus schreibt. Sodaß er noch keine Frucht tragen kann, also das Tor zum Leben in meinem Herzen noch nicht öffnen kann? Und so meinen Geist, meine Seele und meinen Leib noch nicht heilen kann?

Der tote Glaube kann nicht helfen! Nichts!

Aber die Demut kann ihn lebendig machen.

Im lebendigen Glauben neigen wir unser Haupt vor Gott.

Wer hat schon sein Haupt vor Gott bis zur Erde geneigt? Wer die Berechtigung und Verpflichtung dazu erkennt, der versäume nicht, es so bald wie möglich zu tun. Dann öffnet sich vor ihm sofort das Tor zum Leben!

Dann bleibe er nicht stehen, sondern gehe weiter!

Gibt es Hilfen zu dieser Meditation? Man lese die Nachfolge Christi, wenn man an Christus glaubt. Wenn man vielleicht Indien schätzt, dann lese man die Yoga-Aphorismen des Patanjali oder ein Buch von Ramakrishna. Weitere Literatur im Anhang. Doch der einfachste Weg ist und bleibt, immer wieder sein Haupt zu beugen und um Hilfe zu bitten.

Der Heilfachmann, das Kosmoton und die Heilkunde

Wie vorangehend beschrieben, dürfte das Kosmoton das bei weitem wirksamste Gesundheitsgerät und somit mittelbar -nämlich über die gesunden Selbstheilkräfte des Organismus- auch das bei weitem wirksamste Heilgerät der bisherigen Menschheitsgeschichte sein!

Somit ist das Kosmoton auch das wirksamste Hilfsmittel desjenigen Heilfachmannes, der nach den Grundgesetzen der wahren immerwährenden Heilkunde (medicina perennis) arbeitet, wie sie u.a. Paracelsus eindringlich gelehrt hat auf vielen tausend Seiten seiner Werke. (Vgl. die neuhochdeutsche Ausgabe der medizinischen paracelsischen Schriften von Aschner, Wien, bei Gustav Fischer, Jena). Da Paracelsus im ganzen Abendland hoch geehrt wird und da die Paracelsus-Medaille die höchste Auszeichnung für deutsche Ärzte ist, so ist es zum optimalen Gebrauch des Kosmoton-Medaillons erforderlich, die von Paracelsus erneuerte, wahre und immer gültige Heilkunde in mehreren Hinsichten darzulegen.

Diese Darlegung hat noch einen weiteren Grund: Da die meisten älteren Menschen heutzutage längere Zeit ungesund gelebt haben und oft auch allerlei naturwidrige, daher gesundheitsschädliche Heilversuche absolviert haben, so bedürfen solche Träger des Kosmoton-Medaillons der Hilfe erfahrener Fachleute in der wahren Heilkunde, der bio-logischen Heilkunde. (Man spricht dann auch von Naturheilverfahren oder neuerdings von alternativen Heilverfahren. Der Volksmund spricht gern von Homöopathie). Diese Fachleute, darunter auch Heilpraktiker, haben aufgrund des überstarken Einflußes einer abergläubischen, qualitäts»freien« materialistisch-mechanistischen Medizin, die heute an den Grenzen ihres krebsigen Wachstumes angelangt ist, in der Regel ein dringendes Bedürfnis nach klaren Vorstellungen von der wahren Heilkunde und ihren biologisch naturgesetzlichen und persongesetzlichen Grundlagen. Der sachgerechte und erfolgreiche Umgang mit dem Kosmoton setzt diese Kenntnis mehr oder weniger weit voraus.

Hauptsächlich für diese naturärztlichen und homöopathischen Kollegen und alle Therapeuten einer bio-logisch orientierten Erfahrungsheilkunde, sowie für die reformwilligen Kollegen ist das vorliegende Buch geschrieben. Auch für alle, die angesichts von Mißerfolgen in ihrer Therapie an einer abergläubischen, nur quantitativ denkenden Medizin zu zweifeln beginnen; an einer Medizin, die sich selber hoch wissenschaftlich wähnt, die jedoch »ohne Grundlagen« ist, wie schon Paracelsus hart kritisiert. Sie ist ohne wissenschaftliche Grundlagen in der objektiv real lebensqualifizierten Bio-Logie des Makrokosmos und des Mikrokosmos Mensch.

Der Kranke und die wahre Heilkunde

Andererseits möge der verständige und zur Einsicht strebende Träger eines Kosmoton-Medaillons durch dieses Buch die Hilfsmaßnahmen der hinzugezogenen Heilfachleute besser verstehen lernen. Und wenn er noch keinen biokosmologisch erfahrenen Heilfachmann im Sinne von Paracelsus gefunden hat, so soll er -gemäß dem Menschenrecht und der Menschenpflicht zur Nothilfe - durch die vorliegenden Zeilen wenigstens im Allerwichtigsten ausreichend informiert werden, um selber eine Not überwinden zu können. Und will nicht oft genug auch er anderen helfen?

Die endneuzeitliche, abergläubisch materialistisch-mechanistische Schulmedizin kann von einem Menschen (in Ausübung seines Selbstbestimmungsrechtes über sein eigenes Leben nach seinem besten Wissen, Glauben und Gewissen!) als große Not wissenschaftlich erkannt oder geglaubt und so bestimmt werden, als etwas »Todkrankes«. So wird es auch in Zeitschriften widergespiegelt. Dann hat der Mensch das Menschenrecht und die Menschenpflicht zur Nothilfe. Wo und wie er seiner Not abhilft, etwa durch »alternative« Heilmethoden, wie sie Paracelsus lehrte in Übereinstimmung mit allen Kulturen, das ist ebenfalls Sache seines Selbstbestimmungsrechtes über sein eigenes Leben. Das ist nicht Sache einer totalitären Tyrannei staatlicher, scheinwissenschaftlicher oder anderer Art.

Paracelsus legt eindringlich dar, daß all die Verfahren, welche nur Symptome unterdrücken und vertreiben, den Kranken in noch größere Not führen. Der Kranke hat nicht nur ein angeborenes Menschenrecht, sondern auch die angeborene Menschenpflicht, zuerst selber seine Not zu überwinden. Und wer ihm hierbei Hilfe leisten kann, der ist auch nach moderner Rechtsauffassung verpflichtet, über alle Standesgrenzen und andere Grenzen, etwa ideologischer Art, hinweg Hilfe zu leisten! - Es besteht kein Diktaturrecht irgend einer Kaste, zu bestimmen, was Not ist und was nicht und wie allein geholfen werden darf, oder daß gar bei fehlender Hilfe und also fortbestehender Not nicht auf anderen Wegen geholfen werden darf! Welches Diktatur»recht« den National- Sozialismus und gleich den Inter-National-Sozialismus kennzeichnet. Ob ein Mensch Not leidet, das zu bestimmen untersteht zuerst seinem eigenen Selbstbestimmungsrecht. Und ob irgend ein Weg ihm geholfen hat, seine Not zu überwinden, sodaß er sich im Sinne der Weltgesundheitsorganisation wieder wohl fühlt, das untersteht ebenfalls seinem Selbstbestimmungsrecht. Wie wollte ein Außenstehender gar mit Röntgenbildern oder chemischen Untersuchungen maßgebend bestimmen, ob sich ein Mensch wohl fühlt oder nicht!

Die immerwährende wahre Heilkunde wird im Prinzip übereinstimmend in allen Hochkulturen und Hochreligionen gelehrt und erfolgreich praktiziert. Ohne ihre Kenntnis kann man nach Paracelsus nicht lebensgerecht und also mikrokosmosgerecht heilen, somit auch nicht kosmotongerecht helfen.

Ohne ihre Grundkenntnis kann man auch kein Kulturmensch sein. Denn mit Krankheiten kommt jeder Mensch in Berührung, zunächst in der eigenen Familie. Wäre es nicht seine Schulpflicht und Kulturpflicht, zu wissen, wie man sich bei einer Krankheit allgemein naturgerecht und also lebensgerecht zu verhalten hat!

Wechselwirkungen mit biologischen Verfahren und Mitteln

Da das Kosmoton die ganzheitliche Harmonie des Kosmos lebensgerecht wirkkräftig vermittelt, so arbeitet es grundsätzlich mit allen harmonischen, also naturgerechten Heilverfahren harmonisch zusammen. Es entsteht hierbei eine wechselseitige Unterstützung. Diese ist universal ganzheitlich. Sie erfaßt ausnahmslos alle Lebenskräfte des Menschen. Es ist bis jetzt kein anderes Gesundheitsgerät bekannt, das eine gesunde, nämlich lebensgerechte Therapie noch mehr unterstützen kann!

Mit welchen einzelnen naturgerechten Verfahren arbeitet das Kosmoton am erfolgreichsten zusammen?

Zunächst mit allen Methoden zur Befreiung von Hindernissen, die das Gesundwerden blockieren, so mit der Befreiung von Herderkrankungen und hemmenden Einflüssen aus der Umwelt.

Dann einfachsterweise mit allen Klimakuren, wie in Höhenkurorten, Seeklimakurorten usf., mit allen Bäderkuren an Heilquellen, besonders Salzquellen.

Drittens mit allen Regenerationskuren wie Fastenkuren, Zellregenerationskuren (Revisan, Regeneresen, Thymuskuren etc.), mit universalen natürlichen Regenerationsmitteln, wie vom Honig und Knoblauch über Tai-Ginseng bis zu kombinierten Vitamin E-Kuren, selbstverständlich nur mit dem echten natürlichen Weizenkeimölvitamin usf. Alle sogenannten »naturidentischen« Substanzen sind synthetisch, also seelenlos, ohne Lebensqualitäten, daher tot, daher giftig.

Alles gesunde Leben und alle naturgerechten Kuren verjüngen. Sie verschieben das sogenannte Altwerden auf spätere Jahre. Das ist erstens selbstverständlich und zweitens uraltes Erfahrungswissen der Menschheit. Methusalem soll nahezu tausend Jahre alt geworden sein. Die Verjüngung ist Erfahrungswissen bei allen wirksamen Regenerationskuren ohne und erst recht mit dem Kosmoton.

Wechselwirkungen mit unnatürlichen Verfahren und Mitteln

Da das Kosmoton kosmobiologisch und also naturgerecht wirkt, so ist es logisch, insbesondere bio-logisch, daß eine disharmonische Gegensätzlichkeit zwischen allen naturwidrigen, d.h. disharmonisch arbeitenden Verfahren und Mitteln wie etwa den giftigen Chemikalien, sowie den natürlichen Giften, und den harmonischen Wirkungen wie denen des wirkkräftigen Mikrokosmosgerätes besteht. Denn das Kosmoton wirkt harmonisierend, somit neutralisierend und rückwandelnd auf alle natürlichen und unnatürlichen Gifte. Welche praktische Bedeutung hat dies?

Die Weltgesundheitsorganisation (WHO) hat erklärt, was schon Paracelsus festgestellt hatte: Der Krebs entsteht durch materielle Gifte aus der Umwelt, dies heute zu 80 bis 90% durch die unnatürlichen chemischen Gifte. Denn die Naturvölker, bei denen doch natürliche Gifte wachsen wie überall auf der Welt, kennen den Krebs praktisch nicht.

Auf der berühmten Weltkrebskonferenz in Florenz wurde von führenden Universitäten der Welt erklärt, daß von 6000 Chemikalien unserer Umwelt sich in umfangreichen Laborversuchen über 3000 als Krebs verursachend oder fördernd erwiesen hatten. Wer daraus keine praktischen Folgerungen für sein eigenes Leben und das seiner Familie zieht, wie wäre dem noch zu helfen?

Die anderen toten und giftigen Chemikalien verursachen die Vorkrankheiten vor dem Krebs, der selber gleichsam die Summe aller Krankheiten ist.

Da die gesunden Selbstheilkräfte des Organismus durch das Kosmoton erheblich gestärkt werden, so können diese alle natürlichen leiblichen und seelischen Gifte noch wirksamer entgiften. Vor allem entgiften sie die künstlichen Gifte. Eine Folgerung daraus ist, daß man Gifte in der Therapie nicht gleichzeitig mit dem Kosmoton anwenden kann und soll. Naturgesetzlich erleidet man dann leicht Schiffbruch mit seiner Therapie. Dies haben schon manche modernen Klinikärzte erlebt.

Zusammengefaßt ist es unlogisch, eine kranke und also naturwidrig gewordene Natur mit naturwidrigen Mitteln heilen zu wollen. Eine Unnaturheilkunde ist biologischerweise zum mannigfachen Mißerfolg verurteilt. Sie verursacht zudem noch ständig steigende Kosten. Das höchst natürlich wirkende Kosmoton, das im Verhältnis zu seinen Wirkungen extrem preiswert ist, kann daher natürlicherweise erfolgreich nur mit natürlichen Methoden und Mitteln zusammen angewandt werden.

Eine Übergangsregelung

Wenn jedoch ein Kranker schon chemische oder natürliche Gifte gebraucht, die er -wirklich oder vermeintlich- nicht plötzlich absetzen darf und die (meist mangels besserem Wissen) nicht sofort durch biologische und also gute, lebensqualifizierte Mittel ersetzbar sind, dann hat die Erfahrung gezeigt, daß meist eine Übergangsregelung möglich ist. Denn in dem Maß, in dem das Kosmoton die Selbstheilkräfte und also gesunden Lebensfunktionen verbessert und stärkt durch seinen Zufluß an steuernden, ordnenden Bioenergien, in dem Maß können giftige Medikamente langsam bis auf Null verringert werden. Man nennt dies fachlich auch »Herausschleichen«. Dies soll am besten unter Aufsicht und laufender Kontrolle eines darin erfahrenen und kosmobiologisch nach Paracelsus arbeitenden Heilfachmannes geschehen. Andernfalls sind eigene Kenntnisse der wahren Heilkunde erforderlich, die auch mit der Volksheilkunde aller Völker im Wesentlichen übereinstimmt. Denn in ihr ist der gesunde Menschen(heil)verstand erhalten geblieben.

Neben- und Nachwirkungen?

Gute Nebenwirkungen und Nachwirkungen sind bei dem beständigen Tragen des Kosmoton-Medaillons so zahlreich, daß sie nicht alle aufgezählt werden können. Noch nach Jahren kommen sie zum Vorschein wie eine erstaunliche Verjüngung, eine Erneuerung der Haarfarbe in Richtung der jugendlichen Haarfarbe usf.

Gesundheitsschädliche Neben- und Nachwirkungen sind dagegen bei der sachgerechten Anwendung des Kosmoton-Medaillons bisher unbekannt. Sie sind auch bio-logisch garnicht denkbar und vorstellbar gemäß der echten Theoretischen und praktischen Biologie. (Die nichts mit der abergläubischen mechanistisch-materialistischen Biologie zu tun hat!). Nur eine unbedachte, der Gebrauchsinformation widersprechende Anwendung kann zu Beschwerden führen, etwa, wenn ein Mensch nach frischem Schlaganfall oder Herzinfarkt oder nach schwerer Operation das Kosmoton, gar das große sofort in Herznähe trägt.

In vielen Fällen wurde das große Kosmoton-Medaillon bisher sogar entgegen der Gebrauchsinformation sofort am Brustbein oder auf dem Magen getragen. Nicht im Zwischenfeld, da Nullfeld! Und es wurde das kleine oder große Medaillon sofort nach einer schweren Operation, nach einem Herzinfarkt oder Schlaganfall angelegt. Denn so ein dünnes kleines

Medaillon ohne Batterie kann doch nicht oder nur wenig wirken, wähnen anfangs so manche, die keine realistischen feldphysikalischen Vorstellungen von den kosmischen Energien, sowie von der Integration des Erdballes in den Kosmos haben und daher auch keine realistische Vorstellung von der Wirkweise des mikrokosmischen Gerätes. Manche glauben sogar, schon fast alles zu wissen, sodaß nicht existieren könne, was ihrer Allwissenheit noch nicht bekannt ist.

Bei einer Anwendung entgegen der Gebrauchsanweisung kam es zwar einige Male zu unangenehmen Reaktionen durch die plötzliche starke Wandlung der Körperfunktionen und ihre Tonisierung. Aber es ist auch bei diesem sachwidrigen und informationswidrigen Gebrauch bisher noch keine Gesundheitsschädigung gemeldet worden.

Soll ein Kranker das Kosmoton ständig tragen?

Ja! Warum?

Das Kosmoton sucht den Organismus von Grund auf zu regenerieren. Das gleicht einer Generalreparatur eines mehr oder weniger schadhaften, gar baufälligen Hauses. Solch eine Arbeit muß zügig ohne Unterbrechungen durchgeführt werden, weil oft eine Arbeit in die andere eingreift. Bei größeren Unterbrechungen kann sie in mancherlei Hinsicht mißlingen, da in den Unterbrechungszeiten andere unerwünschte Wirkungen, z.B. Blokkierungen, entstehen und / oder störend eingreifen. Dies gilt noch viel mehr für den Organismus, da in seiner Ganzheit ständig alles ineinander wirkt. Wenn daher im Organismus eine Heilarbeit unterbrochen wird, so sind Rückfälle möglich. Sie erschweren und komplizieren den Neuanfang und können sogar, wie im Haus aus vier Wänden, die Qualität der ganzen Reparatur bzw. Heilung verschlechtern.

Je ernster und älter eine Krankheit, desto komplizierter ist die Heilung; desto heilwichtiger wird dann das pausenlose Tragen.

Bei gesunden Menschen wird durch zu große Tragepausen -die ein Siebtel der bisherigen Tragezeit überschreiten!- nur die Verbesserung der Gesundheit und der Lebenskraft verringert. Das ergibt keinen fühlbaren Mangel. Wenn aber die Heilung verzögert und kompliziert wird, kann man darunter länger leiden. Der Aufwand an Aufmerksamkeit ist also geringfügig im Verhältnis zu dem großen Vorteil bei ununterbrochenem Tragen.

Es ist vorgekommen, daß ein Kosmotonbesitzer bei dem Hersteller angerufen und kritisiert hat, das Kosmoton würde bei ihm nicht wirken. Auf die Frage, wo es denn getragen werde, kam die Antwort, es würde kaum getragen, nur ab und zu einmal.

Die Folgerungen

Der Mensch ist eine Ganzheit. In ihr wirkt alles auf alles. Daher sollte der Mensch in Geist, Seele und Leib ein gleiches Niveau gesunden Lebens einhalten. Denn große Ungleichgewichte stören alles. Man kann zum Beispiel nicht in Geist und/oder Seele disharmonisch leben, wie gewissenswidrig ungerecht, pflichtwidrig oder lieblos, dies in der Ehe und Familie oder in einer anderen menschlichen Gemeinschaft (z.B. der staatlichen, schulischen, kirchlichen oder beruflichen Gemeinschaft), und dann erwarten, daß man im unteren und äußeren Bereich des Lebens, im Körper gesund bleiben oder werden kann. Auch der Körper erkrankt dann, gleichgültig wie sehr man sich um sein leibliches Wohl bemüht. Das ist gesicherte Erkenntnis der Psychosomatik. Weshalb in einer an Geist und Seele krebskranken Gesellschaft schon die Kinder vielfältig tödlich seelisch und leiblich erkranken, etwa am leiblichen Krebs.

Wir werden zunächst nur potentiell krank, indem gleichsam ein Sumpf an geistigem, seelischem oder/und leiblichem Üblen in uns entsteht. Man nennt dies vor dem sogenannten Ausbruch der Krankheit auch eine »trächtige Gesundheit«. Sie ist nämlich krankheitsträchtig. Die naturgemäß arbeitenden Heilfachleute sprechen hier auch von einer -leiblichen, seelischen und/oder geistigen- Disposition, auf deren sumpfigem Grund die Krankheiten wie Sumpfpflanzen wachsen und dann ausbrechen. Wie jede Infektionskrankheit eine sogenannte Inkubationszeit hat, in der man körperlich noch nicht unter der Krankheit leidet, weil etwa noch kein Fieber besteht, so hat auch jede andere Krankheit eine solche Vorwirkungszeit. Sie beträgt beispielsweise bei dem Krebs viele Jahre, oft Jahrzehnte.

Man bedenke: Sumpfpflanzen können nur im Sumpf wachsen. Wenn das der Zivilisationssumpf durch eine reinigende Ordnungstherapie trokken gelegt wird, so sterben alle Sumpfpflanzen ab! Und es könen keine neuen nachwachsen! Was für die Krebsnachsorge entscheidend ist!

Wenn wir alle unguten geistigen, seelischen und leiblichen Einflüsse vermeiden und rechtzeitig bekämpfen, gar mit einer jährlichen großen Reinigungskur, wie dies einige Völker auf dieser Erde tun, etwa einige südamerikanische Indianerstämme und Völker im Hochland, *dann werden wir niemals krank!* Solche Völker kennen daher keine Krankheiten, außer einem banalen Schnupfen durch Unvorsichtigkeit! Wer als Kranker, Arzt oder Apotheker von solchen erstaunlichen Tatsachen nicht lernen will, wie wäre ihm noch zu helfen? Wie wollte er auch nur vor sich selber behaupten, daß er den Willen zum gesunden Leben hätte?

Wir sind also an jeder Krankheit selber schuld. Weshalb sich auch der Mensch mit natürlichem Sinn mehr oder weniger bewußt etwas schämt, wenn er krank wird, und seine Krankheiten zu verbergen sucht. Krankheiten sind somit wie alles Ungute in dieser Welt nicht ein Zufall, der von außen kommt und einen unschuldigen Engel belästigt.

Deshalb verlangen die großen und erfolgreichen Ärzte der Weltgeschichte von ihren Kranken zunächst den guten Willen, ihre eigenen Lebensfehler einzusehen, und nach dieser Lebens- und Gewissenserforschung den guten Vorsatz, künftig gesund zu leben. Wer diesen guten Willen zum gesunden Leben nicht aufbringt, wer etwa bei einem Lungen-, Magen- oder Unterleibskrebs weiter rauchen oder Schweinefleisch verzehren oder giftige Drogen nehmen will, der wird von den guten Ärzten gerechterweise nicht behandelt, sondern abgewiesen!

Er geht dann oft zu Medizinern. Diese verschreiben ihm dann medizinische Drogen. Das sind synthetische oder auch natürliche Medikamente, welche die Selbstheilkräfte stoppen, Schmerzen betäuben, die eisernen Reserven mobilisieren und in der Einbildung ein Glücksgefühl vortäuschen. Wenn sich in einem Volk die Pillen- und Drogensucht ausbreitet, so ist dies ein sicheres Zeichen, daß dieses Volk geistlich-geistig, seelisch und leiblich tief in der Unordnung lebt. Dieses Volk geht überall mit zuerst geistigen Drogen bzw. Giften um, dann folgend mit seelischen und zuletzt auch mit leiblichen Giften in der Eigenwelt und Umwelt. Ein solches Volk hat sich mehrheitlich in allen Lebensbereichen vom Guten, Lebendigen und Reinen, von der Wahrheit des Lebens abgewandt und dem Unguten, wesenhaft Toten und Unreinen zugewandt, den Unwahrheiten des Lebens. Diese werden dann als moderne Kultur und Wissenschaft maskiert. In diesem Sumpf blüht die Krankheitswirtschaft wie eine gewaltige Sumpfplanze riesig auf. Auch sie wuchert krebsig. An diesem Krebs stirbt das Volk geistig, seelisch und leiblich. In allen Lebensbereichen führt sein Weg dann in die Katastrophe.

Wer in einer solchen Zeit selber gesunden will, der beginnt, sich über den Zustand der Gegenwart Gedanken zu machen, sei es religiös geistlich oder einfach ethisch-rechtlich, sei es wissenschaftlich, sei es kulturell, sei es politisch wie alle Wendepolitiker und Revolutionäre, sei es wirtschaftlich, wie in Sozialbestrebungen, Partnerschaftsbestrebungen usf., oder sei es zuletzt natural wie in allen biologischen Bestrebungen. In ausnahmslos allen Lebensbereichen zeigen sich in der Agonie einer Kultur Reformbestrebungen. Dann hängt es von dem Ausmaß des eigenen guten Willens und von den eigenen Fähigkeiten und Eigenschaften ab, sowie von dem Sieg über die eigenen Leidenschaften, etwa in Gestalt der Trägheit und der stolzen Vorurteile und Statussüchte, in welchen Bereichen man selber mit einer Wende des eigenen Lebens beginnen will, weg von allem Kranken und Sterbenden, hin zum wahrhaft menschenwürdigen, allseits freien und guten Leben in Geist, Seele und Leib.

Wer in dieser Weltsituation, die sich in jedem einzelnen Menschen geistig, seelisch und leiblich spiegelt und auswirkt, auch nur einen geringen guten Willen hat, dem wird weiter geholfen von den guten Mächten des Lebens, die von oben herab alles überblicken und mächtiger sind als die Finsternis. Er möge bedenken:

Jeder Schritt
in der Richtung zu einem menschenwürdigen gesunden Leben
bringt mehr Gesundheit!

Und dieser Heilweg bringt mehr echte, nämlich bleibende Lebensfreude! Auch mehr Sicherheit! Und die große Angst, die im Untergang jeder Kultur umgeht, wird dann langsam überwunden durch die Zuversicht, auf gutem Wege zu einem guten Ziel zu sein und dieses schöne Ziel unter einer allmächtigen Führung sicher erreichen zu können.

Die rechte fachliche Hilfe ist oft notwendig

Wer dann nicht genügend eigene Heilkenntnisse hat, der bedarf der Hilfe eines Fachmannes, der Kenntnisse von den vielfach verwickelten, vernetzten und steinigen Wegen hat, die zur Krankheit führen. Denn prinzipiell muß, wie Paracelsus sagt, jede Krankheit ihren Weg zurückgehen, wenn der Mensch wirklich heil werden will. Auch wenn ein guter Arzt diesen Heilweg zehnfach, hundertfach und noch weit schneller beschleunigen kann, gegangen werden muß er. Und das mit Sinn und Verstand.

Wer nun den guten Willen hat und wirklich gesund werden will, der benötigt bei ernsteren Krankheiten auch einige makro- und mikrokosmosgerechte Hilfen, wie sie vorbildlich das Kosmoton bietet, auch seelisch! Mit nicht nur leiblichen Wirkungen bietet auch schon jede voll gesunde Ernährung eine solche Hilfe, ja schon jede gesunde Luft, wenn man sie nur bewußt und wirkkräftig einatmet!

VI. DIE ANWENDUNG IM EINZELNEN

Die Anwendung bei verschiedenen Menschengruppen

Eine auffällige Erfahrung bei der Anwendung des Kosmoton-Medaillons war, daß verschiedene Menschengruppen auf das Kosmoton unterschiedlich reagieren. Und zwar liegen die Hauptunterschiede in der bisherigen Lebensführung, sogar in der Weltanschauung, weniger in der Rasse, im Alter oder im Geschlecht.

Generell hat es sich als sehr hilfreich gezeigt, wenn der Gesunde oder Kranke schon teilweise oder überwiegend sein Leben gesund geordnet hat, angefangen bei einer giftfreien und maßvollen Ernährung. Dann kommt es schnell zu erfreulichen Besserungen. Auch bisher hartnäckige Beschwerden können oft schon in wenigen Tagen weichen.

Auch kleine Kinder bis zum dritten und siebten Lebensjahr reagieren oft sehr schnell, sodaß die -sonst schulmedizinisch praktisch unheilbare-Neurodermitis schon in vier Wochen völlig überwunden sein kann und der kleine Patient wieder normal gesund leben kann wie im Essen.

Noch mehr gilt dies für Menschen, die regelmäßig meditieren, Yogaübungen treiben und also ein diszipliniertes Leben in ihren feineren Lebenskräften führen. Sie reagieren oft schon in Minuten. Oder sie spüren die Ausstrahlung des Mikrokosmosgerätes sofort, wenn sie es in die Hand nehmen, auf die Nasenwurzel oder mitten auf den Kopf legen. Und sie erleben in ein bis drei Tagen schon eine erste durchgreifende Erneuerung ihrer seelischen und leiblichen Funktionen. Diese sollte das Ziel jedes Trägers eines Kosmoton-Medaillons sein!

Wer ein diszipliniertes übernatürliches und also überkosmisches Leben führt, wie ein herzhaft religiöser Mensch, der reagiert auf die doch zunächst kosmischen Wirkungen des Kosmoton wie ein anderer normaler Mensch. Jedoch reagiert sein Herz auf das Zeichen Gottes auf dem Kosmoton, sofern er offen ist und nicht ängstlich jede Wirkung Gottes zurückweist, die er noch nicht kennt. Wer dieses Zeichen nicht personal annimmt, der reagiert zunächst nur natural. Und dann ist seine bisherige irdische Lebensweise maßgebend für seine Reaktion.

Die Erfahrung hat ergeben, daß viele Menschen, die der heute üblichen Zivilisation angepaßt leben, also z.B. Schweinefleisch und Wurst ohne Wissen um deren Inhalt regelmäßig verzehren, wie es sogar auf manchen modern(istisch) beeinflußten kirchlichen Akademien üblich ist, das Kosmoton anlegen, weil sie von guten Wirkungen bei anderen gehört haben. Bei diesen Menschen treten dann verständlicherweise öfters Schwierigkeiten wie Erstverschlimmerungen auf. Oder die Wirkung ist bei ihnen nur gering oder nicht dauerhaft. Sie erleben nur einen Anfangserfolg. Wie ist das zu verstehen?

Die heutige Zivilisation ist in der Eigenwelt und Umwelt, im geistig-seelischen und folglich auch im leiblichen Bereich sehr ungesund, ja »todkrank«. Wer aber im natürlichen und also kosmischen Bereich ständig grob ungesund lebt, der erzeugt ständig Schlacken in seinem Körper, die seine Lebenskräfte behindern. Und er schafft auch noch andere grobe Gegenwirkungen gegen die feinen hohen Bioenergien, welche das Kosmoton von oben herab aus der Schöpfung Gottes vermittelt als Biotransmitter. Deshalb kann er nur einen Anfangserfolg haben, gar mit einigen unangenehmen heilkrisenartigen Begleiterscheinungen durch den Kampf des rein harmonischen Mikrokosmosgerätes mit all dem Ungesunden, Finsteren in seiner Eigenwelt und folgend auch Umwelt. Oder er hat sogar nur einen Mißerfolg.

Deshalb *der generelle Rat:* Wer einen nachhaltigen und großen Erfolg mit dem Kosmoton haben will, der muß sich ernsthaft bemühen, die »todkranke« geistig-seelische und analog leibliche Situation der heutigen Menschheit in ihrer Eigenwelt und folgend auch Umwelt zu erkennen. Und er sollte sich bemühen, diese rauchige und neblige Verwirrung zuerst in seiner eigenen Lebensführung konsequent zu überwinden, angefangen bei Essen und Trinken, Kleiden und Wohnen. Vor allem ist die Beschaffenheit des Bettes zu beachten, das bei den Zivilisationsmenschen in der Regel kraß ungesund ist.

Dann ist die ungesunde Lebensweise zu reformieren, in der so viele die Nacht zum Tage gemacht haben. Und die ungesunde Selbsthetze in der Arbeit, auch im Fitnessprogramm und im Lebensgenuß ist zu überwinden durch ein harmonisches und menschenwürdiges Leben. Auch der häufige Genußmittelmißbrauch, wie etwa der tägliche Bohnenkaffee sollte überwunden werden, weil die harten Genußmittel jede Regeneration blockieren. Oft ist auch eine gifthaltige »Hygiene« im eigenen Haushalt zu beenden. Schon chemische Mottenmittel im Kleiderschrank des Schlafzimmers können erheblich der Gesundheit schaden und die Wirkung des Kosmoton-Medaillons abblocken. Andernfalls sind die aus einem solchen Lebensstil folgenden Zivilisationskrankheiten, typisch Diabetes oder andere Magen-Darm-Leberbeschwerden, Unterschenkelgeschwüre, Ekzeme, Allergien, Herz-Kreislaufbeschwerden, Dystonien usf. auch vom Kosmoton nicht behebbar. Ungesundes Leben erzeugt beständig Ungesundheit! Das ist Naturgesetz. Auch wenn die Ungesundheit jahrelang täuschend als -trächtige- Gesundheit erscheint, müssen naturgesetzlich die Folgen kommen.

Manche fragen dann: Ja wie kann man denn wirklich, nämlich biologisch gesund leben? Dazu muß man sich um die entsprechende objektiv bio-logische ärztliche und andere Literatur bemühen, die nichts mit der modernen Flut abergläubischer schulmedizinischer Gesundheitsbücher zu tun hat. Die lebensfremden und daher auch im Grunde gesundheitsfremden modernen Gesundheitsbücher sind -von einigen billigen Ratschlägen abgesehen- daran zu erkennen, daß nichts von den realen Lebensqualitäten in ihnen steht, also nichts von »Gut und Gift« (Paracelsus). Woran sich zeigt, daß der Verfasser vom Wesen des Lebens und also des gesunden Lebens, der Krankheit und der Heilung noch kein Wissen hat.

Wer also objektiv gesund leben will, der muß Bücher wie etwa »Das Lebensprogramm« (H. Palm. ORDO, Konstanz) studieren. Der muß in ein gut geführtes Reformhaus gehen und sich beraten lassen. Und er muß -oft mit Mühe- einen wirklich naturgemäß arbeitenden, also nach Paracelsus kosmobiologisch erfahrenen Heilfachmann suchen. Kurz gesagt: Wer heutzutage gesund leben will, der muß sich umfassend orientieren, worin das heutige »Selbstmordprogramm« (G. Taylor, Weltbestseller) der Menschheit besteht und worin das ganzheitlich alle Lebensbereiche umfassende Lebensprogramm besteht.

Zu diesem Studium existieren schon tausende von guten Büchern. Wer sich nicht um sie bemüht und folgend auch um die Konsequenz in seinem eigenen Leben, der stolpert -trotz der modernen Gesundheitsbücher- weiter von einem Irrtum in den anderen und von einer Krankheit in die andere. Was in der Regel mit dem Krebs oder ähnlichem endet, also mit einer Lebenskatastrophe. Wenn man seinen gesunden Menschenheilverstand nicht mehr gebraucht oder gebrauchen will, etwa weil man einem Phantombild von moderner Wissenschaft folgt, dessen Lebensweg endet mit dem -wenn auch nicht beabsichtigten, aber oft fahrlässig verursachten- langsamen Selbstmord. Genauso wie die heutige Zivilisationsmenschheit ihre Umwelt ruiniert, so ruiniert sie zuerst ihre Eigenwelt geistig, seelisch und leiblich zugleich. Wie die ständig steigenden Krankheitszahlen und Krankheitskosten hart beweisen.

Und was beweist die in fast allen Ländern heute ständig steigende Kriminalität?

Wer also das Kosmoton erfolgreich anwenden will mit einem Lebensnutzen im Werte von vielen tausend DM in jedem Jahr, der muß sich um die Erkenntnis der lebensqualifizierten natürlichen Ordnung bemühen, in der Gott den Kosmos gegründet hat. Den endneuzeitlichen Aberglauben des Materialismus muß er überwinden. Dessen Leitprinzip ist: Die Materie ist es, die lebendig macht; der Geist -logisch dann eine Art Ausschwitzung der Materie, wie Stalin lehrt- ist zu nichts nütze, außer vielleicht die Materie zu verändern. Und die Materie entwickelt sich selbst mit einem Knall.

Zu diesem heute am Ende der Neuzeit an so vielen Schulen in allen vier Himmelsrichtungen herrschenden Wahn zählt vor allem der Aberglaube an die Götzen Quantität, Mechanik und Zufall als das Wesentliche im Leben. Nach diesem Aberglauben ist der Mensch eine vom Chaos des Zufalles mechanisch, chemisch und elektrisch gesteuerte Maschine. Eine Maschine ist jederzeit rechtmäßig liquidierbar! - Wie dies Hitler und Stalin praktiziert haben, den modernen wissenschaftlichen Anschauungen konsequent folgend, die noch immer in allen vier Himmelsrichtungen gelehrt werden. Solche Mechaniker können von Lebensqualitäten nur faseln. Weshalb ihre Hände alles ruinieren.

Dies ist eine zeitgemäße Übersetzung von langen Ausführungen Paracelsi.

Diese in den Schulen gelehrten Anschauungen werden heute in der größten Menschen- und Christenverfolgung aller Zeiten noch immer konsequent praktiziert. Es werden etwa in Deutschland jährlich noch viel mehr Menschen getötet als Hitler getötet hat. Sodaß die Mißachtung der Menschenrechte einen Höhepunkt erreicht hat. Aber jeder lobt sich heute selber, wie auch Hitler sich selber gelobt hat.

Dieser Komplex an Aberglauben, in der Knallideologie und der Ideologie des quantistischen Mechanizismus gründend, der sich als allein wissenschaftlich betrachtet, beherrscht das »Selbstmordprogramm« (Taylor) der Menschheit am heutigen »Ende der Neuzeit« (Guardini). Diesem Aberglauben frönen heute auch viele subjektiv religiöse Menschen, viele, die in allen Himmelsrichtungen wähnen, Wissenschaftler zu sein, viele Politiker gleich Hitler und Stalin und viele Wirtschaftler. Das Ende dieses Aberglaubens ist die Katastrophe der Menschheit in ihrer Eigenwelt und Umwelt, wie heute schon viele Nobelpreisträger erklären, nicht nur der Club von Rom.

Die Quintessenz von all diesen Darlegungen nochmals zusammengefasst:

Nur in dem Maß
in dem ein Kranker biologisch gesund leben will,
kann ihm ein guter Arzt und das Kosmoton helfen.

Personal gesund leben

Doch genügt das biologisch gesunde Leben? Wenn man den Menschen nur als Natur, gar nur als Maschine betrachtet, dann kann man ihn beliebig liquidieren, wie die verschiedenen Sozialisten an Juden und anderen Menschen, auch den eigenen Volksgenossen zigmillionenfach demonstriert haben. Und wie es heute noch in vielen Staaten an den ungeborenen Menschen und teils auch an den geborenen noch immer millionenfach demonstriert wird. Hitlers Verbrechen werden als einmalig erklärt. Sind die noch umfangreicheren heutigen täglichen Morde -an eindeutig unschuldigen Menschen- nicht noch einmaliger?

Wenn heute die ungeborenen Menschen massenweise getötet werden, auf Krankenschein, wann werden die Alten ebenso liquidiert werden? Ebenfalls auf Krankenschein? Und dieses Morden dann finanziert mit ihren eigenen Beiträgen? Das liegt sehr nahe beieinander! Man muß schon sehr verblendet sein, um diese Nähe nicht zu sehen. Unter Hitler waren viele höchst verblendet. Ist die Verblendung nicht noch größer geworden?

Hitler lobte sich selber. Auch heute lobt man sich selber!

Herrscht nicht das Machtrecht Hitlers -das Recht, weil man Macht hat!- heute noch? Das Antimenschenrecht! Nun in fast allen Staaten der Erde? - Nichts ist hier bewältigt worden, weder von den Deutschen noch von den anderen! Nur Worte werden gemacht! Man redet vom Menschenrecht. Aber wer könnte auch nur ein einziges Menschenrecht formulieren? Was man weiß, das kann man formulieren!

Wer hier nicht nachdenken will, wer hier nicht moralisch und also personal gesund leben will, hat der nicht gerechterweise eine noch viel größere Katastrophe zu erwarten als sie das deutsche Volk unter Hitler zu erwarten hatte? Als sie ganz Europa zur Zeit Hitlers gerechterweise zu erwarten hatte? Und wähnt er, in einer solchen Verwirrung seelisch und auch leiblich gesund werden zu können?

In diesem Buche werden genügend Hinweise gegeben, um aus dieser globalen Geistes- und Seelenverwirrung sicher herausgelangen zu können!

Die Anwendung bei verschiedenen Krankheitsgruppen

Die mehrjährige Erfahrung mit dem Kosmoton hat ergeben, daß verschiedene Krankheiten auf das Kosmoton unterschiedlich reagieren. Das ist naturgerecht. Denn auch auf Wasseranwendungen und Diät reagieren verschiedene Krankheiten unterschiedlich. Um deshalb zum optimalen Erfolg mit dem Kosmoton zu gelangen, ist es hilfreich, bei verschiedenen Krankheiten die meist übliche Reaktion auf das Kosmoton zu kennen und auch eine anormale Reaktion zu verstehen, um sich heilgerecht verhalten zu können.

Auch verschiedene Krankheitsgruppen reagieren unterschiedlich auf das Kosmoton. Klare Richtlinien sind bisher nur andeutungsweise erkennbar. Beispielsweise kann eine schon seit Jahrzehnten bestehende schlaffe (atonische) Verstopfung in 48 Stunden kuriert sein, sodaß keinerlei Abführmittel mehr erforderlich sind. Eine krampfhafte Verstopfung dagegen kann ein wochenlanges Tragen des Kosmoton auf dem Magen erfordern, bis sie behoben ist. Oder es sind noch weitere, wie z.B. seelisch krampflösende Maßnahmen erforderlich.

Deshalb werden folgend die Krankheitsgruppen und Krankheiten mit ihren Reaktionen auf das Kosmoton einzeln beschrieben.

DIE OPTIMALE ANWENDUNG BEI DEN EINZELNEN KRANKHEITEN

Bei allen gesundheitlichen Störungen, die hauptsächlich durch lebenswidriges Essen und Trinken hervorgerufen werden, wie bei allen *Stoffwechselerkrankungen, Diabetes, bei Magen-, Darm-, Leber-, Galle-Erkrankungen,* als erstes biologisch sehr gesund zu essen und zu trinken beginnen. Das Kosmoton hierbei auf dem Wirkzentrum des Leibes tragen. Das ist das Sonnengeflecht, das in der Nabel- und Magengegend liegt. Bei Leber- und Gallebeschwerden kann man das Kosmoton auch unmittelbar auf diesen Organen tragen, z.B. in einem breiten Ledergürtel, der eine Tasche hat. Galle- und Magenkoliken lassen sich so schnell und dauerhaft überwinden.

Die beiden größten, auch miteinander vergeschwisterten Zivilisationskrankheiten sind Rheuma und Krebs. Was alles zählt nach der Weltgesundheitsorganisation zu dem rheumatischen Formenkreis? Den Paracelsus als Tartarische Krankheiten bezeichnet, d.h. als Gift- und Schlackekrankheiten. *Kalte, degenerative und entzündliche, schmerzhafte Erkrankungen der Weichteile und Gelenke* bis zu *Gicht, Arthrose, Arthritis, Spondylose und Spondilitis, Bechterew, Sklerodermie, fibrinöse Verdickungen und Verhärtungen, Gefäßerkrankungen und auch Rheuma der Organe wie des Herzens,* das dann fast ständig schmerzt.

Als Ursachen sind erkannt: 1. Mit chemischen Mitteln niedergeknüppelte, somit nicht ausgeheilte Krankheiten aller Art. 2. Auch andere Vergiftungen aller Art wie durch Schutzimpfungen, durch qualitativ schlechte und gifthaltige Ernährung, durch zu viel schlechtes Eiweiß, durch schlechten Zucker, durch schlechte Fette, durch chemische Gifte aus der Umwelt wie aus der Kleidung, aus dem Wohnhaus und dem Arbeitsplatz, also durch ein krankes Haus. 3. Genußmittelmißbrauch. 4. Drogenmißbrauch wie Medikamentenmißbrauch. 5. Giftige Hygienemittel. 6. Unmäßiges Essen. 7. Ständige Kälte und Nässe.

Die allein erfolgreiche Therapie besteht in der Überwindung dieser Ursachen, vor allem durch gründliche Entgiftung bzw. Entschlackung, wie durch Fastenkuren, Schrothkuren usf., durch ein streng mäßiges und hoch lebensqualifiziertes Essen. Meiden aller Chemiegifte. Bei alledem hilft das Kosmoton A oder B, auf dem Nabel getragen, zuerst in der Schmerzbefreiung und Entgiftung.

Weitere tartarische Krankheiten des zu »guten« und gifthaltigen Lebens sind *Venenerkrankungen, Unterschenkelgeschwüre, Hämorrhoiden, chronische Bronchitis, Lähmungen, diffuse Magen-, Darm-, Leber- und Gallebeschwerden, Krebs, Leukämie, Alzheimer, Parkinson, Multiple Sklerose usf.*

Alle diese Krankheiten weichen nach Paracelsus in dem Maß, in dem sachgerecht entgiftet wird, und wenn hierbei die lichten Mächte und Kräfte des Himmels -die auch im Kosmoton wirken- zuhilfe genommen werden, sowie wenn allgemein gesund gelebt wird in Essen, Trinken, Kleiden, Wohnen, Lebensweise samt Arbeitsweise, Heilweise und Hygiene. Einige dieser Krankheiten weichen, wenn keine größeren Wirkhindernisse vorliegen, allein schon durch das Kosmoton. Um jedoch dann einem Rückfall vorzubeugen, ist eine konsequente Grund- und Begleittherapie erforderlich.

Ekzeme (Ausschläge), besonders *allergischer Art*, können in zwei bis vier Wochen vollständig verschwinden. Die Besserung kann schon nach 24 Stunden beginnen; aber es können auch einige Wochen vergehen, ohne daß sich eine Änderung zeigt, bis sich dann die Abheilung in wenigen Stunden vollzieht.

Bei *hartnäckigen Ekzemen* wie *Schuppenflechte und Neurodermitis* (Milchschorf, Lymphatische Diathese), oft konstitutionell bedingt, ist ohne Entgiftung und Umstellung des Organismus auf eine streng biologisch gesunde Diät öfters nur mit einer Milderung zu rechnen, wenn auch zuweilen mit einer erheblichen. Sogar alle Beschwerden können schwinden, bei Kindern in der Regel innerhalb von vier bis zwölf Wochen, je nach Alter und bisheriger Ernährungsweise und Wohnweise. Hierzu sollte das Kosmoton B verwandt werden. Häufig ist hierbei auch eine Sanierung der Leberfunktion erforderlich (u.a. Hepatik, Hepaticum Medice, Salus Lebertee, echtes Karlsbader Salz, Heublumensäcke auf die Leber usf.).

Die *Schuppenflechte* weicht allein mit dem Kosmoton oft in ein bis zwölf Monaten. Auch hier ist das Alter und die bisherige Dauer der Krankheit maßgebend. Wer die sichere und bleibende Abheilung sucht, benötigt streng giftfreie biologische Kost und soll ansteigende Fußbäder gebrauchen. Auch Salz vom Toten Meer (Jordansalz!) ist mit dem Kosmoton zusammen sehr hilfreich. Verschiedene Personen, die zuvor auch Jahre und Jahrzehnte lang an Neurodermitis oder Schuppenflechte erkrankt waren, erklärten jedoch, daß sie nach der Abheilung durch das Kosmoton auf keine besondere Ernährung mehr achten müßten.

Bei *Arthrose* das kleine Kosmoton zur besseren Wirkung zeitweise nachts oder auch tagsüber am erkrankten Gelenk tragen, z.B. in einem Strumpf oder unter einer leichten Bandage. Erst danach auf dem Brustbein (bei Männern) oder dem Nabel (bei Frauen) tragen. Eine gründliche Reinigungskur jedes Frühjahr, wie ein Saftfasten oder eine Weizengelkur, kann zur dauernden Beschwerdefreiheit verhelfen. Denn die Arthrose entsteht meist durch Ablagerung von Stoffwechselschlacken. Diese können auch das Gelenk angreifen. Durch die Befreiung von den aggressiven Schlacken kann das Gelenk heilen. Nur sekundär ist die Arthrose zuweilen auch noch eine Abnutzungskrankheit.

Bei *Krebs* kann das Kosmoton allein schon viel helfen, auch das Fortschreiten der Krankheit stoppen. Mancher Patient, der schon Monate im Bett lag und von dem niemand mehr an ein Wiederaufstehen glaubte, stand einige Wochen nach Anlegen des Kosmoton-Medaillons auf und konnte wieder seiner gewohnten Tätigkeit nachgehen!

Die Träger des Kosmoton-Medaillons berichten dann von neuer Lebenskraft, neuem Lebensmut usf. Aber bei solchen schweren Krankheiten ist fast stets eine Kombinationsbehandlung notwendig, um zum optimalen Erfolg zu gelangen. Sie kann nur von einem Therapeuten durchgeführt werden, der gut (Lebensqualität) und schlecht (Unqualität, Gift, Schlacke) unterscheiden kann und daher weiß, wie man Gifte löst und ausscheidet. Worin besteht die Kombinationsbehandlung?

Nach der Anpassungszeit das kleine und große Kosmoton kombiniert, aber mit Abstand voneinander verwenden. Z.B. das große Medaillon über dem Brustbein und das kleine Medaillon in nächster Nähe des ersten Krebsgeschwulstes oder über dem Magen, auch umgekehrt. Ausprobieren, ob man im Schlaf das große Medaillon verkraften kann oder wie weit man es ablegen muß. Doch stets so nah wie möglich ablegen, daß der Schlaf noch nicht durch Übertonisierung gestört wird.

Zusätzlich sind zur Unterstützung des Mikrokosmosgerätes biologische Krebsheilverfahren anzuwenden, wie zunächst gründliche Reinigungskuren. In der zweiten Phase etwa die Rabjuvén-Kur (Rabjuvén, Berlin) mit den Kügelchen durchführen, aber mit ca. der halben Dosierung, da sonst durch die Kombination mit dem Kosmoton eine Überdosierung erfolgen kann. Dies gilt auch für die Dosierung anderer guter Krebsheilmittel. Die Rabjuvensalbe oder eine Mistelsalbe, Alcangrolsalbe etc. über dem Tumor und handbreit in seiner Umgebung gebrauchen.

Wenn nur ein einzelnes Geschwulst vorliegt, typischerweise in der Brust, dann täglich eine Andampfung des Geschwulstbereiches von ca. 10 Min. (Nach Surya »Rationelle Krebs- und Lupuskuren«). Nach der Andampfung ein Kneippguß von ca. 10 Litern laukühl über den angedampften Bereich, dann Rabjuvénsalbe oder Mistelsalbe messerrückendick oder dünner auftragen und 30-60 Min. Bettruhe halten.

Vielfältige innere Reinigung, streng gesunde und sehr maßvolle Frischkost-Diät und Andampfungen sind die drei Hauptsäulen der erfolgreichen Krebstherapie! Stets gegründet in dem festen Willen, gesund zu werden.

Daneben sind die üblichen Maßnahmen der bio-logischen Krebstherapie anzuwenden: Radikale Herdsanierung, strenge Frischkost mit biologisch gezogenen Möhren, Rote Beete, Schwarzer Rettich, Sauerkraut (Eden), häufig milchsaures anderes giftfreies, biologisches Gemüse usf. Zu jeder Mahlzeit ein Teelöffel bis Eßlöffel kalt geschlagenes frisches Leinöl. Sonst reines, giftfreies Olivenöl oder Sonnenblumenöl verwenden. Täglich ein bis drei Teelöffel ungeschroteten Leinsamen, am besten 12 Stunden in einem Glas Wasser eingeweicht. Bad Kreuznacher Kochsalz oder Atlantik-Meersalz, südfranz. Rotweinessig oder Zitrone verwenden. Wenig Kartoffeln und Tomaten. Viel Vollkornprodukte. Kein Weißzucker, kein Fleisch, keine Wurst. Diasan als Brotbelag. Milch und Frischkäse nur aus biologischer Viehhaltung, also ohne Kunstdünger, Chemie und Hormone. Sorgfältige regelm. Darmreinigung, Blutreinigungskuren, milde Fastenkuren wie mit Weizengel, Baunscheidtieren, auch mehrmals monatlich trokken (ohne Öl), ansteigende Fußbäder, Schrothkuren und Kneippwickel mit Retterspitzwasserzusatz zur inneren Reinigung über die Haut usf. (Siehe auch »Mehr Heilungen von Krebs« von Issels und andere biologische Krebsheilbücher). Auch ein täglicher Spaziergang in der freien Luft und Wohnen in einem gesunden Haus sind Grundbedingungen. In einem Betonhaus kann eine Krebserkrankung schwerlich geheilt werden. Solange das Bett eines Krebskranken auf einer geopathischen Zone (Erdstrahlen) steht, hat er keine guten Aussichten.

Bei *Hautkrebs* nach jeder Sonderbehandlung das Kosmoton wieder über diesem Hautbereich befestigen, wie mit Leukoplast. Aber vor örtlichen Anwendungen gründliche Blutreinigungskuren. Sonst kann ein Melanom gereizt werden.

Schon ohne Kosmoton sind durch biologische Therapie viele Krebskranke geheilt worden, dies schon vor Paracelsus.

Nach Logik und Paracelsus sind alle Krankheiten heilbar! Es kommt sehr auf den konsequenten Heilwillen des Kranken an. Er ist eine große und unerläßliche Heilkraft, wie viele Berichte geheilter Krebskranker belegen. Der herzhafte Heilwille aber ist heute äußerst selten! - Der konsequent Heilwillige wird auch einen kundigen Therapeuten und den rechten Heilweg finden!

Leukämie, Hodgkinsontumor (Lymphogranulomatose), Sarkom usf. gleich wie Krebs behandeln und das große Kosmoton verwenden; oft in Kombination mit dem kleinen, was jeweils auszuprobieren ist.

Auch hier gilt: Wenn ein großer oder geringerer Anfangserfolg dem Kranken neue Kraft und wieder Lebensmut gibt, dann nicht aus Bequemlichkeit sich mit dem Kosmoton begnügen wollen! Sondern stets auch die angegebenen Wege, Methoden und Mittel gebrauchen, möglichst unter kundiger biotherapeutischer Führung.

Die Krebstherapie ist die Mustertherapie für sehr viele andere ernste Krankheiten! Auch sie weichen.

Bei allen *Geschwülsten*, vom kleinsten *Überbein* und *Polyp* bis zum größten *Tumor* wie *Myom* kann das Kosmoton erstaunlich helfen. Doch stets bedenken, daß viele von ihnen wie Polypen Folgen einer Stoffwechselstörung oder Diathese sind. Auch seelische Schwierigkeiten können eine Unzahl von Krankheiten verursachen. Also leiblich und seelisch entgiften und harmonisch leben!

Auch die *Schwitzneigung* ist ein Zeichen einer Stoffwechselentgleisung, sofern nicht eine ernste Kreislaufschwäche besteht. Das Schwitzen ist eine Notventilaktion. Also 1-2 mal wöchentlich kräftig schwitzen wie im Vollbad oder in der Sauna, und die Ursache der meist körperinneren Fehlfunktion suchen und überwinden, wie mit homöopathischen oder spagyrischen Medikamenten, mit Nosodentherapie und Ordnungstherapie.

Bei *Nierenerkrankungen* das Kosmoton auf dem Brustbein oder auf dem Rücken in der Nierengegend tragen. Nachts das Kosmoton unter die eisenfreie Vollmatratze aus Wolle oder Roßhaar auf den Holzrost in der Nierengegend legen.

Bei *Blasenbeschwerden, Prostatabeschwerden, Gebärmutterbeschwerden* und teils auch bei von einer Blasenerkrankung aufsteigenden *Nierenbeschwerden* das Kosmoton in den ersten Wochen am Unterleib oder in der metallfreien Rock- oder Hosentasche tragen. Zur weiteren Hilfe kann auch Angorawäsche verwandt werden. Bei *Regelbeschwerden* kann sich eine durchgreifende Besserung erst nach einigen Monaten zeigen. Ihr kann eine mehrwöchige Erstverschlimmerung vorangehen. Eine zu starke Regel ist eine Notventilaktion wie die Schweißneigung, der Ausschlag und das Geschwulst. Auch nach Herden wie Zahnherden bei Frauenkrankheiten fahnden.

Bei zu *hohem Blutdruck* das Kosmoton-Medaillon so lange herzfern tragen, etwa in der Lebergegend oder in einer Tasche, bis der Blutdruck zu sinken beginnt. Erst dann sollten Männer das Kosmoton auf dem Brustbein oder auf dem Nabel tragen, Frauen nur auf dem Nabel. Gesunde fettarme, fleischarme, zuckerfreie Ernährung und ruhige, rhythmische Lebensweise unterstützen die Besserung.

Der zu *niedrige Blutdruck* ist meist konstitutionell angeboren oder die Spätfolge einer schweren Krankheit, etwa von Scharlach. Hier muß das Kosmoton sehr lange Zeit regelmäßig getragen werden. Und in der Regel ist auch eine spezifische homöopathische Nosodentherapie oder/und spagyrische Therapie notwendig.

Bei Krankheiten durch eine ungesunde, wie bei Frauen am Unterleib zu dünne Kleidung - z.B. bei *chronischen Unterleibsbeschwerden* - sich zuerst dort ausreichend bekleiden mit Hautfasertextilien (Seide, Wolle, Angora). Auch ein voll gesundes Bett mit warmer Vollmatratze ist hier erforderlich. Das Kosmoton im hauptsächlich erkrankten Bereich tragen. Bei bisher langjährig zu dünner und gar noch hautwidriger Bekleidung des Unterleibes das Kosmoton einige Zeit und periodisch wiederholt in der metallfreien Rocktasche oder Hosentasche tragen, sonst auf dem Sonnengeflecht.

Bei *Myomen* das kleine oder große Kosmoton am Unterleib und/oder auf dem Nabel tragen. Hinzu die Misteltherapie gebrauchen, wie mit Iscador oder Helixor. Oder die Rabjuvénkur anwenden. Bei großen Myomen einige Monate abwarten.

Bei *Kreuzschmerzen,* wie *Bandscheibenbeschwerden,* das Kosmoton auf dem Brustbein oder auf dem Rücken tragen, möglichst nahe am Ort der Beschwerden. Bedingung ist ein gesundes, eisen- und gummifreies Bett, möglichst mit Roßhaarvollmatratze oder Wollvollmatratze und ohne geopathische Zonen (Erdstrahlen) und ohne Elektrostörzonen. Auch muß ein allfälliger Beckenschiefstand (Im Liegen oder Sitzen auf dem Boden an der Beinlänge prüfen) durch eine biologische Kurbehandlung geheilt werden.

Bei *Herz- und Kreislaufbeschwerden* älterer Menschen sollte der Organismus langsam an das Kosmoton gewöhnt werden, indem es zuerst herzfern getragen wird. Bei *Herzrythmusstörungen*, auch wenn jahrzehntealt, kommt es oft schon in 24 Stunden zu einer normalen schmerzfreien Herzfunktion!

Bei *frischem Herzinfarkt* und *frischem Schlaganfall* das Kosmoton anfangs nur in der Hosen- oder Rocktasche tragen. Hier ist eine langsame Gewöhnung des Organismus erforderlich. Aber zuweilen wird sogar das große Kosmoton alsbald am Brustbein bestens vertragen. Ausprobieren!

Bei Degeneration der Gehirnzellen *(Alzheimer)* hilft das Kosmoton, wenn zugleich eine biologische Basisbehandlung durchgeführt wird mit Entgiftung (Baunscheidtieren großflächig, auch im Kopfbereich, mehrmals alle vier Wochen, Blutreinigung, Nosodenbehandlung) und anschließend eine Regenerationskur durchgeführt wird. Dies gilt auch für die *hartnäckige Bronchitis*, besonders wenn mit asthmatischem Anteil. In beiden Fällen muß das Bett störfrei stehen.

Bei *Multipler Sklerose* hilft das Kosmoton in der Regel auch noch nach zehnjährigem Verlauf. Einer über sechzigjährigen Kranken, die sich nicht mehr waschen und nicht mehr selber essen konnte, half das große Kosmoton so weit, daß sie nach einem Vierteljahr sich wieder selber vorstehen konnte und seelisch stabilisiert wurde. Bei längerem Tragen und bei Behandlung wie bei Alzheimer und Krebs sind noch größere Fortschritte möglich!

Bei *Parkinson* das große Medaillon bevorzugen, es anfangs in der Wirkung mildern durch Metallfolie und herzfernes Tragen, soweit durch zu starke Wirkung anfangs eine Nervosität folgt. Wie bei Krebs und Alzheimer behandeln, besonders wenn durch Chemiegifte (Essen, Medikamente) verursacht. Das Bett biologisch sanieren.

Bei *unruhigen Kindern mit Aggressionstrieb, legasthenischen Beschwerden* usf. das kleine oder große Kosmoton verwenden. Grundwichtig ist hier eine chemiefreie Ernährung und ein in geopathischer und elektrischer Hinsicht störfreies Bett. Zur Beruhigung anfangs biologische Hilfen erforderlich, wie Zappelin, Biral usf.

Bei den seltenen *Anfangsbeschwerden* durch die Stärke des Mikrokosmosgerätes soll man es zunächst herzfern tragen oder mit Metallfolie wie besonders Zinnfolie oder Kupferfolie umwickeln, um seine Wirkung zu mindern. Dann von Zeit zu Zeit eine Schicht abnehmen. Es ist therapeutisch weit besser, die Wirkkraft des Medaillons abgeschwächt ständig zu nutzen als mit voller Kraft nur stoßweise. Dies gilt auch für kleine Kinder, sehr alte Menschen und allgemein hoch sensible Personen.

Wer in einem *kranken Haus* mit *vielen Störfeldern* und Störstrahlungen *geopathischer* (Erdstrahlen), *elektrischer, chemischer, metallischer* und *anderer Art* wohnt, dem kann das Kosmoton viele Hilfe bringen. Aber diese Hilfe kann nur in einer Milderung der häuslichen Störwirkungen bestehen, wenn diese sehr stark sind. Denn das Haus als nächste Umwelt hat eine sehr mächtige Wirkung auf uns, wie schon aus seiner Masse verständlich ist. Ebenfalls hat die massive Erde eine sehr starke Wirkung mit ihren Feldern, Strahlen und Strömen. Die mikrokosmischen Bioenergien sind von höherer, feinerer Art. Sie wirken mehr steuernd, ordnend, kaum motorisch. Gegen massive primitive Kräfte kann das Kosmoton sich daher nicht durchsetzen. Deshalb stets grundlegend auf eine gesunde Wohnung in einem gesunden Haus bedacht sein (Siehe das Buch »Das gesunde Haus, das kranke Haus und seine Heilung«. Das Wesentlichste daraus übersichtlich in »Das Lebensprogramm«. Beides von Dr. med. H. Palm).

Das kleine Kosmoton verhilft bei schwächeren Störfeldern im Schlafbereich vielen zu einem *gesunden Schlaf*. Das ist sehr viel wert. Es trägt grundlegend zur Überwindung vieler Schwächen und Beschwerden bei.

Das große Kosmoton hat eine wesentlich stärkere Entstörwirkung, muß aber in der Regel wegen seiner stärkeren Tonisierung nachts abgelegt werden. Da es neben seiner auflösenden Entstörwirkung jedoch auch eine Verdrängungswirkung hat, sollte es nicht derart abgelegt werden, daß eine Störzone zwischen Kosmoton und Bett verläuft, da diese sonst in den Bettbereich hinein verdrängt werden kann. Dann ist die beste nächtliche Plazierung nacheinander in jeder Himmelsrichtung auszuprobieren.

Bei *Neurosen, Psychosen, Depressionen* das große Kosmoton geduldig tragen. Aber stets auch nach der Ursache suchen mit Hilfe eines guten Psychotherapeuten. Vorbilder sind hier Christa Meves und Bodamer. Sie haben viele Bücher geschrieben. Auch an Umsessenheit denken. Manche seelische Krankheiten reagieren unmittelbar gut und bald auf das Kosmoton. Schwerere Formen dagegen konnten öfters nur gemildert werden oder waren längere Zeit anscheinend unbeeinflußbar durch das Kosmoton. Auch ein krankes Haus kann Depressionen verursachen! Ebenso Gift in der Nahrung!

Bei *Schilddrüsenüberfunktion* hat in einigen Fällen das Kosmoton volle Beschwerdefreiheit gebracht. In anderen Fällen konnte die Ursache der Blockierung der mikrokosmischen Energien nicht ermittelt werden. Auch bei *Unterfunktion der Schilddrüse* anwenden. Das große Kosmoton bevorzugen.

Bei *Fehlentwicklungen* der Kinder, wie bei *Mißbildungen, Mongoloidismus,* bei *Spastikern,* bei *Geburtsschädigungen,* bei *Mukosviscidose, allgemeiner Allergie, frühkindlichem Krebs, Leukämie* usf. das kleine oder große Kosmoton so früh wie möglich anwenden. So oft und lange wie möglich tagsüber tragen lassen. Bei Kleinkindern mit Zinnfolie, Kupferfolie oder Alufolie die Wirkung mildern. Es kommt auch infrage, das kleine Medaillon ständig tragen zu lassen und das große zusätzlich, soweit es verkraftet werden kann. Man sollte alsbald nach der Geburt mit der ganzheitlich mikrokosmischen Regenerationsbehandlung beginnen, um ein Optimum an Regeneration zu erzielen. Im ersten Lebensjahr kann am leichtesten und besten regeneriert werden, dann bis zum siebten Lebensjahr. Je später, desto weniger und schwerer. Doch ist das Kosmoton in jedem Lebensalter hilfreich. Auch hier gilt das Wort von Paracelsus »Alle Krankheiten sind heilbar«!

Bei einem Experiment wurden von fünf Kindern mit *Mukoviszidose* drei schon nach 14 Tagen deutlich gebessert in ihrer Verschleimung. Diese sonst als schulmedizinisch unheilbar betrachtete Krankheit reagiert ähnlich gut auf das Kosmoton wie die Neurodermitis. Auch hier auf gesunde, eiweißarme und fettarme, giftfreie Frischkost achten.

Bei Krebs, Leukämie, Mukoviszidose, Neurodermitis (Milchschorf, Lymphatische Diathese) ist im Grunde dieselbe Therapie erfolgreich.

Bei *Folgeschäden nach Unfällen und Operationen,* z.B. bei *Bewegungseinschränkungen, Lähmungen, Empfindungsstörungen, Schmerzen, Phantomschmerzen* usf., das Kosmoton geduldig Monate lang tragen. Es hilft hier erfahrungsgemäß fast stets und sehr viel! Dies auch dann, wenn bisher teuerste Maßnahmen vieler Universitätskliniken und Kurorte vergeblich waren! Falls nach einem halben Jahr viele Beschwerden geschwunden sind, das Kosmoton nicht ablegen, sondern Jahre tragen, vorzüglich auf dem Brustbein. Bei älteren Menschen, wie über siebzig, verlangt eine ausreichende Wiederherstellung zwei bis drei Jahre langes Tragen. Das große oder kleine Kosmoton sind hier ähnlich wirksam. Um zum vollen und bleibenden Erfolg zu gelangen, Wirkbehinderungen überwinden, wie z.B. Rauchen, schlechte Zähne, versteckt eitrige Mandeln, scharfe Gewürze, zu viel Bohnenkaffee, anderer Genußmittelmißbrauch usf.

Das Kosmoton *alsbald nach einer Operation anlegen.* Eine eventuelle *Erstverschlimmerung* zeigt eine erfreuliche Heilwirkung an. Dann einige Tage mehr Abstand zum Kosmoton halten. Aber nicht weit weg ablegen. Eine Erstverschlimmerung kann auch noch Jahre nach einer Operation bzw. nach einem Unfall auftreten, wenn dann das Kosmoton erstmalig angelegt wird.

Bei Notfällen, wie bei einer *Gallekolik* oder *Darmkolik* das Medaillon sofort im Kolikbereich anlegen, ebenso bei einem *Migräneanfall*, bei *Trigeminusschmerzen, Neuralgien* usf. Hier zeigt die Erfahrung sehr verschiedene Reaktionen. Meist weichen Schmerzen schon in Minuten. Bei psychischen, angeborenenen oder mechanisch bedingten Beschwerden (Z.B. schiefes Becken, schiefes Gebiß) muß die Ursache recht behandelt werden.

Bei jungen oder alten *allergischen Ekzemen* einige Wochen Geduld haben. Die Wirkung ist zuerst tiefgründig, sodaß man zuweilen einige Wochen lang nichts bemerkt; dann aber kann es über Nacht zur erheblichen Besserung kommen. Wenn nach Wochen keine Besserung eintritt, dann mehrmals dreitägig fasten (mit Weizengel oder Wasserreis), die Leberfunktion bessern (einfachst mit Salus-Lebertee und Hepatik, dies im Wechsel mit 8 Tage echtes Karlsbader Salz oder mit 8 Tage täglich eine Tabl. Hepaticum Medice und Bilicura). Mindestens 95% aller Hautunreinigkeiten weichen dann!

Heuschnupfen weicht durch das Kosmoton sehr oft, meist in wenigen Wochen. Dann das Kosmoton möglichst schon vor Beginn der Blütezeit anlegen. Nach längerem Tragen können solche Allergien gänzlich überwunden werden.

Bei Störungen der *Drüsen mit innerer Sekretion (Epiphyse, Hypophyse, Schilddrüse, Nebenschilddrüse, Thymus, Nebenniere, Bauchspeicheldrüse, Eierstock, Prostata, Hoden)* das kleine oder große Kosmoton tragen.

Bei *Epilepsie, Veitstanz*, bei *schizophrenen* Schüben und anderen *Psychosen* das große Kosmoton auf dem Brustbein -nicht tiefer- tragen oder mit zuweilen noch besserer Wirkung unter einer Kopfbedeckung auf dem Scheitel tragen.

Bei allen ernsten Krankheiten einen Biotherapeuten zu Rate ziehen. Und sich stets um die Erkenntnis und Überwindung der Ursachen bemühen (Siehe das Kapitel »Wirkhindernisse«).

Das Kosmoton hat eine *Entgiftungswirkung*, jedoch eine sehr tiefgründige. Wenn daher ein Ekzem vergangen ist, wenn die schon Jahrzehnte bestehenden *Schweißfüße* verschwunden sind, wenn *Hämorrhoiden* oder *Venenbeschwerden* sich still verabschieden, wenn ein *Überbein* sich gar in wenigen Tagen spurlos auflöst usf., sich nicht mit diesen so erfreulichen Wirkungen zufrieden geben, sondern weiter gründliche Entgiftungsmaßnahmen durchführen wie Blutreinigungskuren, Fastenkuren, angefangen bei einem ein- oder dreitägigem Saftfasten, solche Teekuren, Schrothkuren, Kneippkuren usf. Und sich dann um eine giftfreie, lebensqualifizierte Ernährung, Kleidung, Wohnung, Lebensweise, Arbeitsweise, Biotherapie und Bio-Hygiene bemühen. Dann erlangt man eine Sicherheit in der

Gesundheit. Das ist angesichts von Krebs und anderen schweren Zivilisationskrankheiten ein angenehmes Grundgefühl.

Bei *Hepatitis* aller Arten zuerst strenge biologische Diät. Allgemein wie oben bei Ekzem angegeben behandeln. Speziell den Leberbereich baunscheidtieren. Nach der zunächst einmaligen Baunscheidtierung über dem Rücken und der gesamten Lebergegend tägl. einen Heublumendampfsack frühmorgens auf die Leber legen. Tag und Nacht das Kosmoton auf dem Nabel oder direkt über der Leber tragen. Man kann auch in dreiwöchigem Abstand mehrmals baunscheidtieren. Oder einen Schröpfkopf anlegen. Ein Aderlaß besonders bei korpulenten Personen.

Laborwerte des Blutes, der Niere, der Leber- und Gallefunktion, der Bauchspeicheldrüse usf. haben sich -mit und ohne Kombinationstherapie- durch das Kosmoton schon oft verbessert oder ganz normalisiert, obwohl sie vorher viele Jahre lang nicht zu verbessern waren. Auch die Eiweißausscheidung im Urin kann nach einigen Wochen enden.

Bei *Migräne* hilft das Kosmoton in einigen Fällen allein. Meist ist die Mithilfe guter homöopathischer Mittel, wie z.B. aus Tollkirsche, Fingerhut und anderem erforderlich und die sorgfältige Suche, ob keine Zahnherde, Amalgamplomben, nicht sitzende Gebisse und Wirbelsäulendefekte (schiefes Becken?) vorliegen oder eine seelische Verdrängung die Ursache ist.

Bei *Morbus Crohn* streng biologische, gift- und zuckerfreie Kost, kein Nikotingebrauch, alte Nikotingifte ausscheiden (mit Schrothkur und homöopathisch mit Nicotiniana tabacum D 200), wenn nötig auch über dem Bauchbereich baunscheidtieren. Das Kosmoton stets auf dem Nabel tragen.

Seelische Wirkungen

Viele Träger des Kosmoton-Medaillons berichten, daß sie sich seelisch viel wohler fühlen, friedlicher sind, in der Familie nicht mehr streiten, sich den vielen täglichen Widrigkeiten gegenüber stabiler fühlen, kurz daß sie seelisch harmonischer sind. Sie betrachteten sich auch vorher als gesund, aber die deutlich bessere seelische Gesundheit erklären sie oft als das für sie Wesentlichste seit dem Anlegen des Kosmoton-Medaillons.

Wenn sogar chemische Medikamente diese Psyche beeinflussen können, warum sollte dies nicht noch viel mehr das hoch lebensqualifizierte Kosmoton können?

Die höhere seelische Wirkung, die bei der Verwendung nicht lebensqualifizierter Medikamente nicht zu beobachten ist, eher im Gegenteil, scheint überwiegend von dem aufgeprägten Zeichen auszugehen, jedoch auch von den sieben Schwingkreisen aus den sieben Buntmetallen der Himmelskörper. Je aufmerksamer man sich diesem Zeichen zuwendet, je mehr man mit ihm meditiert, desto qualifizierter und stärker wird die Wirkung des ganzen Kosmoton-Medaillons.

Lehrreiche Wirkbeispiele!

N., am 23.8.88.: »Ich habe 1 Jahr im Bett gelegen mit großen Schmerzen. Habe Unterleibsbeschwerden, die sich über den ganzen Leib ausbreiteten, auch Verwachsungen. War 2x im Krankenhaus, keiner konnte mir helfen, sie meinten nur, ob ich jemand zum Pflegen hätte. Nun trage ich seit dem 1. Mai Ihr Kosmoton. Zuerst war es damit nicht einfach. Es hat trotz Alufolie so stark rotiert, daß ich es nicht aushalten konnte. Kaufte mir dann das kleine Kosmoton. Auch dann musste ich noch dick Alufolie wickeln. Dann ging es so einigermaßen. 4 Wochen lag ich dann noch im Bett. Dann stand ich allmählich ein bischen auf. Jetzt ist es ein gutes Vierteljahr her. Habe noch rotieren und das Wasser läuft mir immer im Mund zusammen, kann aber schon Essen kochen, Einkaufen und Auto fahren. Bin Ihnen sehr dankbar und hoffe ja, daß es noch besser wird. Trage jetzt inzwischen auch das große Kosmoton...«

R., am 19.5.88 »Bei meiner Frau hat das Kosmoton hervorragend gewirkt, tut es weiter und ist ihr unverzichtbar geworden. Alle übersteigerten Reaktionen sind verschwunden.« »ich lege es an und fühle mich den ganzen Tag wohl«.

N., am 10.3.88. Heilpraktikerin. »Ich trage das Kosmoton jetzt ca. 1 Jahr. Rückblickend kann ich sagen, daß ich in diesem Jahr erstmals keine gesundheitlichen Schwierigkeiten hatte. Bei meiner täglichen Arbeit mit kranken Menschen gibt es schon mal .. Grippe, Schnupfen usw. Davon war ich im abgelaufenen Jahr total verschont. Ich führe das in der Hauptsache auf das Kosmoton zurück, denn meine sonstige Lebensweise war die gleiche wie bisher.«

D., am 6.5.88. Schreibt an dem Tag, an dem sie das Kosmoton erhielt: »..leide ich sehr unter einer Innenohr-Schwerhörigkeit ...das Kosmoton, steckte es unters Hemd, sodaß es zufällig auf dem Sonnengeflecht lag. Ich schlief sofort ein -wurde erst nach zwei Stunden wach- und beide Ohren waren plötzlich nicht mehr «zu». Ein befreiendes Gefühl!! Das grenzt an ein Wunder.«

Z., am 8.9.88. »Bei unserem Sohn .. am 10.12.85 geboren, zeigten sich im Alter von drei Monaten ..Neurodermitis ..zu verschiedenen Hautärzten ..Cortisonmittel .. jedoch nie angewendet .. Zuletzt bei einer Homöopathin .. Eigenblutbehandlung und Symbioselenkung, strenge Diät (Kein Weißmehl, Zucker, Konserven, Schweinefleisch, Milchprodukte und keine Zitrusfrüchte). Kurzfristig .. eine leichte Besserung, doch erneute Schübe .. Auch an der Sonne wurde die Dermitis stärker. .. Durch Zufall .. Kosmoton. Von Stund an trug Christian das Kosmoton tagsüber. Etwa eine Woche lang nahm der Dermitisausschlag zu, dann konnte man förmlich zuschauen, wie die Hautreizungen abheilten. Etwa vier Wochen später war er ganz verschwunden. Seitdem, es sind nun fast sechs Monate, ist unser Sohn völlig beschwerdefrei. Extreme Sonne zeigt keine Auswirkungen, selbst «verbotene Nahrungsmittel» sind nun erlaubt. Wir sind ganz glücklich.. PS: «Ungläubigen Aposteln» können sie ruhig von mir erzählen und gegebenenfalls an mich verweisen. Tel: 07531/26518.«

N. am 15.8.1988: »..seit meinem 30. Lebensjahr (jetzt bin ich 44 Jahre) leide ich unter chronischer Polyarthritis...Insgesamt habe ich 16 Monate im Krankenhaus gelegen, mehrere Kuren gemacht und Zehntausende für Ärzte, Heilpraktiker, Professoren, Krankenhäuser, Medikamente und sonstige Hilfsmittel ausgegeben. Mein rechtes Knie ist seit der Operation 1980 mehr oder weniger stark entzündet .. Phasenweise wurde mir geholfen mit Cortison- und Ytttriumspritzen ins Knie und die «Tübinger Bombe». .. las .. und .. Kosmoton A bestellt. Ich war ganz verblüfft, daß die von Ihnen schriftlich (in Gebrauchsanweisung. Der Rez.) geschilderten Erstsymptome wie Kopfschmerzen, Müdigkeit usw., auch bei mir sofort eintraten. Da ich neben meinen rheumatischen Entzündungen in den letzten Jahren auch unter Schlafproblemen gelitten hatte und ich nach erstem Gebrauch des Kosmoton A keine Einschlafprobleme mehr hatte, habe ich mir auch noch das große Kosmoton B bestellt und trage seither das Kosmoton B ständig in der rechten Hosentasche und das Kosmoton A liegt nachts neben dem Bett.

Zu meiner Riesenüberraschung ist die Entzündung im Knie seit Juni dieses Jahres *verschwunden.* Meine anderen Gelenke sind völlig entzündungs- und schmerzfrei. Mir persönlich ist das wie ein Wunder. Der mich behandelnde Professor meint: »Sie haben jetzt eine schubfreie Phase«...aber mir geht es jetzt so gut, wie schon viele Jahre nicht mehr.»

N., am 17.8.88. »Es ist mir ein Anliegen, Ihnen für das gelieferte Gerät «Kosmoton A» zu danken, denn ich bin über die Wirkung des Gerätes begeistert. Durch das Tragen von Kosmoton A kann ich meine anstrengende Nebenbeschäftigung, die mich immer todmüde machte, ohne die geringste Ermüdung ausführen. Das Gerät Kosmoton A trage ich immer Tag und Nacht. Nur die erste Nacht war mein Schlaf unruhig, aber die folgenden bis heute schlafe ich wie nie zuvor. Das Fernsehen strengt mich nicht mehr so an. Meine Magen- und Darmbeschwerden haben sich schon sehr gebessert. Es ist einfach wunderbar. Man fühlt sich wieder frisch und munter.«

G., am 24.7.88 »Da das Kosmoton B bei meiner Frau große gesundheitliche Erfolge aufweist und das mit A bezeichnete bei meiner Schwiegertochter ebenfalls sehr beruhigend wirkt ...«

N., am 12.7.88 »Nach einer schweren Virusinfektion im Januar 1986 .. empfahl uns Frau Dr. D., zudem ich schon seit Jahren unter ständigen Kopfschmerzen zu leiden hatte, das Kosmoton zu tragen. Langsam nehmen die Kopfschmerzen immer mehr ab, und ich darf sagen, daß ich heute fast ganz von diesem Übel befreit bin. Es ist uns ein echtes Bedürfnis .. zu danken. .. Wir unseren DDR-Verwandten gleichfalls ein Kosmoton geschenkt haben. Beide befanden sich in einem schlechten Gesundheitszustand. Auch hier blieb nach deren Bekunden der Erfolg nicht aus. Auch sie sagen Dank.«

Gr., am 29.6.88. »Ich, 58 Jahre, fühlte mich nach vier langwierigen Virusinfektionen richtig elend, ohne jede Lebensfreude. Da .. Kosmoton. Am 14 Mai erhielt. Nach ca. 3 Tagen kam die Müdigkeit, die ca. 8 Tage anhielt. Von da ab ging es mir schlagartig gut. Ohne sonstige Änderung meiner Lebensumstände fühlte ich mich wohl, war glücklich und mochte mich auch selber wieder. Ich freute mich so, daß ich meinem Mann .. zum Ausprobieren gab. Mein Mann, 78 Jahre, schweres allergisches Bronchialasthma mit Lungenemphysem. Auch er war einige Tage etwas müder. Mein Mann verspürt eine deutliche Besserung beim Abhusten, seit er das Kosmoton trägt. Der zähe Schleim löst sich leichter und er sagt, daß die Besserung fortschreitet (Er hat keine anderen Medikamente).«

Prof. Dr. H, L. am 1.10.87. »Ich darf hinzufügen, daß ich das Kosmoton seit November vorigen Jahres trage und meine häufigen Verdauungsbeschwerden seitdem völlig vorbei sind. Auch schlafe ich wesentlich besser als vorher.«

D., am 21.6.88 »Ich trage das Kosmoton seit Mitte April, auch nachts. Am zweiten Tag bekam ich etwas Kopfschmerzen, die aber nur zwei Tage anhielten. Seitdem kann ich wieder wunderbar schlafen. Ich schlafe nicht nur schnell ein, sondern auch bis zum Morgen durch. Es ist eine herrliche Quelle der Kraft. Mein Schultersyndrom, das schon zwei Jahre lang .., besserte sich sehr schnell bis zur Schmerzfreiheit.. Meine depressive Stimmung .. ist wie weggeblasen und auch die Menstruationsblutungen sind wieder regelmäßig und normal. Ich fühle mich so befreit.«

»Bericht über das Kosmoton, von Frau E.E., geb. 16.1.1908. Erhalten am 11.4.88, sofort angelegt an einer gold. Kette, 10 Uhr. Am Mittag starke Schmerzen am Hals, Kette abgelegt, bei Nacht auf dem Stuhl am Bett, kein besonders guter Schlaf. Am 12.4. morgen nicht mehr so müde wie sonst, das Med. in der Kleidertasche. Am Hals habe ich das Gefühl, als ob der Schrittmacher sich dagegen sträubt. War in der Stadt (Bus). Heimweg etwa 5-6 km. Ganz gelaufen, das erste Mal seit Jahren ohne Beinschmerzen, auch zuhause keine Schmerzen. 22.4. Bin am Überlegen, ob ich das kleinere nehmen soll, manchmal habe ich das Gefühl, das große sei zu stark für mich. Aber sonst bin ich irgendwie anders geworden, nicht mehr soooo müde, weniger depressiv, geduldiger, weniger unhöflich anderen Menschen gegenüber. Alles in allem, soweit ein gutes Ergebnis. 27.4. seit einigen Tagen in den Armen keine so starken Schmerzen mehr (Arthrose), auch wieder im Garten gearbeitet. Wenn das so weiter geht, bin ich bald ganz gesund trotz meinem Alter (80 Jahre)...8.5. bald sind es 4 Wochen, daß ich das große Kosmoton trage und ich muß sagen, nichts auf der Welt könnte mich veranlassen, das Medaillon abzulegen. Mein Arzt, der mich seit fünf Jahren betreut, war erstaunt, als er mich nach längerer Zeit wieder sah, denn ich brauchte ihn nicht mehr, seit ich das Kosmoton trage. In der Sprechstunde fragte er mich, ob ich verliebt sei. Ich sagte nein, aber er meinte, da sei doch etwas anderes an mir und ich zeigte ihm das Kosmoton. Er sah es sich an und meinte, da sei wohl etwas dran, denn so wie ich mich verändert hätte, könnte das nicht von selbst kommen. .. so habe ich mich herumgeplagt, bis ich das Kosmoton bekam und siehe da, es läuft alles gut. Nur ein «hopla, jetzt komme ich» ist es nicht. Man muß Geduld haben...«

Kommentar dazu: Diese Dame hatte entgegen der Gebrauchsanweisung das große Kosmoton sofort im Zentralbereich angelegt. Das bringt zuweilen Schwierigkeiten. Sie waren selbst bei dieser Herzschrittmacherträgerin nicht gefährlich. (Bei Herzschrittmachern soll nur das noch harmonischere große Kosmoton getragen werden!). Instinktiv hält dann jeder Erwachsene vorübergehend etwas Abstand zum Kosmoton. Was nur Babys nicht tun können. Aber bei ihnen liest die Mutter erfahrungsgemäß die Gebrauchsanweisung. Bemerkenswert ist auch, daß Heilkrisen in kürzerem oder längerem Abstand aufeinander folgen können, wenn viel zu regenerieren ist wie besonders bei älteren Menschen.

M., am 11. Mai 1988. »Ich habe vor 3 Wochen zwei Kosmoton-Medaillen erhalten und bin sehr zufrieden damit. Eine Freundin von mir mit 72 Jahren fühlt sich seitdem sehr gekräftigt und direkt verjüngt, während es bei mir mit 78 Jahren nach meiner Beobachtung den Stoffwechsel sehr schön reguliert«.

Z., am 10.5.88. Herr X.E. beschreibt eine 35jährige Leidensgeschichte einer durch schwere Arbeit verschobenen Wirbelsäule mit allen Kuren, Operationen, Einrenken, Gipskorsett, Massagen, Heilmitteln usf. in Krankenhäusern, bei Ärzten, Heilpraktikern, Masseuren, was mit einer fast endlosen Liste üblicher und weniger bekannter Heilmittel den Patienten privat über 30 000 DM kostete und die Kassen wohl weit über 100 000 DM. Am Ende trotz immer wieder vorübergehender Erleichterungen »keinerlei Besserung«. Seit dem Anlegen des großen Kosmoton dann »keine Schmerzmittel« mehr erforderlich. Ein Vierteljahr später folgte eine Verschlechterung. Die Untersuchung ergab dann schwer kranke Zahnverhältnisse mit Amalgamplomben, Stahl und Gold im Mund. Soll saniert werden.

G., am 19.7.88 »Da mein Mann sehr krank ist (cor. Herzinsuffizienz - Angina pectoris - cerebrale Krampfanfälle - Kniegelenksarthrose) und wir neben den besten Ärzten auch Heilpraktiker konsultierten (ohne Erfolg), er sehr starke Tabletten einnehmen muß, dachten wir, probieren wir halt das auch noch aus .. Absolut skeptisch haben wir dann beide das Cosmoton an einem silbernen Kettchen auf der Brust bzw. auf dem Magen getragen und es weiter nicht beachtet. Doch bereits nach ca. 2 Monaten sprachen mich meine Verwandten und Freunde an, was mit mir los sei, ich sei wie ausgewechselt, ich bekam wieder eine gesunde Gesichtsfarbe, war unternehmungslustig und stark - und alle waren erstaunt über die Lebhaftigkeit und Fröhlichkeit meines durch seine Krankheiten (zuvor) depressiven Mannes. Erst von dem Moment an haben wir uns überlegt, ob dieser ganze positive Wandel doch vielleicht von dem Cosmoton kommt. ..Hinzu kommt, daß mein Mann, der durch die Arthrose starke Schwellungen am Knie hatte, keine mehr finden konnte, der Arzt war erstaunt...«

Ein Unternehmer, enorm gestresst, mit wöchentlichen Gallekoliken, täglichen Kreuzschmerzen und anderen unangenehmen Beschwerden hatte die Karte mit dem Operationstermin für die Gallenblase schon in der Tasche. Er zog -sehr mißtrauisch- das Kosmoton an und hatte von Stund an keine Gallenbeschwerden mehr. Die Operation wurde zunächst verschoben und dann aufgehoben. Seit Jahren beschwerdefrei, auch ohne Kreuzschmerzen etc. Seine Frau, Kosmetikerin aus Liebe zur Sache, verfügt über noch weit mehr positive Erfahrungen mit dem Kosmoton. Tel: 07531-32933.

Eine Dame aus Luxembourg berichtete, daß sie nach einigen Unterleibsoperationen seit Jahren häufig an schweren krampfhaften Schmerzen mit aufgeschwollenem Leib usf. leide und alles mögliche schon vergeblich versucht habe. Kein Arzt könne helfen. Also wurde unter kritischen Bemerkungen des Mannes auch ein Kosmoton versucht. Zur maßlosen Überraschung des Ehepaares verschwanden die allermeisten Beschwerden im Laufe eines Vierteljahres.

Eine andere Frau litt dreißig Jahre an schwerer Verstopfung, mußte ständig starke Abführmittel nehmen. Sie legte das Kosmoton an, bekam am nächsten Tag Durchfall und hatte ab dem dritten Tag normalen Stuhlgang ohne irgend eine andere Hilfe. Seit weit über einem Jahr unverändert gut. Tel: 07531-78654.

Die Seniorchefin eines Weltunternehmens, nahe 70, erlitt einen furchtbaren Autounfall mit 27 Knochenbrüchen. Sie kam soeben mit dem Leben davon, aber mit einer Silberschiene in einem praktisch gelähmten und gefühllosen Arm und mit ständigen Schmerzen bei dem Gehen, was zehnmaliges Wechseln der Schuheinlagen am Tag notwendig machte. Fünf Jahre lang alle möglichen teuren Kuren und Behandlungen in Universitätskliniken, Kurorten, Instituten etc. Die Professoren erklärten am Ende der fünfjährigen intensiven Bemühungen der nun über Siebzigjährigen: »Damit müssen Sie ferner leben«. - Sehr mißtrauisch gegenüber dem Kosmoton. Nach einem Vierteljahr jedoch war der gelähmte Arm ausreichend beweglich und hatte wieder volles Gefühl. Keine Gehschmerzen mehr und kein Wechseln der Einlagen mehr notwendig. - Daraufhin unermüdliche Beeinflußung durch die -offenbar Allwissenheit beanspruchenden- hohen med. Autoritäten, daß unmöglich das Kosmoton dies bewirken könne. Dem Einfluß des Professorenchores nachgebend legte die Dame nach einem Jahr das Kosmoton ab. Sie glaubte nun auch, die Heilung sei Zufall gewesen. Doch nach 3 Wochen wurde der vorher gelähmte Arm wieder deutlich schwerer und weniger beweglich. Und die Füße begannen etwas zu schmerzen. Dreimal täglich mußten die Einlagen gewechselt werden. Am Ende der 4. Woche wurde dann das Kosmoton wieder angelegt. Sofort begannen alle Beschwerden wieder zu weichen. Nach wenigen Tagen waren sie wieder vollständig geschwunden. Die Dame erklärte sich nun von allen Zweifeln am Kosmoton geheilt.

Kommentar zur Anwendung des Kosmoton-Medaillons bei Beschwerden nach Unfällen, Operationen, Verletzungen usf.: Personen über ca. 60 Jahren benötigen ca. drei Jahre, um unter Einfluß dieses Himmelstrafos so weit zu regenerieren, daß sie das Kosmoton wochenlang ohne neue Beschwerden ablegen können.

Auch unfallverletzten und hauskranken und stoffwechselkranken Tieren, etwa bei Arthrose, half das Kosmoton schon öfters, vom Rennpferd über Hunde bis zu Fischen.

N., am 17.9.88. »Mein Gartenteich wurde 1980 angelegt. Ein Betonring von 3 m Durchmesser und 1 m Tiefe...mit Seerosen, .. Sumpfpflanzen .. Schwimmpflanzen. Also Sauerstoffspender genügend. Das Wasser wird durch eine Pumpe umgewälzt und in größerem Zeitabstand ein Viertel gegen frisches Wasser ausgetauscht. Von Anfang an waren meine Fische, Goldfische, Schleierschwänze, Kois, Sterlets ständig krank, sodaß ich viel Geld für Medizin ausgeben mußte. Hatte aber immer nur kurze Zeit Erfolg. Vor allem Pilzkrankheiten und Schmarotzer machten sich breit. Seit Mitte Juni 88 habe ich ein kleines Kosmoton .. im Norden des Teiches aufgestellt. Anschließend war ich fünf Wochen in Urlaub und das Wasser wurde in dieser Zeit nicht ausgetauscht. Wie erstaunt und erleichtert war ich nach meiner Rückkehr, daß kein Fisch mehr krank war. Bis heute, seit einem Vierteljahr, sind sie alle gesund und munter. Auch habe ich festgestellt, daß ein Mädchenkiefer-Bonsai, der 50 cm neben dem Kosmoton wächst, erstaunlich üppig und kräftig geworden ist.«

Bei Tieren das Gewicht berücksichtigen! Pferde und Kühe benötigen zwei kleine Medaillons oder ein großes und ein kleines. Kräftigen großen Hunden ein kleines Medaillon umhängen oder unter den Lagerplatz legen. Bei kleinen Hunden und Katzen ein kleines Medaillon nördlich des Lagerplatzes in ca. 1 m Entfernung plazieren; aber auch unter dem Lagerplatz probieren, ob die Tiere den Platz weiterhin annehmen und dort ruhig schlafen. Da Katzen im Gegensatz zu Hunden Störzonen lieben, dort in der Regel nur außerhalb der Störzone oder einfach mit Abstand gebrauchen. Ausprobieren!

Alle diese und viele weitere, fast täglich neu eingehenden Heilberichte werden notariell niedergelegt. Personen besonders aus dem medizinischen Berufskreis erhalten Einsicht in sie interessierende Berichte, sofern der jeweilige originale Berichterstatter gemäß den Datenschutzgesetzen zugestimmt hat. Zur Einholung seiner Zustimmung wird ihm ein Interessent vorher genannt, etwa telefonisch. Viele Berichterstatter haben jedoch erklärt, daß ihre Adresse mit Tel.Nr. jedem ernsthaften Interessenten oder jedermann mitgeteilt werden darf, da sie auch anderen, die an bislang praktisch unheilbaren Beschwerden leiden, helfen wollen zur Beschwerdefreiheit bzw. zur Heilung auf diesem so bequemen und preiswerten Weg.

WIRKUNGEN VERSCHIEDENER ART

Zu große oder zu geringe Wirkung

Nur zwei Arten von Klagen werden zuweilen bei dem Kosmoton vorgebracht. Die einen meinen, es sei viel zu stark und bringe gar neue Beschwerden. Die anderen meinen, es wirke überhaupt nicht.

Kann das Kosmoton den Zustand verschlimmern? Wie soll man sich bei Heilkrisen verhalten?

Bei der naturgerechten Heilung ist die sogenannte Erstverschlimmerung altbekannt. Sie ist ähnlich der Heilkrise bei einem Fieber. Bei einer naturgerechten und also echten Heilung ist es zuweilen unvermeidlich, daß der Organismus einen heftigen Kampf mit der krank machenden Substanz beginnen muß, z.B. mit bestimmten Bakterien. Da das Kosmoton hoch harmonisch wirkt und so viele Gegner der Gesundheit relativ still überwältigt, kommt diese heilsame, aber etwas unangenehme Anfangswirkung jedoch nur selten vor. Wenn sie aber kommt, dann ist es grundwichtig, zu erkennen, daß eine Heilreaktion vorliegt! Sie ist zu begrüßen und recht zu verstehen. Wer sie nicht bio-logisch versteht und sich dann unbiologisch, also naturwidrig verhält, etwa indem er das Kosmoton ablehnt und sich mit verschiedenen Maßnahmen gegen die Heilreaktion wendet, der kann nicht gesund werden, sondern wird noch kränker! Er verhindert selber seine Heilung. Er klagt in seinem Unverstand das Kosmoton an, wenn es ihm beisteht, gesund zu werden! - Er handelt wie jemand, der den Arzt anklagt und zurückweist, der die gebrochenen Knochen richtet, was bekanntlich nicht ohne einige Unannehmlichkeiten möglich ist.

Welche sehr heilsamen und also sehr erfreulichen Anfangsbeschwerden sind im Einzelnen bei echten guten Heilverfahren und also auch bei dem Kosmoton bekannt?

Große Müdigkeit kann einige Tage lang, aber auch wochenlang vorkommen. Sie ist ein Anzeichen, daß im Organismus eine große Reparatur stattfindet, auch daß diese höchst notwendig ist, z.B. kurz vor dem Ausbruch einer Krebserkrankung. Dann sollte man der Natur folgen und viel Ruhe halten, bis die so notwendige und durch das Kosmoton doch so bequeme und äußerst preiswerte Großreparatur das mühsame Anfangsstadium überschritten hat.

Wer aus beruflichen Gründen diesem Ruhebedürfnis nicht sogleich nachgeben kann, der sollte das Anlegen des Kosmoton-Medaillons auf den möglichst bald zu wählenden Urlaub verschieben und aus ihm einen Kurlaub machen.

Mit dem Beginn des Kurlaubes sollte man nicht zu lange warten, da man bis dahin das Kosmoton nicht trägt und so nicht unter seinem vorbeugenden Schutz gegen bestimmte ernste Erkrankungen steht. Andererseits hat das erstmalige Anlegen des Gesundheitsgerätes gezeigt, daß eine große Regeneration dringend notwendig ist. Im äußersten Fall kann für diesen Menschen schon eine lebensgefährliche Situation vorliegen.

Andere bekommen nach dem ersten Anlegen des Medaillons einen Ausschlag. Oder ein vorhandener Ausschlag verstärkt sich vorübergehend, etwa acht Tage lang. Auch hier freue man sich und stehe dem Kosmoton in seiner Reinigungsarbeit verständnisvoll bei, etwa dadurch, daß man für einen sehr guten Stuhlgang sorgt und zugleich äußerlich einen Kneipp- oder Schrothwickel mit Zusatz von Retterspitzwasser (Apotheke) macht, um die Reinigung zu erleichtern und zu beschleunigen. Auch Kräuterbäder helfen dann oft mit oder andere Schwitzbäder, wie einige Saunabäder. Hier wäre es ebenfalls kraß widersinnig, das Kosmoton -den Retter- zu beschuldigen ob des Ausschlages. Und es wäre heildumm, das Kosmoton nun abzulegen, denn dann fällt man in die alte Krankheit zurück.

In sehr seltenen Fällen kann das Kosmoton nach wenigen Stunden sogar Schmerzen verursachen, seien es Kopfschmerzen, Magenschmerzen oder Schmerzen an einem Operationsgebiet. Das sind dann begrüssenswerte Heilschmerzen. Sie dauern meist nur Stunden oder wenige Tage. Wenn der Chirurg lebensrettend eine Eiterbeule öffnet, soll man ihn dann beschimpfen, weil das etwas weh tut? Will man lieber an einer Blutvergiftung sterben? - Also mäßige Heilschmerzen mit freudiger Erwartung der guten Folgen aushalten. Sie dauern in der Regel nicht lange, sofern man nicht selber ständig gegen die Natur sündigt, etwa indem man nichts für einen guten Stuhlgang tut. Wenn die Schmerzen stärker werden sollten, etwa in einem frischen oder alten Operationsgebiet, dann sollte man vorübergehend mehr Abstand zum Kosmoton halten oder etwas Alufolie darum wickeln. Aber das Kosmoton nicht zu weit weg vom Körper ablegen, um den Heilprozeß der angeregten Selbstheilkräfte nicht zu unterbrechen. Echte Heilschmerzen haben einen prickelnden und also im Grunde nicht unangenehmen Charakter.

Andere Menschen werden in den ersten Tagen nach dem Anlegen des Medaillons nervös oder nervöser. Auch das ist eine Heilreaktion, die bald vorüber geht. Dann gebraucht man etwas Baldrian oder ein anderes biologisches Beruhigungsmittel und hält selber mehr Ruhe. Auch hier helfen Bäder, etwa mit Lavendel- und Rosmarinextrakt, und eine Anregung der verschiedenen Ausscheidungen. Auch ein ansteigendes Fußbad kann helfen. Bei Frauen hilft auch ein Bad mit Moorextrakt.

Der Erregungszustand von seelisch kranken Kindern nach dem Anlegen des Kosmoton-Medaillons ist ebenfalls eine Heilreaktion. Wenn sie zu stark werden sollte, dann die tonisierende Wirkung des Himmelstransformators mindern mit Metallfolie, und etwas Biral gebrauchen. Solch eine Heilreaktion kann bei schwer geburtsgeschädigten autistischen Kindern bis zu vier Wochen andauern, doch kaum je über einen Mondumlauf hinweg.

Ein vorübergehendes völliges Ablegen des Kosmoton-Medaillons bei einer Heilkrise ist nach bisherigen Erfahrungen nur in zwei Fällen ratsam. Erstens wenn die große Müdigkeit beruflich derzeit nicht verkraftet werden kann und bis zum Urlaub verschoben werden muß. Zweitens, wenn die Heilreaktion zu starken Stauungserscheinungen an Händen oder/und Beinen führt, weil die Ausscheidungsfunktionen gestört sind und die durch das Kosmoton gelösten Stoffwechselgifte nicht schnell genug ausgeschieden werden können. Etwas ähnliches liegt vor, wenn man nach dem Anlegen starke Kopfschmerzen bekommt, aber bedingt durch seine berufliche Tätigkeit nicht sofort ein Fußbad oder Vollbad nehmen oder ein Abführmittel gebrauchen kann. Normalerweise würde ein Mensch bei einer dringend notwendigen Heilmaßnahme krank geschrieben. Doch daß eine solche Maßnahme nach dem Anlegen des Medaillons akut notwendig werden kann, das verstehen bisher noch wenige, weil diese Wirkung bislang noch kaum jemand dem Kosmoton zutraut. Aber dann kann man mit der Eingewöhnung an das Kosmoton bis zum Wochenende warten, um die Startschwierigkeiten zu einer Heilung besser verkraften zu können.

Alle Anfangsbeschwerden, die übrigens nur bei wenigen Kranken auftreten, sind prinzipiell erfreulich, weil sie die beginnende Selbstheilung des Organismus beweisen. Also ist Vertrauen und Verständnis erforderlich! In der wahren Heilkunde der Hochkulturen wie auch in der Homöopathie ist die sogenannte Erstverschlimmerung oder Heilkrise altbekannt. Und sie wird stets dankbar und hoffnungsvoll begrüßt. Im Christentum heißt es, daß man ohne das Fegefeuer nicht in das wahre, das ganzheitlich voll gesunde Leben gelangen kann.

Zusammengefaßt entstehen die meisten Erstverschlimmerungen bei einer Heilung durch die Lösung von Giften im Körper. Wenn diese in die Blutbahn übertreten und hier den Giftpegel erhöhen, so führt das zu Übelkeit oder zu einem roten Kopf oder zu Kopfschmerzen oder zu dicken Händen und Füßen oder zur Appetitlosigkeit, Müdigkeit usf. Stets ist dann die Ausscheidung der Stoffwechselgifte zu fördern, sodaß der Blutgiftspiegel wieder gesenkt wird. Dann kehrt das Wohlbefinden zurück. Und man fühlt sich noch besser als zuvor.

Keine Nebenwirkungen!

Sind bei dem Kosmoton schädliche Neben- und Nachwirkungen möglich? Wie könnte die Harmonie selber etwas Disharmonisches bewirken? Bei dem Kosmoton sind daher bisher keinerlei schädliche Neben- und Nachwirkungen bekannt geworden!

Nur durch Überdosierung kann auch die heilkräftigste Maßnahme schaden. Jedoch vertragen immer mehr Menschen sogar das intensiver wirksame große Medaillon schon Tag und Nacht am Körper. Denn die Menschheit ändert sich heute schnell und öffnet sich gegenüber den kosmischen Energien. Also ausprobieren. Und nach längerer Zeit erneut ausprobieren.

Kosmoton - Kosmetik?

Eine Basiskosmetik!

»Sie sehen aber gut aus!« - Das ist ein Ausruf, den Personen, die das Kosmoton schon über ein Jahr lang tragen, regelmäßig zu hören bekommen. Viele bekommen ihn auch schon nach sechs bis acht Wochen zu hören.

Wie ist das zu verstehen?

Nach längerer Regeneration (besonders nach einjähriger Regeneration, also nach einem vollen Sonnenlauf) ist der Organismus erneuert worden, soweit es dem Kosmoton möglich war in Anbetracht der bisherigen Lebensweise. Hierdurch wird die ganze Gestalt straffer, vitaler, jugendlicher und vor allem harmonischer. Denn das Kosmoton harmonisiert zuerst seelisch. Die Seele aber beherrscht die Form des Leibes. Die Gesichtszüge werden schon nach wenigen Wochen deutlich weicher, friedlicher, und nach einigen Monaten auffallend jünger. Dies fällt besonders denjenigen Personen auf, die wochenlang keinen Kontakt mit dem Träger des Kosmoton-Medaillons hatten. In der Regel kennen die anderen die Ursache nicht. Und wenn sie diese genannt erhalten, so sind sie verständlicherweise zunächst ungläubig.

Die regenerierende Wirkung des Kosmoton-Medaillons ist eine Basiskosmetik für alle speziellen kosmetischen Bemühungen an der Haut und Unterhaut. Gute Kosmetiker raten schon seit langem zu einer ganzheitlich gesunden Lebensführung als Grundlage ihrer mehr örtlichen Bemühungen. Hier hat sich das Kosmoton bisher unter den Lebenshilfsgeräten als das wohl beste Basiskosmetikum erwiesen.

Die erste begeisterte Liebhaberin des Kosmoton-Medaillons war und ist eine erfolgreiche Kosmetikerin in Konstanz gegenüber der Hubertus-Apotheke.

Volle Wirkung oder nur geringe Wirkung?

Die Kraft des Kosmoton-Medaillons ganz nutzen!

Der Träger des Kosmoton-Medaillons hat die Macht und Kraft, mit seinem Wollen und Vorstellen zu bestimmen, ob ihm das Kosmoton sehr viel hilft oder nur wenig. Denn der Geist ist es, der lebendig macht; die Materie (das Fleisch) ist zu nichts nütze! (Vgl. Jh 6,63). Der Geist beherrscht die Materie, wie auch erste Nobelpreisträger der letzten Jahrzehnte mehrfach eindrücklich bekennen. Der Geist aber ist Qualität und Leben. Daher ist es auch der Geist des menschlichen Bewußt-Seins, der alles menschliche Leben leitend bestimmt. Überall ist heute beispielsweise die Erkenntnis durchgedrungen, daß das gesellschaftliche Bewußtsein des Menschen sein gesellschaftliches Leben beherrscht und sein wirtschaftliches Bewußtsein sein wirtschaftliches Leben. In dem Bewußtsein lebt die geistige Seele. Also hat der Mensch die Fähigkeit, aus seinem Geist heraus all sein Leben zu beherrschen.

Ebenso beherrschen auch im Kosmoton die geistigen Sternenmächte den Fluß dieser Lebensenergien. Daraus ergeben sich für den Träger eines Kosmoton-Medaillons große Möglichkeiten. Welche?

Normalerweise fließt in dem Menschen sein stets in den Kosmos integrierter Lebenskraftstrom nur in dem Bruchteil der Stärke, in der er natürlicherweise fließen könnte. Was auch Einstein erklärt hat. Wenn sich daher der Träger eines Kosmoton-Medaillons der Lichtseite des Kosmos weit öffnet, z.B. durch christliche Betrachungen über das Goldzeichen am Kosmoton, durch Gebete, auch durch Atemübungen und Yogaübungen, Runenübungen und viele andere mögliche, höher qualifizierte wie spirituelle Lebensformen, dann kann ihm das Kosmoton einen so starken Lebenskraftstrom vermitteln, daß er sich am ersten Tag des Tragens unwohl fühlt, weil er durch ein Fegefeuer an Reinigungen seines Organismus geht. Am zweiten Tag fühlt er sich dann möglichweise mäßig. Doch vielleicht schon am dritten Tag kann er sich »so gut wie noch nie in meinem Leben« fühlen. »Und dabei ist es bis heute geblieben«, berichtete eine sonst gesunde Dame aus Zürich-Zollikon von sich selber dem Erfinder.

Einige wenige haben diese Erneuerung sogar schon in einer einzigen Nacht erlebt. Verschiedene solcher Personen schrieben oder telefonierten, daß sie vorher müde und niedergeschlagen waren, aber nach einer einzigen Nacht der Wirkung des kleinen oder großen Kosmoton-Medaillons gänzlich umgewandelt waren und nun hätten »Bäume ausreißen« können und wie erhoben über die Erde gingen.

Wer also eine geistig, seelisch und leiblich gesunde Lebensführung seit längerem erfolgreich anstrebt, der kann einen sehr großen und auch schnellen Nutzen von dem Kosmoton haben.

Bei einem solchen Erlebnis sollte man keine Sorge haben: Die ganze Menschheit öffnet sich derzeit der kosmischen und feineren höheren Umwelt. Das ist ein natürlicher Entwicklungsprozeß der heute zu einer einzigen Weltgesellschaft bzw. zu einem »großen Menschen« -wieder!- zusammenwachsenden Menschheit. Der einzelne Mensch wird daher weiter und höher umweltfühlig, umweltdenkend und umweltwillig im guten Sinne. Genau besehen wird er kosmosfühlig, kosmosdenkend und kosmoswillig. Er wird also universal ganzheitlich lebensfühlig. Anders ist es auch nicht zu erklären, daß die kosmischen Ganzheitsgedanken bei Capra, in der Esoterik und anderwärts wie in dem Umweltbewußtsein einen solchen Welterfolg haben. Bei all diesen Bemühungen hilft dem Menschen verständlicherweise das Kosmoton sehr, da es ein wirkkräftiger und hoch harmonischer, ganzheitlicher Mikrokosmos ist.

Diese im Grunde stets geistige Hilfe kann daher der Träger eines Kosmoton-Medaillons durch seinen eigenen Geist mit steuern. Dazu genügt schon der feste Wille. Aber auch ein klar bestimmtes Denken steuert mit und ein klares Vorstellen und Fühlen, wie eine Liebe zu den Lebensqualitäten der Schöpfung Gottes.

Wir können durch unser Bewußtsein bekanntlich unsere Gehirnwellen verändern. Diese Wellen lassen sich durch Geräte empfangen und aufzeichnen, wie im Elektroencephalogramm (EEG). Diese Geräte werden heute in sehr vielen medizinischen Praxen neben dem EKG-Gerät benutzt. Daher kann man heute durch »bloße« bewußte Befehle des Willens Maschinen steuern, ohne ein Wort zu sagen und ohne den Kopf, die Hand oder den Fuß zu bewegen. Wer das weiß und bedenkt, für den ist es nicht mehr verwunderlich, daß man auch die Leistung eines Kosmoton-Medaillons durch sein »bloßes« Bewußtsein und sein Wollen steuern kann. Zugleich kann man, wenn man es ein wenig übt, mit seinem Bewußtsein, das auch als Unter- und Überbewußtsein tätig ist, seinen Organismus zur besseren Aufnahme der vom Kosmoton vermittelten Energien hin steuern. Wer sich dafür interessiert oder wer es gar gesundheitlich gut gebrauchen kann, der versuche es! Der Leser dieser Zeilen möge also selber durch einen klar bewußten, kräftigen Willensimpuls bestimmen,wo das Kosmoton speziell wirken soll. Das Wie überlasse er getrost dem Kosmoton. Wüßte er denn, auf welche Weise sein Unterbewußtsein wirkt! -

Die Lebenswichtigkeit des gesunden Schlafes

Wer eine solche Erneuerung erleben will, der benötigt unbedingt ein gesundes Bett in einer störfreien Umwelt, möglichst in einem einigermaßen gesunden Haus. Denn nur dort ist ein gesunder Schlaf möglich. Und dieser wiederum ist die Voraussetzung für die lebensnotwendige allnächtliche Regeneration des ganzen Menschen und auch besonders für eine durchgreifende Wirkung des Kosmoton-Medaillons. Zum gesunden Bett ist in dem Kapitel über die sieben Lebensbereiche alles Wichtige beschrieben worden.

Im Schlaf regenerieren wir uns, um für den nächsten Tag wieder im Vollbesitz unserer Kräfte zu sein. Hier hat das Kosmoton allnächtlich eine fundamentale Bedeutung für die Verbesserung und Stärkung unserer Gesundheit und für die Erhaltung eines hohen Lebensniveaus mit gesundem Wohlbefinden und entsprechender Leistungsfähigkeit und Widerstandsfähigkeit gegen Erkrankungen. Denn zumindest die Hälfte der Besitzer eines Kosmoton-Medaillons schläft mit dem kleinen -manche auch mit dem großen- Kosmoton am Körper deutlich tiefer, besser, erholsamer; und er benötigt weniger Schlaf bis zum morgendlichen Wohlbefinden. Andere legen das Kosmoton dicht am Bett ab und schlafen ebenfalls gesünder (in einem gesunden Bett). Und dieser gesündere oder erstmals gesunde Schlaf ist für das gesamte weitere Leben und die Widerstandsfähigkeit gegen Erkrankungen entscheidend. Daher berichteten schon viele, daß sie vor dem Gebrauch dieses kosmischen Medaillons alljährlich eine Reihe von Erkältungen und anderen Infektionen erleiden mußten, daß sie aber schon im ersten Jahr nach dem Anlegen von alledem völlig frei blieben.

Zusammengefasst: Der Träger des Kosmoton-Medaillons hat die Möglichkeit, durch die rechte geistige Einstellung und durch ein voll gesundes Bett, das auch frei ist von störenden chemischen, elektrischen, geopathischen und anderen disharmonischen Einwirkungen, zehn mal so viel Nutzen aus dem Kosmoton zu ziehen als ein Mensch, der sich das Medaillon nur als interessantes Schmuckstück umhängt. Aber auch dieser Mensch kann schon von bisher praktisch nicht beeinflußbaren Beschwerden und vielen anderen unangenehmen Begleiterscheinungen des modernen Lebens befreit werden.

VII. WIRKHINDERNISSE ERKENNEN UND ÜBERWINDEN!

Denn sie können eine Gefahr für das ganze Leben sein!

Einige Träger des Kosmoton-Medaillons fühlen in den ersten Wochen nichts. Das kann mehrere Gründe haben. Sie können so gesund sein, daß das Kosmoton nur »heimlich, still und leise« die Gesundheit stärkt. Dann beginnen nahestehende Menschen nach einiger Zeit festzustellen: Du siehst besser aus! Oder: Du bist ja viel friedlicher geworden. Du streitest nicht mehr. Du lachst jetzt ab und zu. Und singst sogar. Das haben wir lange nicht von Dir gehört. Und Du arbeitest abends länger. Hast Du keine Kreuzschmerzen mehr? Wirst Du denn nicht mehr müde?

Das ist alles oft erlebt und berichtet worden.

Aber es kann sich auch wirklich nichts Spürbares tun im Organismus. Und dann wird es ernst! Denn wenn ein Organismus in spätestens einem Vierteljahr auf das Kosmoton nicht deutlich und anhaltend positiv reagiert - in solchem Fall auch auf Kuren und biologische Medikamente nicht -, dann liegt eine Blockierung vor. Das ist deshalb eine ernste Sache, weil dann auch die Abwehrfähigkeit gegen Erkrankungen mehr oder weniger weit blockiert ist. Das wiederum kann mit den Jahren zu sehr ernsten und gefürchteten Erkrankungen führen, mit denen das große Leid beginnt, das erst im Tode endet. Also ist es erforderlich, bei einer fehlenden oder im Verlaufe eines Vierteljahres kaum spürbaren Wirkung eine Liste der möglichen Wirkhindernisse sorgfältig durchzugehen oder zu einem guten Biotherapeuten zu gehen, der in den sieben Hauptbereichen des gesunden und kranken Lebens Bescheid weiß. Auch sollte man sich dann vorsichtshalber gründlich untersuchen lassen.

Beispielsweise kann eine Herderkrankung vorliegen, wie öfters an einem wurzelkranken oder toten Zahn. Viele Menschen laufen mit verschiedenartigen Kronen herum, die faulende Kloaken bedecken. Solche Herde schädigen die Gesundheit erheblich und blockieren Heilungen teilweise oder ganz. Zuweilen kann das Kosmoton dann doch noch so kräftig die im Grunde gesunden körpereigenen Heilkräfte anregen, daß ein fauler Zahn nach einiger Zeit mit Schmerzen »hochgeht«. Dann dem Kosmoton dankbar sein, daß es mitgeholfen hat, diesen Krankheitsherd zu entdecken und so auf diese Gefahr für den ganzen Körper aufmerksam zu machen. Und alsbald vom Zahnarzt jeden Herd gründlich naturgerecht behandeln und ausheilen lassen.

Auch ein Mandelherd und anderer Herd (Nebenhöhlen, Galle, Niere, Prostata, Eierstock usf.) kann »hochgehen«. Es wäre naturwidrig, ihn mit Chemie oder Penicillin wieder niederzuknüppeln, sodaß er im Verborgenen weiter den Körper schädigt und am Ende zu einer tödlichen Erkrankung führt.

Solange ein solcher Herd wirkt, kann eine Erkrankung an Krebs, Leukämie, Neurodermitis, an Geschwülsten, eine Sklerodermie, eine Lähmung usf. nicht geheilt werden! Gute Krebsärzte gehen daher zuerst auf gründliche Herdsuche. Sie wissen, daß ohne vollständige Herdsanierung fast nichts zu heilen ist!

Aber mancher Herd ist so fest eingewurzelt, daß gegen ihn noch nicht einmal das große Medaillon die körpereigenen Heilkräfte reaktivieren kann. Der Kampf um die volle Gesundheit kann dann vom Organismus noch nicht wieder aufgenommen werden. In diesem Fall entsteht der falsche Schein, daß das Kosmoton nicht wirkt. Dann ist es im wörtlichen Sinne not-wendig, oft lebensnot-wendig, daß man gründlich nachsehen läßt, was als Ursache der Blockierung in Frage kommt.

Folgend werden die wichtigsten Hindernisse aufgezählt werden, welche die körpereigenen Lebenskräfte blockieren können, die zugleich auch Heilkräfte sind. Diese Blockierungen sind auch Hindernisse für einen durchgreifenden Erfolg aller anderen guten Kuren, wie etwa einer Badekur oder Erholungskur. Daher sollte jeder, der gesund leben will, die folgende Zusammenstellung mit Ausblick auf das Lebensprogramm in den sieben Hauptbereichen des Lebens sorglich studieren. Dies auch deshalb, weil die allermeisten Zivilisationsmenschen mehr oder weniger blockiert sind. Wären sie das nicht, so würden sie die Wirkung des Kosmoton-Medaillons fast wie ein Wunder erleben. Denn es würde ihnen schon in wenigen Tagen ein vorher nicht gekanntes Wohlbefinden und eine bisher unbekannte Leistungsfähigkeit bringen. Erst eine kleine Zahl Menschen aller Altersgruppen, die sich seit Jahren um ein gesundes Leben bemühten, haben durch das Kosmoton schon in wenigen Tagen ein neues und weit umspannendes Lebensgefühl gewonnen!

Welche Hindernisse sind möglich? Es sind vom Bewußtsein relativ unabhängige naturale Hindernisse zu unterscheiden von den durch das Denken, Wollen und Fühlen verursachten personalen Wirkhindernissen bzw. Blockierungen.

Naturale Hindernisse für die Gesundheit

Wenn erstens die Speisen und zweitens die Getränke ständig giftbefrachtet sind mit vielerlei Spritzmitteln, giftigen Hormonen, giftigen Konservierungsmitteln, giftigen Farbstoffen, giftigen »naturidentischen« Stoffen etc., wie die heute übliche Zivilisationskost, dann kann das Kosmoton diese unaufhörlich neue Giftflut nicht entgiften. Seine Wirkung wird dann erheblich gehemmt und teils ganz blockiert.

Wenn drittens die Kleidung und viertens die Wohnung, also die zweite und dritte »Haut« des Menschen vielfältig ungesund sind, wie heute ebenfalls üblich, dann ist auch diese ständige große gesundheitsschädliche Einwirkung aus der nächsten Umwelt nicht durch medizinische Maßnahmen in der Praxis und im Krankenhaus überwindbar, mögen diese auch noch so aufwendig sein. Sie sind vergeblich, gleich so auch all ihre aufwendige vordergründige Diagnostik, welche die eigentliche Ursache übersieht! Was heute alle Dauerkranken beweisen! Das sind nach Schipperges ca. 70% der Praxisbesucher und folgend auch Krankenhauspatienten! Die Unmöglichkeit, solche Menschen in der Klinik zu kurieren, haben schon viele Ärzte auf manchem Ärztekongreß erklärt! Denn hier ist das tägliche Lebensfeld des Menschen zu kurieren.

In modernen Wohnungen können Elektrostörungen (Streuwechselfeldstrahlen), Chemikalien, lebenswidrige käfigartige Wände, geopathische Zonen (Erdstrahlen), gifthaltige Möbel, giftige Anstriche bzw. Farben, Tapeten und auch disharmonische Formen einen Menschen dauerkrank machen. All das sind Feld-, Strahlen- und Strömungsfaktoren, teils auch in materialisierter Form, welche die eigene Feld- und Strahlungswelt des Menschen stören. Das lehrt die Bau- und Wohnbiologie, die der Erfinder des kosmischen Universalgerätes selber begründet hat. (Siehe das Buch »Das gesunde Haus, das kranke Haus und seine Heilung« von Dr. H. Palm, ORDO-Verlag Kreuzlingen/Konstanz).

Wenn fünftens Melodie und Rhythmus des Lebens gestört sind in Arbeit, Ruhe und Lebensgenuß, nämlich durch ein unrythmisches und unmelodisches Leben, z.B. durch tägliche Hetze, durch ein schlechtes Arbeits- und/oder Familienklima, durch Chemie am Arbeitsplatz, durch Genußmittelmißbrauch bzw. Drogengebrauch, durch ungesunden Schlaf in einem ungesunden Bett und ungesunden Haus usf., dann kann auch gegen diese ständigen mächtigen Störungen der Gesundheit das Kosmoton die Gesundheit nicht oder nur wenig stärken. Und jede Klinik ist hier machtlos. Klinikärzte sind daher dem echten Hausarzt, der das ganze Leben eines Patienten augenscheinlich überschaut, in der Diagnose und

Therapie stets untergeordnet. Die Klinik bzw. das Krankenhaus kann logischerweise dem echten Hausarzt nur spezielle Hilfsdienste leisten.

Wenn sechstens täglich unnatürliche synthetische Medikamente gegen Schmerzen, Müdigkeit, Stuhlverstopfung, zum Einschlafen und Wiederaufwachen genommen werden und vielleicht noch andere synthetische Pillen, dann blockiert diese unnatürliche Flut das Einströmen der natürlichen, harmonischen, kosmischen Lebenskräfte ebenfalls. Auch frische Luft und gesunde Nahrung können dann den Menschen nicht von der Krebsgefahr befreien.

Wenn siebtens eine objektiv grob unhygienische »Hygiene« getrieben wird, nämlich der bloßen Sterilität, d.h. Tötung alles Lebens, oder gar zusätzlich noch mit aggressiven giftigen Stoffen, dann kommen die feinen hohen Bioenergien auch gegen diese häusliche Schmutzflut nicht an.

Der Leser bedenke jeden dieser sieben Hauptbereiche des gesunden Lebens. Erfahrungsgemäß werden häufig die Krankheit verursachende oder zumindest aufrecht haltende Einwirkungen übersehen. Ein typisches Beispiel ist das Bett mit Stahlfedereinlage, Gummimatratze oder Daunendecke. Wenn jemand angab, bei dem Kosmoton keine Wirkung zu verspüren, wurden bei Nachforschungen stets solche und andere Wirkhindernisse entdeckt! Sie sind Hindernisse für das gesamte gesunde Leben! Und sie sind auf die Dauer lebensgefährlich.

Je gesünder dagegen der Mensch in allen sieben Lebensbereichen lebt, desto schneller, durchgreifender und auch umfassender wirkt das Kosmoton.

Es muß aber nicht immer eine vollständige Blockierung vorliegen. Die teilweise Blockierung und folgend Minderung der Wirkung des Kosmoton-Medaillons ist bei Menschen in großen Städten fast die Regel. Also können sehr viele Menschen aus ihrem Kosmoton noch sehr viel mehr Nutzen für ihre Gesundheit herausholen, wenn sie allem sorgfältig nachgehen, was die Gesundheit schädigen kann, und sich dann bemühen, diese krank machenden und krank haltenden Einwirkungen zu überwinden und zu meiden. (Vgl. auch das Kapitel »Volle Wirkung oder nur geringe Wirkung?«).

Personale Hindernisse für die Gesundheit

Die sieben Werke der Barmherzigkeit -die Hungrigen speisen, die Durstigen tränken, die Nackten kleiden, die Fremden beherbergen usf.- gründen in den eben genannten sieben naturalen Lebensbereichen. Denn mit Steinen oder Skorpionen kann man keinen gesund speisen, mit Giften keinen gesund tränken, mit Künstlichem keinen natürlich kleiden, in einem Käfig keinen gesund beherbergen, zuerst sich selber nicht. Und wenn man mit dem Teufel Beelzebub austreiben will, dann kann man keinen Kranken wirklich heilen. Auch wenn man das Tote und Giftige nicht begräbt, kann man keine naturgerechte Hygiene treiben.

Hier wird unser Leben in der Zeit gerichtet in Gesundheit oder Krankheit. In der Ewigkeit und zugleich auch in der Zeit wird unser Leben danach gerichtet, wie wir als Person in diesen sieben auch geistig-seelischen Lebensbereichen menschenwürdig gesund leben oder nicht.

Wessen geistig-seelische Nahrung gar aus mechanistischen materialistischen Fabeleien besteht, wie von einem Urknall und somit von einer doch zerstörerischen Explosion des Kosmos aus sich selber -oder von wem? Als Zerstörer?-, und wer diese gewaltigste Zerstörung als Anfang des Aufbaues und Lebens »erklären« will, wer weiter an eine Selbstentstehung des Lebens aus dem Toten und der Ordnung aus dem Chaos mit Hilfe des Chaos wie Zufalles (aber)glaubt, dessen Weltbild ist derart unlogisch, verwirrt und selbstwidersprüchlich, somit lebensfremd und lebenswidrig, daß er die Grundlehre der Hochkulturen vom belebten Makrokosmos und dem Menschen als Ebenbild und Gleichnis -als Mikrokosmos- nicht begreifen kann. Dann ist er geistig weitgehend gesperrt gegen die Vermittlung der zuerst geistigen kosmischen Lebensenergien durch das Kosmoton. Nur wenig Nutzen kann ihm das Kosmoton dann bringen, wenn auch wohl noch weit mehr Nutzen als vieles andere.

Wenn er sein seelisches Leben auf dem Grunde solcher Fabelideen mit der dementsprechenden Chaos-»Kunst« kleidet, in der die Zerstörung des Menschenbildes, die Zerstückelung der Ordnung, das Brutale und Dämonische regiert (wie etwa bei Picasso. Nach Sedlmayr »Verlust der Mitte«) und wenn er gleich so seine Wohnung auskleidet, dann gilt dasselbe. Wenn er die Melodie und den Rhythmus seines Lebens verloren hat und sein eigenes hohes Lebensziel nicht mehr sieht, wenn er sich dann seelisch hetzt und falschen Lebenszielen nachjagt -wie Status, Macht, Sex und Profit-, wenn er sich mit amoralischen Ideen -wie im Freudianismus und anderem Naturalismus, ähnlich dem Nationalsozialismus- seelisch kurieren will und sich von allem geistig Gesunden fern hält, wie soll ihm dann zu helfen sein? Auch das so geistig wirksame, Licht ausstrahlende Kosmoton kommt gegen all diese geistige Wirrnis und Finsternis nur sehr mühsam an.

Wer sich gar mit Worten gegen Gott wendet, die Quelle alles Lebens und Lichtes, die Quelle alles Guten, der kann auch durch das Kosmoton kein lebendig strahlendes gutes Licht für sein Leben empfangen.

Wer noch kein Kosmoton gekauft hat, der prüfe zuerst, ob er sich in den seelischen Bereichen -gleich wie in den leiblichen- dem gesunden Leben zuwenden will. Wenn nicht, dann kaufe er besser das Kosmoton nicht.

Wenn er sich jedoch geistig, seelisch und leiblich dem wirklichen, dem objektiv realistisch lebensqualifizierten Leben zuwenden will, wie es heute in der großen Wende der Menschheit einige zehn Millionen Menschen in den hoch zivilisierten Ländern tun und einige Milliarden in den anderen Ländern der Erde, dann wird ihm das Kosmoton ein großer Helfer werden. Denn es wirkt psychosomatisch, also geistig-seelisch und körperlich zugleich von Grund auf regenerierend, wenn man es bewußt annimmt und über sein Goldzeichen auch nur ein wenig nachdenkt. Deshalb sollte man die Hauptwirkung erst nach längerer Zeit erwarten, auch dann, wenn schon in wenigen Wochen große Beschwerden geschwunden sind.

Wer guten Willens ist, der darf und soll auf das Kosmoton fest vertrauen!

Hilfe bei Übertonisierung und Wirkhindernissen

Wer bei dem Anlegen des Kosmoton-Medaillons extrem stark reagiert, wem das Kosmoton nach Monaten oder Jahren nicht mehr ausreichend hilft oder wer nach Wochen und Monaten noch keine Wirkung verspürt, der benötigt in der Regel fachliche Hilfe. Denn mögen auch vorgehend viele Hilfen beschrieben sein: Wer keine Erfahrung darin hat, der kann nur unzureichende Vorstellungen von alledem haben. Die facherfahrene Hilfe konzentriert sich somit auf drei Bereiche:

1. Was tun bei zu starker Wirkung?

Die Minderung der fast stets nur anfänglich zu starken Wirkung des Kosmoton-Medaillons durch Tragen in der Hosen- oder Rocktasche, durch Umwickeln mit Metallfolie oder schlicht durch größeren Abstand ist zwar einfach, aber sie ist nicht immer das beste Verfahren. Denn eine kräftige Wirkung ist öfters auch am Anfang notwendig, um eine Selbstheilung in Gang zu bringen. Der Start ist auch hier zuweilen mit einigen Schwierigkeiten verbunden. Was sollte man dann tun?

Dann muß am anderen Ende der Wirkung gehandelt werden, was zudem erheblich besser ist. Das heißt, es muß mehr Ruhe eingehalten werden. Und vor allem: Die Ausscheidungskräfte des Organismus müssen angeregt werden, wie z.B. durch Blutreinigungstee, Abführtee, ein ansteigendes Fußbad, Essigwickel um die Waden, ein Vollbad, ein Schwitzbad, ein Dampfbad, einen Saunabesuch, eine Dauerbrause, ein Überwärmungskräuterbad, ein subaquales Darmbad, eine Baunscheidtierung, einen Aderlaß, einen Schröpfkopf usf. Auch die Kräftigung des Herzens und des Kreislaufes kann angebracht sein, um dem Körper den Start in die Heilung und die Überwindung einer Erstverschlimmerung zu erleichtern.

2. Was tun, wenn die Wirkung nachläßt?

Nicht wenige, in der Schulmedizin sogenannt unheilbare Beschwerden weichen bei dem Anlegen des Kosmoton-Medaillons in Tagen, Wochen oder wenigen Monaten. Wenn dann der Patient nichts weiter tut für seine Gesundheit, wie in dem Glauben, er lebe doch schon gesund, dann können in einigen Fällen nach einem halben Jahr oder nach ein bis zwei Jahren Beschwerden langsam ein wenig wiederkehren. So kann z.B. eine früher schwere und allen Therapieversuchen trotzende Allergie, die nach Anlegen des kosmischen Universalgerätes spurlos verschwand, nun teilweise wiederkehren. Ein in Jahrzehnten mit viel Gift erfolglos bekämpfter Phantomschmerz, der wenige Wochen nach Anlegung des Kosmoton-Medaillons vollständig wich, zeigt sich nach einem Jahr in der Form von Wetterbeschwerden teilweise wieder. Oder ein uraltes Ekzem, das endlich verschwunden war, zeigt sich wieder durch rauhere Haut. Was dann tun?

Zuerst überlegen! Denn irgend eine ständige Giftzufuhr ist dann noch nicht gesperrt worden, wie etwa durch chemisch verunreinigte Speisen, besonders Fleisch und Wurst. Schlachttiere werden heute in der »Zivilisation« regelmäßig mit synthetischen Hormonen und vielen anderen Giften behandelt. Oder man nimmt noch ständig Gifte ein durch Getränke -Wein, Bier, Erfrischungsgetränke-, durch Tragen von Kleidung, die mit Giften wie Formaldehyd imprägniert ist, durch eine giftkranke Wohnung, etwa mit Formaldehyd verklebten Teppichen usf. Oder ein Funktionsdefekt des Organismus, der entweder angeboren ist oder durch schwere, unbiologisch behandelte und nicht ausgeheilte Erkrankungen erworben ist, konnte durch das Kosmoton noch nicht behoben werden. Solch ein Funktionsdefekt kann nach einem schweren Scharlach, einer Malaria, nach Röteln, Typhus, Hepatitis oder einer Geschlechtskrankheit zurückbleiben. Oder es kann ganz schlicht ein schlechter Zahn oder eine Knochenfäule (Ostitis) in einem schon zahnlosen Kiefer die Wirkung des Himmelstrafos zum Teil zunichte machen.

Zusammengefasst ist dann sorgfältig nachzusehen, ob in einem der sieben Lebensbereiche noch eine Giftquelle fließt. Sie wäre zu schließen. Ob man die richtige Quelle entdeckt hat, zeigt sich meist sofort daran, daß die teilweise erneut aufgetretenen Beschwerden wieder verschwinden. Solange sie das bei Sanierungsmaßnahmen nicht tun, ist weiter zu suchen.

Wenn eine chronische Funktionsstörung vorliegt, was ein Spezialist für Elektroakupunktur (EAV) mit Nosodentesten und anderen Testen ermitteln kann, dann ist diese Störung gezielt mit spezifischen Verfahren und Mitteln zu beheben. Auch hierbei hilft das Kosmoton erheblich mit. Diese wirksame Hilfe hatte schon das Verschwinden von Symptomen nach Anlegen des Kosmoton-Medaillons bewiesen. Aber bei stärkeren speziellen Störungen reichte seine Kraft noch nicht aus, um die Krankheit gänzlich auszurotten. Dann kann sich diese Giftpflanze gegen das Kosmoton immun machen wie eine Malariamücke und danach erneut erstarken.

Manche glauben, das Kosmoton sei defekt oder beschädigt worden, wenn die Wirkung nach Monaten oder einem Jahr nachläßt. Das ist bei sachgemäßem Umgang praktisch unmöglich. Die Lösung liegt eher darin, daß ungute, sehr fest sitzende Störwirkungen, die vom Kosmoton durch die Selbstheilkräfte nicht gänzlich überwunden werden konnten, sich nach einem ersten Rückzug in ihrer Art geändert haben und in der neuen Art wieder vordringen konnten.

Dieses Problem tritt meist nur bei Menschen über 60, am allermeisten bei Menschen über 80 auf. Bei ihnen sind Fehlfunktionen in der Regel schon verhärtet, sodaß die Wirkung in einigen Fällen sogar bis fast auf Null zurückging. Bei Menschen bis 70 kommt es erfahrungsgemäß allenfalls zu Wirkminderungen.

In allen diesen Fällen ist einerseits eine gründliche biotherapeutische Untersuchung mit biopathologischer Diagnosenstellung erforderlich. Es muß in allen sieben Lebensbereichen überlegt werden, wo man noch ständig ungesund lebt. Und hilfreich ist in fast allen diesen Fällen eine Fastenkur und Blutreinigungskur. Wenn die Diagnose richtig gestellt wird, ist die Hilfe fast immer möglich.

3. Was tun, wenn noch keine Wirkung verspürt wird?

Wenn nach längerer Zeit noch keine Wirkung verspürt wird, dann benötigt man in der Regel ebenfalls biotherapeutische Hilfe. Denn die Ursachen einer Blockierung können in allen sieben Lebensbereichen liegen, zudem in der geistlich-geistigen Lebensebene, in der seelisch-kulturellen Lebensebene und in der leiblichen Ebene. Sperre ich mich unbewußt gegen einen Zufluß höherer Lebensenergien? Ist da ein geistiger, seelischer oder leiblicher Krankheitsherd noch nicht überwunden und ausgeräumt? Man sollte zuerst selber suchen und auch das Gebet und die Gewissenserforschung nicht meiden. Andernfalls liegt schon eine oberste Sperrung offen zutage! Denn das aufgeprägte Kosmoszeichen ist ein Zeichen Gottes. Es kann nur wirken, so weit wir Gott gegenüber offen sind, der Quelle alles Lebens und dem höchsten Gut. Unser Hauptfehler ist dann, daß wir uns der von Gott stets angebotenen Hilfe gegenüber selber sperren.

Wenn eigenes Suchen nicht weiter hilft, dann ist ein Fachmann für Psychotherapie und/oder Körpertherapie zu Rate zu ziehen. Das ist ein Fachmann, der in allen sieben Hauptbereichen des Lebens über gut und ungut und über lebensgerechtes und lebenswidriges Verhalten Bescheid weiß. Er forscht zuerst nach toten Zähnen und Fisteln von der Zahnfistel bis zur Analfistel, nach Amalgamplomben, nach versteckt chronisch eitrigen Mandeln, nach Genußmittelmißbrauch -wie täglichem Kaffeetrinken-, nach Schlafmittelmißbrauch, Pillengebrauch, nach nicht ausgeheilten alten Nikotinschäden oder gar fortgesetztem Rauchen, nach schlechtem Stuhlgang, nach dem Regelverlauf usf.

Man bedenke auch, daß jede Krankheit und jede Wirkungslosigkeit von Gutem einen Sinn hat zur Besserung unseres Bewußtseinslebens. Ist dieser Sinn schon erkannt worden, wenn keine Wirkung verspürt wird oder wenn eine mit Hilfe des Kosmoton-Medaillons überwundene Krankheit nach längerer Zeit teilweise wieder zurückkehrt?

Über den Sinn der Krankheit sind schon manche guten Bücher geschrieben worden, etwa »Die Krankheit, nicht krank sein zu können«. Man ignoriert dann einen wesentlichen Teil unseres irdischen Lebens. Solche Menschen ignorieren dann auch gern die letzten Dinge, Tod, Gericht, Himmel und Hölle. Sogar Gott wird dann oft ignoriert. Dann aber geht unser Leben in die Irre. Und am Ende folgt eine entsetzliche Enttäuschung, eine große Armut und ein tiefer Schmerz.

VIII. BESONDERE WIRKBEREICHE UND WIRKUMSTÄNDE

Das Kosmoton bei verschiedenen Therapien

Hier haben sich schon eine Reihe interessanter Erfahrungen ergeben. Deren Quintessenz ist:

**Je naturgemäßer eine Therapie,
desto mehr wird sie vom Kosmoton unterstützt
und desto mehr unterstützt sie die Universalwirkung des Kosmoton.**

Dies besagt: Der Therapeut erhält desto mehr therapeutische Hilfe durch das Kosmoton, je mehr er gemäß der immerwährenden wahren Heilkunde arbeitet. Dann arbeitet er kosmo-bio-logisch. Er folgt dann der Grundlehre, daß der Geist (die Lebensqualität) es ist, der lebendig macht. Das entspricht der Makro-Mikro-Kosmos-Lehre der Hochreligionen und Hochkulturen und der Grundlehre über das lebensqualifizierte und unqualifizierte Verhalten in den sieben Lebensbereichen. Deren immerwährende wahre Naturwissenschaft (Scientia naturalis perennis, bei Paracelsus »Philosophia« und »Astronomia« genannt) gründet in den realen objektiven Lebensqualitäten der Dinge und in der Gleichung von Makrokosmos und Mikrokosmos Mensch. Wenn daher dem Menschen eine Lebensqualität fehlt, so muß bei einer ernsten Erkrankung die wesensgleiche Lebensqualität aus dem Makrokosmos zu Hilfe genommen werden, wie Paracelsus unermüdlich lehrt und wie auch Hahnemann in seiner Homöopathie lehrt. Und die Ursache der Erkrankung muß in einem Lebensfehler gesucht und auch ursachengerecht dort überwunden werden, was schon Hippokrates lehrt.

Da das Kosmoton in seinem Goldzeichen die drei Urlebensqualitäten alles Lebens und in seinem Mikrosonnensystem die sieben Urlebensqualitäten wirkkräftig vermittelt, so harmonieren diese Bioenergien mit allen anderen Bioenergien im Kosmos. Denn aus den Urlebensqualitäten entfalten sich alle anderen Lebensqualitäten, die der Therapeut in Gestalt eines Heiltees oder einer Quintessenz rezeptiert oder die sich der einzelne Kranke aus seiner guten Kräuterkenntnis oder anderen Kenntnis von Lebensqualitäten selber besorgt. Die fundamentalen Lebensqualitäten alles kosmischen Lebens harmonieren also mit allen besonderen und einzelnen Lebensqualitäten in allen sieben Lebensbereichen. Das ergibt eine wechselseitige Unterstützung. Desto schneller kann die Krankheit überwunden und die Gesundheit wieder hergestellt werden.

Bio-logischerweise gilt daher auch umgekehrt:

**Je naturwidriger eine Therapie,
desto mehr wird sie vom Kosmoton gestört
und desto mehr stört sie die universale Heilwirkung des Kosmoton
und die Selbstheilkräfte des Organismus.**

Wenn also ein Kranker das Kosmoton bei einer naturwidrigen Therapie trägt, etwa mit Chemiegiften, welche stets die ihrem Wesen entsprechenden giftigen Neben- und Nachwirkungen haben, so wirkt diese allopathische Therapie nicht wie üblich, da das Kosmoton alle Gifte zu entgiften versucht. Es entsteht eine neue Situation. Deren Wesen ist, daß der Organismus mit seinen Selbstheilkräften einerseits nun kräftiger gegen die Erkrankung vorgeht und andererseits zugeführte allopathische Gifte zu entgiften sucht. Der endneuzeitlich schulmedizinische Therapeut steht dann vor einer ungewohnten Situation, in der er sich nicht zurecht findet. Er kann das Kosmoton sogar als »Störenfried« seiner allopathischen Bemühungen erkennen. Und ebenso stören ihn alle naturgerechten Bemühungen des Kranken, die dieser mit Hilfe seines gesunden Menschenheilverstandes beginnt. Der neuzeitliche Mediziner sucht dann verständlicherweise das Kosmoton aus seiner Therapie zu verbannen, sofern er ihm zuvor subjektiv überhaupt irgend eine Wirkmöglichkeit eingeräumt hatte. Und er sucht die ihm unverständlichen naturgerechten Heilbemühungen des Organismus -wie beispielsweise ein Fieber oder ein Ausschlag- und die entsprechenden naturgerechten Heilbemühungen des Kranken zu unterdrücken. Dies kann besonders typisch auf einer Intensivstation beobachtet werden. Wenn ihm das nicht gelingt, dann durchschaut er die Situation noch weniger und wird dann verführt, noch stärkere allopathische chemische Gifte noch brutaler einzusetzen.

Dann muß der Kranke sich grundsätzlich entscheiden, ob er eine mit allerlei ungesunden Neben- und Nachwirkungen belastete, nur symptomatische, technokratische und chemokratische Therapie weiter begünstigen will oder ob er wirklich gesund werden will.

Da das Kosmoton jedoch universale und somit allem Leben übergeordnete Urenergien vermittelt, so setzt sich das Kosmoton bei einer unbiologischen, nämlich unqualifizierten chemischen Therapie im Grunde des Organismus öfters durch und vermittelt dem Kranken in der Regel doch allerlei Hilfen (Vgl. das Kapitel über die Übergangsregelung). Diese Wirkungen aber versteht der nur chemisch denkende Schulmediziner nicht. Sie stören ihn sogar in seiner allopathischen Therapieideologie, da sie seinen chemisch bestimmten Erwartungen nicht entsprechen, sodaß er diese Heilbemühungen des Organismus sogar zu unterdrücken sucht, etwa eine Erstverschlimmerung, einen Durchfall oder einen ersten Ausschlag, der Stoffwechselgifte notventilartig nach außen zu befördern sucht! Zudem können solche ersten Heilwirkungen nach Paracelsus nicht zur vollen Heilung führen, solange gewalttätig -allopathisch- mit Giften im Körper herumgefuhrwerkt wird. Denn bei einem solchen Behandeln könne »nichts anderes herauskommen als töten, sterben, würgen, verkrüppeln, lähmen, verderben« (Paracelsus im Paragranum).

Wer wahrheitsgemäß informiert sein will über den Untergang des Abendlandes und darin auch seiner Medizin, der lese diesen Satz von Paracelsus fünf mal!

Wer meint, dieser größte Arzt der letzten zwei Jahrtausende hätte dies aber vor vierhundert Jahren geschrieben, für den sei aus tausenden von heutigen kritischen Büchern zitiert: »Einer der Gründe, weswegen die offizielle Medizin sich weigert, das Subjekt in das bisher nur objektive Weltbild einzulassen, ist der, daß das sogenannte wissenschaftliche Denken und Forschen, das sich ausschließlich mit unpersönlichen, mechanistischen und quantitativen Tatsachen befaßt, das immer weiter zunehmende Nicht-mehr-sehen und Nicht-mehr-verstehen des Menschen verbirgt und verschleiert. Buchstäblich ist der Mensch, als lebendiges Subjekt, als Person, als geistiges Wesen verloren gegangen« (Hans Müller-Eckhard in seinem Buch »Die Krankheit, nicht krank sein zu können«). Dieses »sogenannte wissenschaftliche Denken«, das also objektiv unwissenschaftlich ist, ist derart lebensfremd und lebensfeinlich geworden am Ende der Neuzeit, daß der lebendige Mensch in diesem abergläubischen System nicht mehr existiert. Der Mensch wird nur noch als ein Stück Fleisch »gesehen« und behandelt! Was bekanntlich bis zum Gaskammer-KZ geführt hat und was uns logischerweise in Gleichartiges oder noch Schlimmeres führen wird!

Aber schon über zehn Prozent der deutschen Ärzte wenden sich von dieser abergläubischen, geistfremden und menschenfeindlichen Scheinwissenschaft und Scheinmedizin ab und der wahren Heilkunde zu.

Deshalb hier den Lehren von Paracelsus folgend der generelle Rat, sich aus jeder naturwidrigen und also körperwidrigen, lebenswidrigen »Therapie« so schnell wie möglich »herauszuschleichen«, wie das medizinische Fachwort lautet.

Diese Darlegungen richten sich insbesondere an diejenigen Kollegen, die in der endneuzeitlichen, abergläubisch materialistischen Schulmedizin ausgebildet sind, sich aber aufgrund der vielen Mißerfolge und verderblichen Nebenwirkungen chemischer Medikamente nun in der wahren, immerwährenden, nämlich lebensgerechten und naturgemäßen Heilkunde fortbilden oder neu ausbilden wollen. Sie wissen in Notfällen zunächst nur von materialistischen, mechanistisch chemisch wirkenden Medikamenten und lernen mühsam von Fall zu Fall und von einer soliden naturgerechten Fortbildungsveranstaltung zur nächsten sich neu organismusgerecht und also lebensgerecht, heilgerecht zu orientieren.

Und auch der einzelne moder-ne Kranke, der noch an dem Aberglauben der moder-nen Naturwissenschaft hängt oder der sich noch in der Umstellung zu einem objektiv lebensqualifizierten, wirklich gesunden Leben befindet und derzeit lernt, was wirklich bio-logisch ist, kann sich aufgrund der obigen Ratschläge dann notfalls selber helfen. Dazu ist er verpflichtet. Und ihm hier in seiner Not zu helfen, ist auch jeder andere nach seiner Möglichkeit verpflichtet.

Das Kosmoton bei höheren Heilverfahren

In der Medizingeschichte der Menschheit sind seit jeher Therapeuten bekannt, die über die grundlegende naturale Therapie -heute teils unter den sog. physikalischen Heilmethoden bekannt- und über die Kräutertherapie und andere medikamentöse Therapie hinaus noch feinere, höhere Therapieformen beherrschen. Die ersten beiden, in irdischer Sicht fundamentalen Gruppen der Therapeuten nennt Paracelsus die Naturales und die Specifici. Ihr Bereich ist am Ende der Neuzeit unter dem Begriff der naturgemäßen Heilmethoden bekannt.

Die nächst höheren Gruppen der Therapeuten nennt Paracelsus die Charakterales und die Spirituales. Sie beherrschen Mächte der Person und andere geistige Mächte. Ihre Heilverfahren umfassen die Akupunktur, den Couéismus, die Hypnose, andere mentale Therapien und die verschiedenen Formen des Heilmagnetismus, der Magnetopathie, der Nervenpunktmassagen und andere mehr magnetische und geistige Massagen und Behandlungsarten, wie etwa Reiki. Diese Therapeuten sind nach Paracelsus auch besonders geeignet zur Behandlung der »unsichtbaren Krankheiten«, also der sogenannten Seelen- und Geisteskrankheiten.

Diese Kräfte des Menschen können so weit ausgebildet werden, daß solch ein Therapeut nach Paracelsus auch die Fähigkeit erwerben kann, »in einen Menschen hineingreifen kann, ohne ihn zu verletzen .. wie einer ins Wasser greift und einen Fisch herausnimmt und das Wasser kein Loch bekommt« (Aschnersche Ausgabe Bd. 4, S. 471). Diese völlig ungefährliche Logochirurgie wird heute viel auf den Philippinen und in Südamerika praktiziert, um üble Substanzen und Geschwülste aus dem Körper zu entfernen. Sie ist auch bei Schwerstkranken risikolos möglich, wo der nur mechanisch arbeitende Chirurg nicht mehr operieren kann. (Vgl. Alfred Stelter. PSI-Heilung. Goldmann Sachbuch 11 146. Und: H. Osjord. Die Logurgie in den Philippinen. Remagen 1977).

Wer diese von Paracelsus anerkannte und daher auch schulmedizinisch zu respektierende Therapie versteht, der versteht auch die Wirkung durch das Kosmoton leicht. Er hat mit und ohne Kosmoton noch viele weitere Heilmöglichkeiten. Wer diese höheren Heilverfahren noch nicht versteht, der tut sich auch schwer mit dem Verständnis der gesamten wahren Heilkunde und mit dem Verständnis für jedes kosmobiologische Gerät, wie typisch für das Kosmoton.

Die höchste Form der spirituellen Therapie praktizieren nach Paracelsus die Fideles. Sie heilen aus dem Glauben, wie durch das Wort Gottes. Die Methoden der Fideles, der Spirituales und der Charakterales werden in der Heilpraxis der Menschheitsgeschichte oft kombiniert.

All diese spirituellen Therapien werden durch das Kosmoton sehr erheblich unterstützt. Ein hervorragender Praktiker der Shiatsu-Therapie erklärte, daß er bisher zwei Stunden benötigt hätte, um einen kranken Organismus in seinen feineren Lebens- und Selbstheilkräften wieder in Ordnung zu bringen. Wenn er aber ein großes Kosmoton unter die Liege des Patienten lege, so gelange er schon in zehn Minuten zum selben Ziel.

Die Kranken, die sich solchen Therapeuten anvertrauen, sind in der Regel ebenfalls geistig schon mehr oder weniger weit offen und gebildet. Sie können daher, wie die Erfahrung lehrt, schon in wenigen Tagen durch das Kosmoton unglaubhafte gesundheitliche und spirituelle Wirkungen erleben.

Man sollte meinen, daß religiöse Menschen für solche Wirkungen besonders offen wären. Leider sind sie am Ende der in einer allgemeinen Agonie untergehenden Neuzeit durch eine weit verbreitete, auf den Schulen gelehrte abergläubische, scheinwissenschaftliche, materialistische Weltanschauung oft tief in die materielle Welt verstrickt. Wenn sie in diesem geistigen Sumpf dennoch religiös leben, so leisten sie vor Gott schwere Kärrnerarbeit, »diese Welt« in sich selber und bei anderen zu überwinden. Zum Kosmoton verhalten sie sich dann wie normale Weltmenschen, sofern sie sich nicht zum Überfluß noch gar ängstlich gegen allen Einfluß

Gottes sperren, der ihnen noch nicht bekannt ist. Dann sperren sie sich auch gegen die vom Himmel kommenden Kräfte, die durch das Zeichen Gottes auf dem Kosmoton wirken und durch die von Gott gesetzte siebeneinheitliche Grundordnung des Sonnensystemes im Kosmoton. Dann hängen solche Menschen -etwa als Krankenschwestern in christlichen Krankenhäusern- gar noch an der Teufel-Beelzebub-Methode und wähnen im krassesten Gegensatz zur Heiligen Schrift, allein durch diese Methode komme das Heil zu den Kranken.

Das Kosmoton in der Vorsorge gegen leichte und schwere Erkrankungen

Wer vollständig gesund lebt, der kann nicht krank werden! Hierin besteht somit die allerbeste und universale Vorsorge. Als Albert Schweitzer anfangs des 20. Jahrhunderts nach Lambarene in Afrika kam, stellte er fest, daß viele Krankheiten, wie auch der Krebs, bei den Schwarzen nicht vorkamen. Das waren die vielen hunderte Zivilisationskrankheiten, zu denen auch Ekzeme, Allergien, Diabetes, Multiple Sklerose, Muskelschwund usf. zählen. Es ist so einfach, daraus die logischen Konsequenzen zu ziehen, um nicht selber an diesen häßlichen Krankheiten zu erkranken.

Albert Schweitzer sah den Grund aller Ethik (Moral, Sittlichkeit, Gerechtigkeit) in der »Ehrfurcht vor dem Leben«. Sie umfaßt konkret die Ehrfurcht vor den realen Lebensqualitäten und ihren Lebensgesetzen. Sie umfaßt auch die Ehrfurcht vor den Menschenrechten. Denn das sind die Lebensrechte des Menschen. Wer diese Ehrfurcht hat, der sucht die Menschenrechte klar zu erkennen. Der will nicht immer nur, wie es heute üblich ist, substanzleere emotionale Worte um sie machen, als ob er selber die Menschenrechte wüsste und als ob er selber diese allgemeinen Lebensrechte vollständig achten würde.

Man treibt Vorsorge gegen Erkrankungen, indem man in der Harmonie der gesunden, der lebensqualifizierten Energien bleibt, somit in der Harmonie mit allen Lebewesen, zuerst mit Gott und den Menschen. Da die Bioenergien konzentriert vom Kosmoton vermittelt werden, so kann man hier höchst bequem Vorsorge treiben, besonders gegen die schweren Krankheiten, in denen das fundamentale Ordnungssystem des Organismus degeneriert und dann zusammenbricht. Besonders dies kann das Kosmoton wirksam verhindern, wenn man auch nur einigermaßen gesund lebt.

Daraus ergibt sich, daß man bei ein wenig gutem Willen zum gesunden Leben wahrscheinlich durch das Tragen des Kosmoton-Medaillons einen Schutz vor den schweren Erkrankungen erwirbt, ganz besonders gegen die Zivilisationskrankheiten Krebs, Sarkom, Leukämie, Multiple Sklerose, Parkinson, Neurodermitis, Diabetes. Und auch vor einer ganzen Reihe anderer übler Krankheiten scheint man dann geschützt zu sein. Dies kann man heute nach zweieinhalbjähriger Erprobung des Kosmoton-Medaillons natürlich noch nicht mit Sicherheit sagen. Dazu sind zehn und zwanzig Jahre Erprobung notwendig. Aber bei tausenden von ausgegebenen Kosmoton-Medaillons besagt es doch schon sehr viel, daß noch keine einzige Meldung gekommen ist, daß ein Mensch, der das Kosmoton-Medaillon schon ein Jahr getragen hat, an Krebs erkrankt wäre! -

Der Schutz gegen Strahlenschäden

Und sollte das Kosmoton nicht auch einen Schutz gegen Strahlenschäden bewirken? Alle gesundheitsschädliche Wirkung kann gemäß der Feldphysik nur durch disharmonische Felder, solche Strahlen und Ströme erfolgen. Daraus ergeben sich in biophysikalischer Sicht alle Krankheiten. Wenn daher das Kosmoton durch Stärkung der Selbstheilkräfte Krankheiten heilen und vor Neuerkrankungen schützen kann, so muß dies logischerweise auch für die Strahlenschäden gelten.

Als viele Träger des kleinen Kosmoton-Medaillons berichteten, daß sie durch das auch nächtliche Tragen nun endlich gut durchschlafen und frisch und erholt aufwachen würden, daher sich insgesamt weit besser fühlen würden, da wurden diese überraschenden Berichte zum Teil von dem Erfinder nachuntersucht. Und es ergab sich dann, daß das Bett zuvor strahlengestört war, wie u.a. durch Erdstrahlen, elektrische Streuwechselfeldstrahlen usf., und daß diese nicht allzu starke Störung von dem Kosmoton auf irgend einem mittelbaren oder gar unmittelbaren Wege teilweise oder ganz überwunden werden konnte. Daraus sind logischerweise die physikalischen und medizinischen Folgerungen auch für andere schädliche Strahlenwirkungen zu ziehen.

Zur Nachsorge mit dem Kosmoton

Viele Menschen, die an einer schweren Zivilisationskrankheit erkrankt sind, wie etwa dem Krebs, und die von der gröbsten Erscheinungsform der

Krebskrankheit, dem bösartigen Geschwulst, durch einen guten Chirurgen oder anderen Therapeuten befreit worden sind, bemühen sich zu Recht mit einiger Sorge um ein gesundes Leben. Sie wollen nicht wieder am Krebs erkranken und auch nicht an einer anderen schweren Krankheit, die einen Rückfall mit erneutem Ausbruch der Krebskrankheit verursachen könnte. Also bemühen sich solche Menschen um ein krebsfeindliches Leben. Und das ist nichts anderes als ein hoch lebensqualifiziertes, giftfreies, somit objektiv gesundes Leben.

Hierbei kann das Kosmoton ebenso wirksam helfen wie bei allen anderen Krankheiten und wie bei der Vorsorge gegen die schweren Zivilisationskrankheiten.

Es ist jedoch verständlich, daß man keine Sicherheit gegen einen Lungenkrebs erlangen kann, wenn man weiter raucht, obwohl auch der Raucher mehr geschützt sein dürfte. Und man kann keine Sicherheit gegen einen Magenkrebserkrankung erlangen, wenn man weiter seine Nahrung nicht auf ihre Lebensqualitäten und ihre Giftfreiheit kontrolliert. Genauso kann man keine Sicherheit gegen einen -neuen- Brustkrebs oder Gebärmutterkrebs erlangen, wenn man allerlei chemische Pillen und andere Drogen fortlaufend konsumiert oder ein seelisches Leid nicht überwinden kann oder will, weil man eine klare und konsequente Orientierung auf Gott hin meidet und eine innere Umstellung auf ein objektiv naturgerechtes und menschengerechtes Leben.

Zur wirksamen Vorsorge also das Minimum an seelisch und leiblich gesunder Lebensweise erkunden und beachten, vor allem in der Ernährung, im gesunden störfreien Schlafplatz und gesunden Arbeitsplatz, und dann das Kosmoton regelmäßig tragen.

Das Kosmoton in der Alterspflege (Geriatrie)

Wer ist ein alter Mensch? Wer sich als alter Mensch fühlt oder wähnt und sich so verhält. Das ist relativ unabhängig von den Jahren. Schon Zwanzigjährige sind heutzutage öfters alte Menschen. Und Achtzigjährige können noch jung sein. Denn entscheidend ist, ob die Person des Menschen den Willen zu einem vitalen gesunden Leben hat oder nicht. Wer seinen mehr oder weniger defekten Gesundheitszustand mit diesem oder jenem Leiden nur im Gleichgewicht halten und ihn nicht mehr regenerieren, also nicht mehr wesentlich verbessern will, der ist alt.

Warum ist diese Klärung hier wichtig? Weil das Kosmoton im Grunde des Organismus eine Regenerationsarbeit beginnt. Und das Ziel dieser

Arbeit ist naturgesetzlich bei betagten Menschen eine gründliche Erneuerung. Sie führt auch zu einer Verjüngung. Diese gründliche Arbeit führt in der Regel in Anbetracht der längeren Vorgeschichte und des im Alter weniger reaktionsfähigen Organismus zu längeren und schwierigeren Heilkrisen. Derjenige alte Mensch, der nur auf die Erhaltung seines Gleichgewichtszustandes bedacht ist, wünscht diese Krisen nicht. Er will sie seelisch nicht durchstehen. Also verträgt er sie auch nicht. Der vitale, der gesundheitswillige Mensch dagegen will Altersdefekte überwinden und gesünder werden. Er geht gerne durch Heilkrisen hindurch.

Hier hat sich der Besitzer eines Kosmoton-Medaillons also zu entscheiden, was er will. Das Kosmoton kann im Laufe der Monate und dann Jahre die gesundheitliche Lage eines betagten Menschen erheblich bessern. Wenn das ohne Heilkrise verläuft, dann hat niemand etwas einzuwenden. Wo aber nur ist dieser milde Verlauf zu erwarten? Nur bei Menschen, die bisher schon gesundheitsbewußt gelebt haben oder die über eine außergewöhnlich gesunde und vitale Konstitution verfügen, sind erfahrungsgemäß keine nennenswerten Heilkrisen zu erwarten.

Wenn sich aber eine Heilkrise einstellt, besonders bei Zivilisationsmenschen, die sich bisher nicht viel um eine naturgerechte Lebensweise gekümmert haben, dann muß man sich entscheiden. Wenn man sie nicht will, muß man das Kosmoton auf Distanz halten, d.h. so weit weg vom Körper plazieren, daß sich die Heilkrise wieder legt und man nur die milde Anregungswirkung hat. Will man dagegen gesünder werden, dann muß man jetzt das Medaillon pausenlos tragen und sich meist um eine erfahrene biotherapeutische Hilfe bemühen.

Die Erfahrung hat ergeben, daß man bei fachlich kontrolliertem Gebrauch des Kosmoton-Medaillons in der Regel keine schwierigen Heilkrisen zu erwarten hat, jedoch öfters mehrere hintereinander. In solchen Fällen ist von betagten Menschen zunächst das kleine Kosmoton zu wählen. Erst nach einem halben oder ganzen gut verlaufenen Jahr stellt sich die Frage, ob man nun auf das noch wirksamere große Kosmoton übergehen will. Das ist individuell zu prüfen. Es fehlen noch sichere Regeln, nach denen man entscheiden könnte, für wen das kleine und für wen das große Kosmoton gleich zu Anfang besser ist. Je offener jedoch ein Mensch in seinem Bewußtsein für gute Einflüsse aus höheren Bereichen ist, desto eher ist sein Organismus sogleich für das große Kosmoton geeignet.

Wenn die betagte Person dagegen schon so alt ist, daß sie sich selber nicht mehr kontrollieren kann, dann muß der Pfleger bzw. die Pflegerin oder der behandelnde Therapeut nach den eben angegebenen Prinzipien und Regeln entscheiden, was zu tun und zu lassen ist.

Medizinische Hilfen zum Gebrauch des Kosmoton-Medaillons

Das Kosmoton verbessert universal die gesunden Wurzelkräfte des Organismus! Es wirkt so mittelbar gleich wie gesunde Luft universal heilkräftig. Aber bei der geringen Größe des Medaillons, das für den Normalmenschen ausgelegt ist, kann die Hilfe nur begrenzt sein. Ein noch größeres Kosmoton dürfte nur unter therapeutischer Aufsicht verwendet werden. Zudem ist das Kosmoton ein biologisches Strahlengerät. Somit stellte sich die Frage, ob diese gute Strahlenwirkung nicht durch gute materialisierte Heilkräfte in biochemischer Form ergänzt werden kann. Denn für schwere, sonst praktisch unheilbare Krankheiten und für Sonderwünsche nach schnellerer und sicherer Hilfe bestand ein Bedarf nach einer allgemeinen und schon etwas standardisierten Ergänzung.

Aus diesen Überlegungen, Forschungen und Erfahrungen ergab sich eine allgemeine Kosmoton-Kombinationstherapie. Dem erfahrenen biologischen Therapeuten sind nämlich eine Reihe von guten natürlichen Substanzen bekannt, die einen universalen gesundheitlichen Charakter und daher mittelbar auch einen allgemeinen, unspezifischen Heilcharakter haben, indem sie die im Grunde gesunden Selbsthilfefunktionen des Organismus bei vielen oder allen Krankheiten anregen und stärken. Derartige Substanzen, wie unspezifische natürliche Medikamente, lassen sich vorteilhaft mit dem Kosmoton kombinieren. Jeder Therapeut hat hier je nach seinen Erfahrungen selbst eine Wahlmöglichkeit. Denn es existieren hier wohl hunderte Möglichkeiten. Dies gilt auch für Infektionskrankheiten.

Bei einigen Krankheiten steht das Kosmoton vor einer Schwerarbeit oder kommt wegen der Art der Krankheit nur sehr langsam vorwärts. Hier ist die Kombinationstherapie besonders angezeigt. Dies sind insbesondere die Erkrankungen an Krebs, Multipler Sklerose, Polyarthritis, Schmerzen nach Gürtelrose, besondere Formen der Migräne und eigentlich fast alle schweren Krankheiten. Die Kombinationstherapie bei Krebs wurde in vorangegangenen Kapiteln bereits näher beschrieben. Zwar bringt das Kosmoton bei sonst praktisch unheilbarer Polyarthritis, bei Rheuma und chronischer oder periodisch anfallsweiser, gar auch asthmatischer Bronchitis öfters ganz allein völlige Beschwerdefreiheit. Aber es wäre, von Einzelfällen sonst sehr gesunder Lebensweise abgesehen, fast fahrlässig, dann auf zusätzliche biotherapeutische Hilfe zu verzichten.

Bei allen schweren Krankheiten kann als Grundmittel AZINAT mit eingesetzt werden (Labor Soluna, Donaumünster). Die Dosierung wie angegeben. Ebenso hilft allgemein das, wenn auch umständliche Baunscheidtieren. Und viele Kneippmaßnahmen haben einen allgemein hilfreichen Charakter, so etwa das regelrecht vorgenommene ansteigende Fußbad. Man spricht dann auch von der physikalischen Therapie, der umstimmenden und roborierenden Therapie oder allgemein von der Ordnungstherapie.

Bei Infektionskrankheiten kann Esberitox, Metavirulent, Truw 106 oder die Kombination Azinat-Epidemik (Soluna) hilfreich mit verwendet werden. In den ersten 48 Stunden hilft Spenglersan G oft kupierend, wenn es in ausreichender Tropfenzahl (ca. 40 am Tag verteilt) in der Ellenbeuge eingerieben wird, je fünf Tropfen auf einmal. Auch andere Spenglersane können bei schweren chronischen Krankheiten sehr hilfreich sein. Doch ist hier eine gründliche Kenntnis erforderlich.

Bei der Multiplen Sklerose, bei Kinderlähmung und bei Polyarthritis erscheint Azinat und Polypathik (Soluna) oft notwendig, um zu durchgreifenden Besserungen zu gelangen.

Bei den oft fast unerträglichen Schmerzen nach Gürtelrose ist zuerst eine Baunscheidtierung anzuraten (Siehe Tienes, ein Wörishofener Kneippарzt, über den Baunscheidtismus). Danach oder auch allein Kosmoton und Azinat.

Bei schweren Rückenschmerzen, Bandscheibenbeschwerden und daraus folgenden Gliederschmerzen kann das Kosmoton meist schon in Tagen zunächst einmal Schmerzfreiheit bringen. Aber in Sonderfällen kann Azinat (dann 3 x 10-15 Tr.) hinzu genommen Wunder wirken. Zur Dauerhaftigkeit der Wirkung muß jedoch auch das Bett gesund sein (Siehe Sonderkapitel dazu). Fehlhaltungen müssen vom Patienten selber überwunden werden. Und ein Beckenschiefstand muß sachgerecht in einer Kur saniert werden.

Mit Hilfe der im Kapitel über die Ordnungstherapie und der hier genannten Prinzipien, Verfahren und Medikamente ist also nach Paracelsus eine Heilung oft auch dann möglich, wenn sie vielen schon seit Jahren als aussichtslos erscheinen mag. Die umfangreiche biologisch medizinische Literatur ist hier den Kollegen eine große Hilfe. Jedoch existiert auch schon eine große gute Literatur, die auch für Nichtärzte geschrieben ist.

Ein notwendiges Wort gegenüber den Feinden der Gesundheit für die Menschen, die guten Willens sind

Ist das Kosmoton ein Heilgerät? Nicht im schulmedizinischen Sinn! Denn ein Heilgerät ist ausschließlich gegen Krankheiten gerichtet. Das Kosmoton ist nicht gegen Krankheiten gerichtet, sondern es ist ein Gesundheitsgerät, das die gesunden Lebenskräfte stärkt. Und diese sind zugleich Selbstheilkräfte. Daher ist das Kosmoton zugleich in allen sieben Bereichen des gesunden Lebens hilfreich anwendbar. Es kann Speisen und Getränke, Kleidung und Wohnung verbessern. Es kann auch den melodischen Lebensrhythmus des Menschen verbessern usf. Das Kosmoton hat neben vielen anderen Wirkungen auch eine universale Heilwirkung. Denn wie Paracelsus erklärt, sollen alle Mittel zum gesunden Leben zugleich im Besonderen auch Heilmittel sein, d.h. auch heilend wirksam sein. Schon jede reine Luft und jedes reine Wasser hat auch eine Heilwirkung, etwa zur Reinigung und Kräftigung des Organismus.

Die allgemeine (!) Heilwirkung aller gesunden Dinge ist kein logischer und rechtlicher Grund, alle gesunden Speisen und Getränke, alle gesunde Textilien und Häuser samt allen gesunden Einrichtungsgegenständen usf. nun als Heilmittel oder Heilgeräte zu behandeln und sie dann irgendwelchen Heilmittelgesetzen zu unterwerfen, sodaß sie nur noch in der Apotheke auf Rezept erhältlich sind oder nur noch nach einem Gutachten der Ärztekammer oder Apothekerkammer. Der Arzt ist für die Kranken da, nicht für die Gesunden! Das sagt schon Christus! Und einem Christen sagt dies etwas Verbindliches! Zudem ist es logisch. Mag auch manches übersteigerte Berufsbewußtsein oder Profitstreben zur grenzenlosen Ausdehnung der eigenen Macht tendieren; das aber entspricht nicht dem Menschenrecht und seiner -sozialen- Gerechtigkeit. Und das ist dem Gemeinwohl nicht förderlich.

Das Kosmoton ist natürlich auch von Schulmedizinern untersucht und ausprobiert worden. Bei schulmedizinischer Behandlung, d.h. bei umfangreichem Einsatz von Chemiegiften gemäß der Teufel-Beelzebub-Methode, konnte keine Heilwirksamkeit festgestellt werden. Denn das mußte, wie schon im Hauptkapitel VIII beschrieben, zu einem Therapiechaos führen. Das ist sogar schon staatsamtlich festgestellt worden. Also ist amtlich von materialistischen Schulmedizinern der untergehenden Neuzeit geklärt, daß das Kosmoton kein Heilgerät im derzeitigen schulmedizinischen Sinne ist.

Gesetze im Heilbereich werden am Ende der Neuzeit gern von den Vertretern der Krankheitswirtschaft (irreführend auch als Gesundheitswesen bezeichnet) formuliert, um den eigenen Umsatz zu sichern, stetig zu vergrößern und um gegen die Konkurrenz vorzugehen mit dem Endziel, diese ganz auszuschalten. - Die Gesetze werden von den Vertretern der materialistischen Krankheitswirtschaft in der Justiz gerne entsprechend ausgelegt gegen das Menschenrecht auf das allseits freie gesunde Leben, gegen das Menschenrecht auf die freie Wahl der Therapeuten und der Mittel zum gesunden Leben und zur Heilung. Diese Situation wird sich wohl erst nach der großen Krise der Menschheit fundamental wandeln.

Die universalen Lebenskräfte der gesunden Natur zu gebrauchen steht jedoch jedem Menschen frei nach seinem eigenen guten Glauben, insbesondere in seinem Privatleben, das in dem Menschenrecht zu einem Leben nach dem eigenen guten Glauben gegründet ist. Niemand hat ein Recht, anderen Menschen gegen ihren guten Glauben Vorschriften zu machen, wie sie zu atmen haben und wie sie die Strahlen von Sonne, Mond und Sternen für ihr persönliches gesundes Leben zu nutzen haben, gar welche Heilordnung oder Medizinideologie sie zu glauben und überdies einzig anzuwenden haben. Der totalitäre Staatsterror über das Privatleben und folgend die Privatwirtschaft, auch als National-Sozialismus und Inter-National-Sozialismus bezeichnet, dieser Terror zum angeblichen oder vermeintlichen Schutz des Menschen -wie auch in den Konzentrationslagern-, zuweilen vorsichtig als Bürokratismus und Demokratismus bzw. Demoterror bezeichnet, ist am Ende der Neuzeit weltweit zu einem Riesenübel geworden. Was ist es denn, das die Menschheit lebensgefährlich entzweit hat? Mit der Berufung auf eine scheindemokratische Fürsorgepflicht, die von den Regierungsvertretungen -fälschlich Volksvertretungen genannt- behauptet wird, behandelt man die Bürger als unmündig und diktiert ihnen gegen ihre Selbstbestimmungen über ihr eigenes Leben und gegen ihren guten Glauben und ihr Gewissen, was sie im privaten Bereich zu tun und zu lassen haben! Dieser getarnte totalitäre Machthunger führt zu unaufhörlichem Streit, wie zuerst um die Menschenrechte. Er treibt von einem Krieg zum nächsten, von einer Revolution zur anderen.

Wenn jeder den anderen nach seinem eigenen guten Glauben leben lassen würde, dann herrschte voller Friede auf dieser Erde! Der Totalitarismus im geistig, seelisch und leiblich gesunden Leben ist -wie als Medizinideologieterror- selber eine schwerste Krankheit. Die Menschheit kann erst dann politisch gesund und also friedlich werden, wenn diese geistige Verwirrung, dieser Stolz, diese Machtsucht -der »Irrweg unserer Geschichte« (Genscher)- und oft auch Profitsucht, Unterdrückung und Ausbeutung genannt, überwunden werden, - wenn also die Menschenrechte endlich erkannt und dann auch wirklich anerkannt werden.

AUSBLICKE

Was kann das Kosmoton noch mehr?

In dieser kurzen Darlegung kann nur das Allerwichtigste über die Wirkungen des neuen universalen kosmobiologischen Gesundheitsgerätes beschrieben werden, nämlich nur der Gebrauch für Gesunde und Kranke. Das Kosmoton leistet jedoch noch weit mehr. Wo? Bei allen Lebewesen, Dingen, Substanzen und folglich Geräten! Wie ist das zu verstehen?

Jedes Atom ist mit seinem Atomkern und den darum kreisenden Elektronen, seinen Planeten, ein Mikrosonnensystem. Und es ist ein ebenso wirkkräftiges Abbild des großen Kosmos mit seiner Zentralsonne und den um sie kreisenden Galaxien. Denn das Atom ist ein urförmiger Teil, ein Grundbestandteil des Kosmos. Daher ist es in der Schöpfung Gottes musterhaft kosmosanalog gebaut. Deshalb muß das Atom bio-logisch, kosmo-logisch und naturgesetzlich auch musterhaft auf den Mikrokosmos im Kosmoton reagieren. Doch wie?

Im Kosmoton ist das Mikrosonnensystem und das Mikrokosmossystem hoch geordnet, also sehr gut, lebensgerecht und rein, daher hoch harmonisch. Es ist somit weit besser und also lebensqualifizierter geordnet als das große Sonnensystem um die Erde herum und als der ganze Kosmos, der eiförmig vorzustellen ist. Dessen Disharmonien sind nach Möglichkeit nicht in das Kosmoton übernommen worden, sondern durch Harmonien ersetzt worden, die dem wahren guten Wesen des Sonnensystemes und dem Urkosmos entsprechen und die in der reinen Mathematik und Geometrie als Urharmonien bekannt und schon von Pythagoras und Aristoteles beschrieben sind.

Daher kann das Kosmoton die Qualitäten aller Atome und demzufolge Moleküle, aller Kristalle und aller Zellen, Pflanzen, Organe, Tiere, und Menschen -also aller Dinge und Lebewesen- harmonisieren, somit regenerieren, d.h. verbessern. Denn logisch unausweichlich sind alle Teile des Kosmos analog seiner Ganzheit gebaut bzw. geschaffen. Sie funktionieren daher alle kosmosanalog. Das Kosmoton erhöht daher die Harmonien und also Lebensqualitäten von allem im Kosmos. Jedes Atom, jede Zelle, jedes Organ, jede Drüse wird daher naturgesetzlich vom Kosmoton regeneriert, soweit die Kraft der jeweilig verwendeten Kosmotontype oder die Anzahl der verwendeten Geräte reichen und sofern das Kosmoton lebensgerecht angewandt wird. Was voraussetzt, daß Wirksperren und Störquellen beseitigt sind.

Diese Erkenntnis ist von fundamentaler Bedeutung für die gesamte lebensgerechte, also lebensqualifizierte Naturwissenschaft und die gesamte lebensqualifizierte und somit menschengerechte und lebensgerechte Wirtschaft, für alles gesunde Leben und alle Heilkunde.

Alle Früchte und Gemüse, alle Konserven, alle Wässer, Säfte und Weine werden erfahrungsgemäß durch das Kosmoton höher qualifiziert. Alle Lebensprozeße, wie Fermentationsprozeße, Gärungen, Reifungen, Destillationen, Kühlungen werden qualifiziert. Selbst Benzin kann höher qualifiziert werden, sodaß es giftärmer verbrennt. Und Katalysatoren in Autos und Schornsteinen können höher qualifiziert werden, sodaß ihre Entgiftungswirkung verbessert wird. Auch das ist bio-logisch.

Zu den anderen Anwendungsmöglichkeiten ein einfaches Beispiel:

Wenn man Tee oder Kaffee in einem nichtmetallischen, wie irdenen Gefäß überbrüht und zuvor ein Kosmoton unterlegt, mit einem Holzbrett abgedeckt gegenüber dem heißen Gefäß, so wird das Aroma, der Geschmack und die Bekömmlichkeit verbessert. Manche Herzkranke, denen der Kaffee verboten werden mußte, können einen solchen Kaffee ohne Herzbeschwerden trinken.

Man kann dazu sein eigenes Kosmoton abnehmen, die wenigen Minuten bis zum Ende des Ziehens unter die Kanne legen und dann wieder anziehen.

Ebenso kann man das Kosmoton über Nacht oder mehrere Tage unter biologische Medikamente, Weine, Speisen, Getränke usf. legen oder unter ein Sauerkrautfaß, um ein höher qualifiziertes Produkt zu erlangen.

Große Computer sind oft sehr empfindlich auf Temperaturen, Feuchtigkeit und Überlastungen. Legt man ein Kosmoton auf, so arbeitet der Computer zuverlässiger, weniger empfindlich, besser und weniger anfällig auf Defekte.

Dies gilt auch für alle anderen elektrischen und sonstigen Maschinen und Geräte, insbesondere für solche, die Lebensqualitäten übermitteln, wie Radio- und Fernsehgeräte, Plattenspieler, Lautsprecher usf.

Natürlich benötigt jedes Gerät ein seiner Größe und Funktion entsprechendes Kosmoton. Aber man kann auch mit mehreren Medaillons fast denselben Effekt erzielen. Ein Radio, Fernseher, Haushalts-Kühlschrank oder Tiefkühlschrank benötigt nur ein einziges kleines oder großes Kosmoton-Medaillon. Es sollte zentral über dem Gerät angebracht werden mit dem Kosmoszeichen nach oben. Auch ein Kellerraum, wie ein Gemüsekeller oder Weinkeller benötigt nur ein einziges Kosmoton. Dann sollte man es zentral im Raum plazieren.

Wer auch immer und wo auch immer mit einer Disharmonie zu rechnen hat, mit einer Schwäche der Widerstandskraft, mit einer Kristallermüdung, Zellermüdung und geringen Belastbarkeit, der kann mit guten Aussichten ein Kosmoton einsetzen.

Schon bei der Mini-Cheops-Pyramide ist die Rekristallisationswirkung bei Eisen nachgewiesen worden. Und aus festen und flüßigen Kristallen bestehen sehr viele Funktionseinheiten, z.B. jedes feste Metall. Deren Regeneration ist zudem nicht erklärbar ohne die Regeneration der Atome, der kleinsten Einheiten des Mikrosonnensystemes und Mikrokosmossystemes. Bio-logischerweise und naturgesetzlich kann das allgemeine kosmische Lebenssystem (!) im Kosmoton garnichts anderes tun als alle Mikrosonnensysteme und Mikrokosmossysteme in seinem Umfeld zu regenerieren.

Um das alles logisch zu verstehen, muß man den Aberglauben des Quantismus, seines Mechanizismus und Materialismus überwinden und wirklich beginnen, umzudenken, nämlich qualitätsgerecht, lebensgerecht, realistisch und ganzheitlich zu denken.

Cheopspyramide und Kosmoton

Das dem Tschechen Karel Drbal erteilte Patent Nr. 91304 auf die universal harmonisierende und so regenerierende Wirkung einer Mini-Cheopspyramide hat die wissenschaftliche Welt zu ungezählten Nachprüfungen veranlaßt, meist an Universitäten. Durchweg mußte bestätigt werden, was sogar die streng materialistischen kommunistischen Patentbeamten der Tschechoslowakei als Erfahrungswissenschaft anerkannt hatten: Eine maßstabsgerechte Nachbildung der in Ägypten stehenden Cheopspyramide entfaltet in ihrem Inneren -teils auch in ihrem Umfeld- starke regenerierende Wirkungen auf Moleküle wie Eisenkristalle, aber auch auf Zellen pflanzlicher und tierischer Art, somit auf alle atomaren bzw. materiellen Substanzen.

Das Material der Nachbildung ist hierbei erstaunlicherweise Nebensache. Man kann Holz, Pappe, Keramik, Kupferblech und sogar Plastik verwenden. Die Wirkung kommt zustande, wenn die Pyramidenaußenflächen in ihren Winkeln und also Maßen zueinander genau der originalen

Pyramide entsprechen und wenn die Pyramide genau im Koordinatenkreuz der Erde, also mit einer Kante in Nord-Süd-Richtung waagerecht aufgestellt wird.

Die rein qualitative, harmonisierende Wirkung der Cheopspyramide ist quantitativ nicht meßbar. Das hat u.a. eine amerikanische Forschergruppe mit zwei Millionen Dollar Aufwand festgestellt. Es konnte also keinerlei Beleg erbracht werden für das von Stalin und weithin von der modernen Weltwissenschaft am Ende der Neuzeit im Untergang des Abendlandes und Morgenlandes vertretene Prinzip, daß aus quantitativen Veränderungen gleichsam in einem »Sprung« Qualitäten und qualitative Wirkungen entstehen könnten, dies etwa gemäß der Urknall-Ideologie.

Dasselbe gilt für das Kosmoton. Auch seine qualitativen, harmonisierenden Wirkungen sind quantitativ nicht erfaßbar, so wenig wie man Liebe in Kilogramm, Millimeter und Sekunde messen kann.

Cheopspyramide und Kosmoton kann man vielfältig vergleichen. Beides sind relativ universal wirksame Harmonisierungs- und also Regenerations-, somit Gesundheits- und Heilgeräte.

Sind beide Geräte gleich universal wirksam?

Dies kann man einerseits in der Theoretischen Biophysik und andererseits erfahrungswissenschaftlich »an den Früchten« erforschen, also an den Wirkungen im Leben.

In der Theoretischen Biophysik, auch als Harmoniewissenschaft bekannt, ist das Kugel- und Kreissystem das universale Ordnungssystem bzw. harmonikale System. Es beherrscht die Strukturen des ganzen Kosmos bis zu unserer Sonne und allen Planeten, bis in die Zellen und Atome. Das Winkelsystem der Pyramide ist im Kosmos bisher nicht unmittelbar anschaulich festgestellt worden. Es erscheint daher von untergeordneter und also schon spezialisierterer Art. Darauf weist auch die Notwendigkeit der Aufstellung in der Nord-Süd-Koordinate hin.

Dem entspricht erfahrungswissenschaftlich, also an den Früchten bzw. Wirkungen erkannt, daß die Wirkung der Cheopspyramide im Vergleich mit dem Kosmoton bei gleicher Größe erheblich spezieller und auch erheblich schwächer ist.

Für die größere oder genauer gesagt vollkommene Universalität der Konstruktion des Kosmoton spricht auch, daß dieses Harmonisierungsgerät aufgrund seines Kugelsystemes nicht wie die Cheopspyramide im Kreuz der Erde plaziert werden muß, sondern universal in jeglicher Lage und auch fortwährend bei laufender Lageveränderung praktisch ununterbrochen und gleichmäßig wirksam ist. Die Mini-Cheopspyramide dagegen verliert bei einer Abweichung von drei bis fünfzehn Bogengrad ihre

Wirkung. Auch bei ständiger Lageveränderung ist sie unwirksam. Und sie verliert an Wirkung in dem Maß, in dem sie nicht horizontal aufgestellt wird.

Die Harmonisierungswirkungen und folglich Regenerationswirkungen der Mini-Cheopspyramide sind schon groß, wie eine umfangreiche Literatur und viele Kongresse zur Pyramidenwirkung ausweisen. Sie sind bei dem Kosmoton jedoch noch viel größer. Was zahlreiche erfahrungswissenschaftliche Ermittlungen belegen, die allerdings bisher noch wenig bekannt sind, da das Kosmoton erst vor kurzer Zeit erfunden wurde.

Man kann beide Geräte vorteilhaft miteinander kombinieren, indem man etwa ein Kosmoton in das Wirkzentrum einer nichtmetallischen Pyramide, in deren »Königskammer« legt. Dann wird die Wirkung der Pyramide erheblich verstärkt und verbessert. Da jedoch das Wirkprinzip im Kosmoton universaler ist, so ist das Kosmoton der Pyramide lebensgesetzlich übergeordnet. Daher sind Kombinationen vorteilhafter, in denen beide Geräte relativ eigenständig wirken. Einfacherweise legt man ein Kosmoton unter die Pyramide. Oder bei Ableitungen der Pyramidenströme mit Hilfe eines Kupferdrahtes, dessen eines Ende an der Spitze der Pyramide befestigt wird, verwendet man am anderen Ende ein Kosmoton. Hier wird derzeit viel geforscht.

Man bedenke hierbei, um schneller zu wirksamen Kombinationen und zu Erklärungen der Wirkungen zu gelangen, daß beide Geräte erstens eine konzentrische Feldwirkung entfalten, zweitens eine radiale Strahlenwirkung und daß sie drittens Ausströmungen zeigen, die man mit metallenen Leitungen und durch Hohlkörper auch kanalisieren kann.

BIOTECHNIK UND KOSMOTON

Allgemeine Technologie

Warum ist das Kosmoton ein höchst lehrreiches Urmuster aller echten Techno-Logie?

Weil es die Grundprinzipien aller Technik konkret und wirkkräftig enthält.

Welche Prinzipien sind das?

I. Die Qualität überhaupt als das Wesentliche von allem. Echte Qualität ist objektive, reale Lebensqualität -Bioqualität- und nicht etwas nur Gedachtes! Von der Sache her muß die Technik somit Biotechnik sein. Oder sie ist etwas Entartetes.

II. Technologie ist die Lehre vom Logos und also von dem geistigen Wesen der Techne = Handwerk. Ausnahmslos alle Technik wird durch die Hand des Menschen geschaffen. Und die Hand wird vom Geist des Menschen geführt. Die Hand ist das höchst lebensqualifizierte Urinstrument der Person des Menschen. Die Person ist ihrer selbst bewußt und zielstrebig tätig. Wozu? Um das bewußte und also primär geistige Leben des Menschen zu entfalten zur Fülle des Lebens. Nur der Mensch hat eine Hand. Tiere haben Pfoten und Klauen.

Das Leben besteht in der Entfaltung von Lebensqualitäten. Es existieren ethische, gesellschaftliche, wirtschaftliche, kulturelle und naturale Lebensqualitäten. Die ethischen Lebensqualitäten umfassen Rechte, Pflichten und Formen der Liebe.

Alle Technik hat somit dem ganzen menschenwürdigen Leben zu dienen. Menschengerechte Technik soll die Qualität des menschlichen Lebens und auch des anderen, dem Menschen unterstellten Lebens aktivieren, intensivieren, verbessern, erweitern, mehren und erhöhen. Zwei einfachste, aber sehr inhaltsreiche Urbeispiele: Man glättet den Weg, um harmonischer gehen zu können. Man begradigt und rundet die geistige und materielle Form, damit sie harmonischer funktioniert.

Alle gute, nämlich menschengerechte und sachgerechte Technik ist daher Biotechnik. Sie gründet in der Biotechnologie bzw. Technobiologie. Diese ist ein Sonderbereich der Biologie, d.h. der Lehre vom Leben. Technik nur als Mechanik zu verstehen, verkennt vollständig das Wesen des Lebens, des Menschen und die Aufgabe der Hand.

III. Das Kosmoton vermittelt Lebensqualitäten durch lebensqualifizierte Formen und lebensqualifizierte Materialien. Die Urformen und Urmaterialien alles Lebens im Kosmos werden im Kosmoton angewandt als urlebensqualifizierte Metalltechnik.

IV. Das Kosmoton ist ein konkretes Urbild der ganzen harmonikalen Urordnung alles Lebens im Kosmos. Dessen Urmächte und Urkräfte wirken daher durch das Kosmoton. Somit ist es ein wirkkräftiges Urbild aller Physis-Physik.

Je getreuer ein Abbild in Form und Material, desto besser kann das abgebildete Urbild durch das Abbild wirken.

Die ganze harmonikale Bewegung, in Pythagoras gründend, von der Wiener Schule unter Hans Kayser erneuert, im »Dritten Ohr« und in »Nada Brahma« von J.E. Berendt umfassend beispielhaft angewandt, hat im Kosmoton seinen studierenswerten Urtypus.

V. Das Kosmoton zeigt und bildet wirkkräftig die lebensqualifizierten Urformen aller Technik ab. Sein Zentrum ist im Goldzeichen der Punkt, im Mikrosonnensystem die Kugel. Es bildet die vom Zentrum harmonisch, nämlich dreieinheitlich ausgehende Strahlung ab. Das ist die Urharmonie der Gerade. Und es bildet den Kreis ab, der die Ordnung aller Geraden harmonisch in sich und mit dem Zentrum harmonisch vereinigt.

VI. Das Kosmoton bildet die Schwingungskreise der Planetenkugeln ab getreu in den Maßen der Planetenbahnen. Diese Kreise sind gleichsam das »Zentrum« von Kugelschalen des Lebens, welche die Planeten wie Zwiebelschalen und zugleich Prismen bzw. Linsen rund um die Sonne bilden, dies gleich den Elektronenschalen rund um den Atomkern.

VII. Aber nicht nur Punkt, Gerade und Kreis, also die Dreieinheitsordnung des Lebens wird gezeigt, nicht nur das »Dreieck«, das Platon im Timäus als das Urwesen jedes Dinges im Kosmos erklärt, sondern es wird auch die aus der Dreiordnung erwachsende Siebenordnung, die ebenfalls alles kosmische Leben beherrscht, einerseits dem Geist als Urbild der Techne wirkkräftig offenbart und andererseits dem Organismus des Menschen organisch wirkkräftig erlebbar. Die Oktav alles kosmischen Lebens wird in einer siebeneinheitlich harmonischen Kreis- und Kugelschalenordnung in Gestalt von sieben Schwingungskreisen realisiert. Deren Tore sind offen für das periodisch wellenförmig eingehende und ausgehende kosmische Leben. Diese Siebenordnung des Kosmos wird in den sieben lebensgerecht gefärbten, den »bunten« Urmetallen, sowie in den urharmonischen Abständen der Planetenbahnen und also Urfrequenzen des Lebens wirkkräftig realisiert. Und die Siebenordnung des Lebens wird auch in der räumlichen Anordnung der sieben Tore des Lebens urbildlich und urwirkkräftig realisiert.

Dreiordnung und Siebenordnung alles kosmischen Lebens sind daher im Kosmoton geistig urbildlich wirksam und auch körperlich wirkkräftig vereint.

Die Darlegung dieser sieben Prinzipien mag manchem zunächst wie eine hohe Philosophie klingen. Doch der Physiker und Techniker, der dem Leben dienen will, kann hier erstens mit seinem Geiste die Urmächte des Lebens erkennen. Zweitens kann er diese Urmächte, die Urbilder (Eidos) des Kosmos, von denen Platon spricht, im Kosmoton zugleich mit seinem Organismus wirkkräftig erleben. Wo wäre Urerkenntnis des Lebens und seine Urwirklichkeit inniger vereint? Wo so wirkkräftig einerseits für die Erkenntnis des Logos aller Techne und andererseits für das Leben des eigenen Organismus?

Die mathematologische Ordnung im Kosmoton

Gliedern wir nach Leibniz mathematologisch auf, was das Kosmoton urbildlich zeigt und wirkt für jeden, der in dieser Welt bewußt lebensgerecht tätig sein will:

1. Das Punkt-, Strahl- und Kreissystem alles Lebens, von Platon als Dreieck beschrieben, wird unipolar für Geist und Körper wirksam, nämlich allzentriert.

2. Das ganze Lebenssystem wird vielfältig bipolar gezeigt und wirksam, nämlich u.a. in der ausgehenden und wieder eingehenden Dreistrahligkeit und in den offenen Schwingungskreisen als Dipolen, sowie in mehreren Doppelkreisen.

3. Die Tripolarität wird vielfältig für die Erkenntnis und den Organismus wirksam wie in der Dreieinheitsordnung von Punkt, Gerade und Kreis, in der Dreistrahligkeit, sowie in der Neunordnung, die der Siebenordnung zugrunde liegt. Sie ist dem Auge zunächst verschleiert. Nur das durchdringende Geistesauge vermag diese grundlegende Urharmonie der ganzen Schöpfung im Kosmoton zu erkennen.

4. Viertens ist die Vierpolarität erkennbar und wirkend im Kosmoton enthalten, nämlich im geist- und lebenserfüllten Viereck, das somit reines, urharmonisches Leben birgt.

Und dies alles zeigt es wirkkräftig harmonikal symmetrisch. Die Symmetrie ist eine universal polare Harmonie.

Die Lehre der Weisheit von den Urharmonien im Kosmos führt in der Astrosophie seit Urzeiten auch zu den Winkelharmonien. Diese werden aus dem Kreis und der Kugel entwickelt. Die harmonikalen Winkelmaße sind im Kosmoton wirkkräftig in der Dreieinheitsordnung und den folgenden Ordnungen vielfach enthalten, insbesondere in den sieben Toren der Lebensenergien in den sieben Schwingkreisen und in der qualitativen Anordnung zueinander.

5. Die Mathematologik des Lebens lehrt, daß die Fünfordnung die Heilordnung ist. Denn in ihr wird die Urharmonie der Drei mit der Urdisharmonie der eigenständig gewordenen Vier harmonikal vereinigt. Dies lehrt das pythagoreische Dreieck mit seinen Urmaßen Drei, Vier und Fünf. Ein Raum mit diesen Maßen wirkt erfahrungsgemäß harmonisierend, somit heilkräftig. Dieses Urdreieck ist im platonischen Dreieck und also guten Urwesen jedes kosmischen Dinges enthalten. Denn das Ziel des ganzen Kosmos und jedes Teiles in ihm ist nach Gottes Willen die Heilordnung. Die Fünfordnung des fünften Werkes der Barmherzigkeit -die Gefangenen befreien- ist im Kosmoton und in der

Cheopspyramide wirkkräftig enthalten in den Maßen mehrerer Abmessungen.

Die Anwendung des Urbildes in der Lebenstechnik

Diese vielfältige, kosmisch ganzheitliche Harmonie soll nach Möglichkeit in allen Geräten des Menschen ganz oder teilweise angewandt werden, um diese lebensgerecht zu gestalten in der Konstruktion. Denn aus dem Geist der Konstruktion folgt der Geist der Funktion. Alle Geräte sollen Lebensgeräte sein, wie nach Paracelsus alle Mittel zum Leben Heilmittel sein sollen.

Je mehr harmonikale Formen ein Gerät enthält und je harmonischer diese zueinander sich verhalten, desto lebensqualifizierter und also lebensfreundlicher und heilsamer wirkt es. Denn das ist logisch gemäß dem Denk- und Seinsgesetz der Gleichheit von Ursache und Wirkung. Die harmonische und harmonisierende Wirkung ist somit relativ unabhängig davon, ob sie der anordnenden, konstruierenden oder anwendenden Person bewußt ist, auch unabhängig davon, ob sie in der einzelnen Tätigkeit angestrebt wird oder nicht.

Eine Zwischenbemerkung. So mancher Leser wird vielleicht in seinem Geiste stöhnen über die Schwierigkeit dieses Themas. Aber er bedenke, daß es sich hier um die Grundlagenwissenschaft aller Technik handelt, somit aller Industrie und Wirtschaft. Am Ende der Neuzeit wurde der wache Mensch angesichts der Verheerungen durch die lebensfremd gewordene Technik zuerst technikkritisch und technikfeindlich, wie typisch Guardini. Er wurde physikfeindlich und chemiefeindlich. Aber dieses Stadium muß überwunden werden durch die Einsicht in die guten und also lebensgerechten Urformen alles Seins und Lebens. Warum auch studieren Nobelpreisträger der Physik die Lehre Platons, daß ein Dreieck das Wesen jedes Dinges im Kosmos sei! Daraus folgt, daß der Physiker - auch der Chemiker ist im Grunde ein Physiker-, folgend der Techniker bzw. Wirtschaftler sich dreiecksgerecht zu verhalten hat, wenn er sich lebensgerecht verhalten will.

Wenn sich jemand dreiecksgerecht verhalten will, so muß er sich nach der mathematologischen Lehre der großen Architekten auch vierecksgerecht, fünfecksgerecht und siebenecksgerecht verhalten, dann neunecksgerecht und zwölfecksgerecht. Denn in allen Zahlen und folgend Geometrien bzw. Kosmosmetrien ist die Dreigerechtigkeit des Lebens als Urgrund enthalten. Das lehrt schon Pythagoras. Und das lehrten vor ihm schon die großen Lehrer auf den höchsten Schulen Ägyptens und Chaldäas. Wenn die Menschheit neu geboren werden und zu einer Menschheitsfamilie sich vereinigen will, dann bedarf sie wieder dieses Urstudiums alles Lebens.

Die vielfältige Grundharmonie des Lebens, die das Kosmoton musterhaft und höchst wirkkräftig zeigt, sollte daher Vorbild sein für den Bau und die Funktion, somit die Nutzung, d.h. im Grunde Bewohnung aller Häuser. Ein Haus ist ein lebensgerecht bewahrendes Gefäß und zugleich Instrument für die Entwicklung der Lebensqualitäten. Wir sollen das Leben auf der Erde bewahren und kultivierend entwickeln (Gen. 2,15). Jedes Gerät, jede Maschine soll ein Haus sein, nach Platon aus einem Dreieck erwachsend. (Vgl. »Das gesunde Haus« von Palm). Das Kosmoton ist ein Urhaus des Lebens.

Was wird hier unter Haus verstanden? Zuerst werden hierunter alle immobilen Häuser verstanden und dann alle mobilen, wie Autos, Flugzeuge, Schiffe usf. Zur Hausordnung des Lebens und somit aller Gerätetechnik zählen weiter alle hausgerechten Hausteile, nämlich alle Zimmer, Möbel, Fenster, Türen, alle Geräte zur Aufbewahrung und Verarbeitung von Speisen und Getränken, Textilien, Medikamenten, Genußmitteln, Kosmetika, Hygienika usf., alle Radios, Lautsprecher, Fernseher und Schreibgeräte, alle Heilmittelherstellungs- und Aufbewahrungsgeräte, alles Eßgeschirr, Uhren, Teppiche usf. Einfach alles soll in den Urharmonien und den von ihnen abgeleiteten Spezialharmonien konstruiert und gebraucht werden. Denn nur dann integriert es sich in die Seins- und Lebensordnung des Kosmos, somit unserer mikrokosmischen Eigenwelt und makrokosmischen Umwelt. Nur dann harmoniert es mit allem, was in sich selber harmonisch ist. Und es wirkt zugleich auch harmonierend und also verbessernd auf alles, was mehr oder weniger unharmonisch ist, also schlecht ist. Es wirkt hier objektiv kultivierend. Denn alle Dinge zu unserem Leben sollen unser Leben auch heilen. Zu was anderem sollen wir diese Erde »bebauen«! Wer das höher versteht, der gelangt wie Guardini zu einer Liturgie des ganzen menschlichen Lebens.

Die gute und verbessernde Wirkung machen zusammen das Leben aus, das menschenwürdige Leben. Das ist die Grundlage der wahren Kultur. Hier zeigt sich urtypisch der Unterschied zur bloß mechanisch-technischen und somit lebensfremd technokratischen und dann unvermeidlich technoterroristischen, also unheilen und unkultivierten Zivilisation.

Ein Ausblick

Ein Ausblick auf die Erforschung der weiteren Grundlagen der künftigen Biotechno-Logie und also der echten Biotechnik: Das biologische, das harmonikale periodische System der Elemente, Moleküle und Kristalle ist in seiner Wesensordnung noch zu erkennen und aufzustellen. Über ihm erhebt sich das siebeneinheitliche und also kosmisch oktave, das genauso bio-periodische System der Pflanzen und Tiere. All diese Bioordnungen existieren zugleich in Sinn, Qualität, Form, Material, Farbe usf., hierin sich gegenseitig ergänzend und stärkend.

Auch die Nichtmetalle haben Lebensqualitäten. Nicht nur z.B. das Holz (Zellulose) und der Essig (Wein-, Obst-, Holzessig), das gute Salz und das gute Öl (Fett) der Erde, der Pflanzen und Tiere. Schon jeder Kristall hat seine Lebensqualitäten, besonders deutlich erkennbar in den Edelsteinen. Überall kann und soll man lebensqualifizierte Materialien in lebensqualifizierten Formen verwenden. Weshalb man auch edle Kristalle mit edlen Metallen gerne in edlen, d.h. harmonischen Formen wirkkräftig kombiniert, z.B. als Talismanschmuck. Warum? Beide Wirkungen ergänzen sich, multiplizieren und potenzieren sich.

Die in sich lebensqualifizierten Materialien haben erstens auf ihre Lebensdauer allseitig lebensqualifizierte Wirkungen -urtypisch schon in der Kugel, im Rad bzw. Kreis, im Kosmoton usf.- auf ihre gesamte Umwelt. Und wenn sie einmal verrotten, so tun sie dies aufgrund der in ihnen von Anfang an wirkenden Lebensqualitäten ebenfalls lebensqualifiziert. Sie haben also wiederum lebensqualifizierte Wirkungen, nun zunächst auf die Rotte. Sie verbessern also den Müllkompost der Menschheit, anstatt diesen zu vergiften, wie es die lebensqualitätsfremd und also lebenswidrig chemisch und anderweitig konstruierten Kunststoffe am Ende der Neuzeit tun. Biokunststoffe sind das Ziel, da dies hochwertige, höher qualifizierte und somit kultivierte Naturstoffe sind, somit ebenfalls echte Kulturstoffe.

Zusammenfassung

Wer das Kosmoton versteht, der versteht auch die echte Biotechnik. Sie ist diametral verschieden von der geistlosen, nämlich grundlagenlosen, daher lebensfremden und dadurch objektiv vielfältig lebenswidrigen Physiktechnik und Chemietechnik. Diese will zwar in subjektiv guter Absicht -leider mangels personaler Grundlagen oft bloß aus Gewinngründen- dem Leben dienen. Da sie aber nicht weiß, was eine reale Lebensqualität ist, so irrt sie ohne Grund, Halt und Maßstab ziellos herum. Dann wird sie allenfalls vom Zufall, genauer von dessen hintergründigen dunklen Mächten gesteuert.

In dem Ausmaß, in dem jemand das Kosmoton nicht versteht, versteht er nichts von der echten Technologie, die stets Technobiologie ist, also ein Sonderbereich der Biologie, der Lehre vom Leben. Folglich versteht er in diesem Ausmaß auch nichts von der echten Biotechnik. Diese aber wird die Zukunft beherrschen. Wer das Kosmoton garnicht versteht, der versteht auch garnichts von der -echten, der objektiv lebensqualifizierten-Technologie und Biotechnik.

Echte Technologie ist Lehre vom Logos in der Technik, also von Geist, Sinn und Lebensqualität der Technik.

Wer die echte Biotechnik erlernen will, welche die kommende Kultur und ihre Wirtschaft beherrschen wird, der kann am Kosmoton musterhaft lernen. Es wird wohl bis zum Ende von Zeit und Raum keinen besseren Lehrgegenstand von solch universaler kosmobiologischer und somit lebensqualifizierter technischer Art geben.

Zur höheren Naturphilosophie der Technik

Wer die Technologie ganz gründlich erfassen will in der Grundlagenwissenschaft alles Seins und Lebens, der studiere:

Formen sind es, die wirken! Nichts anderes wirkt!

Was sind Formen? Das sind primär Ideen, also geistige Formen. Schon Platon hat diese höchst lebenswichtige Grunderkenntnis beschrieben. Deshalb spielt die Uridee -Eidos als Urbild- bei ihm eine so entscheidende Rolle für den Ordnungsaufbau des Kosmos und alles kosmosgerechten Lebens darin. Mit diesem Sinn hat er in seinem naturwissenschaftlichen Lehrwerk »Timäus« das Dreieck als harmonisches Urwesen jedes Dinges im Kosmos erkannt und erklärt.

Der Geist ist es, der lebendig macht, der unser Bewußtsein bildet. Die Materie -das Fleisch an sich- ist zu nichts nütze. Und der Geist ist Form, Bewußtsein, nämlich Geistform, Sinn, Gut, Idee im Sinne von Platon und allen großen Gelehrten der Menschheit. Das Dreieck ist Geist!

Der Geist ist Qualität, Logos, Leben, Licht. Der aus Licht bestehende Geist ist der Inhalt der Materie, wie Max Planck und andere Nobelpreisträger lehren und wie die Explosion jeder Atombombe sinnfällig beweist. Die Quantität ist nur eine subjektiv in unserem Bewußtsein »konstruierte Fiktion«, wie der wohl größte mathematische Denker unseres Jahrhunderts, Bertrand Russell in seinen »Prinzipia Mathematika« ausführt. Was leicht erkennbar ist. Wer sich diese Erkenntnis voll bewußt macht, der wird zu gewaltigen Konsequenzen geführt. Er kann die gesamte bloß quantitative Wissenschaft und Technik des untergehenden Abendlandes überwinden, den gesamten Quantismus in Recht, Gesellschaft und Wirtschaft.

Dann erst kann man die Kritik des Vaters von C.F. von Weizsäcker an seinem Sohn, dem bekannten Nobelpreisträger begreifen, daß dieser sich nur mit selber konstruierten Fiktionen befasse, eben nur mit Quantitäten, und daher die wirkliche reale Natur, die Physis völlig aus den Augen verloren habe in seiner Physik. Und also sehe er nichts mehr vom Leben und könne nichts Lebensgerechtes mehr tun.

Deshalb ist die Physik zum Physikterror und ihre Chemie zum Chemieterror des Lebens entartet! Gleich so ist das Recht entartet, die Gesellschaft und die Wirtschaft, die Kultur, deren Herz die Kunst ist, und die Natur des Menschen, seine Eigenwelt und seine Umwelt.

Ob man hier nicht Grundeinsichten erlangt in die gesamte endneuzeitliche Naturwissenschaft und ihre ebenfalls nur quantitativ denkende Technik? In ihre gesamte Physik und Chemie! Was würde denn deren Lebensfremdheit und folgend unvermeidlich ihre Lebenswidrigkeit begründen? Eben ihr objektiv antibiologisches Wesen, richtiger ihr deshalb weltweit so viel kritisiertes Unwesen. Diese Antibiotechnik ist im Übergang zur ersten Weltkultur der Menschheit vollständig zu überwinden! Das wird zuerst für alle Menschen gesagt, die guten Willens sind, die sich daher heute mit der Biotechnik befassen und die dem qualifizierten Leben dienen wollen.

Die ganze moderne Technikfeindlichkeit ist hierin begründet. Wer aber die Ursache der Todkrankheit der moder-nen (?) Technik weiß, der kann sie auch heilen. Auf dem Heilweg kann und soll eine neue Liebe zur Technik erwachsen, nämlich als Handwerk des Lebens.

Diese Liebe kann und soll auch zur Hochtechnologie führen. Aber was ist das? Hochtechnologie ist hoch lebensqualifizierte Technobiologie! Oder sie ist eine hoch lebensgefährliche Technokratie. Und diese kann zum hoch lebensgefährlichen Technoterror gegen das Leben führen!

Formen wirken! Nichts anderes wirkt! Angefangen bei den Formen der Atome und Moleküle. Die geistigen Urformen des Punktes, der Kugel, der Linse, des Kreises, der stets ein Schwingungskreis für das Leben ist, des Rades, das stets ein Rad des Lebens ist, des geraden Strahles und der Welle beherrschen die Strukturen des Kosmos, folgend die Strukturen der kosmosgerechten Technik und sogar schon vielfältig die Formen unserer mechanistischen Technik. Das muß man sich hell klar bewußt machen. Erst wenn man die primär geistige Qualität der Formen erkennt, zuhöchst die geistigen Qualitäten der Zahlen, wie es nicht nur Pythagoras lehrte, dann öffnet sich weit das Tor zur echten Biotechnik und zur ganzen echten Biowissenschaft, der Wissenschaft des lebendigen Seins.

Formen sind Qualitäten! Keine Quantitäten! Also studiere man die Seinsordnung der Qualitäten, bei den Universalformen angefangen, wie es Pythagoras am Monochord tat, um die Urharmonien des Lebens zu erkennen. Was anderes hat Kepler bei dem Studium des Baues des Sonnensystemes angestrebt! Wie er in seinem Lehrwerk »Weltharmonik« (Harmonice mundi) berichtet. Was anderes lehren ägyptische Tontafeln von der Einsordnung in der Zwei, von der Zweiordnung in der Drei, von der Dreiordnung in der Vier! Was anderes lehrt die Pyramide des Pascalschen Dreieckes und die Cheopspyramide! Was anderes lehrt auch Paracelsus in seinen Werken! Harmonische Formen sind Lebensqualitäten. Disharmonische Formen sind Unqualitäten. - Allein Formen sind reale, konkrete Wirkmächte und Wirkkräfte. Und nichts anderes wirkt.

Hier beginnt die Grundlagenwissenschaft der echten Naturwissenschaft. Noch bis zum Beginn des 20. Jahrhunderts bezeichnete man sie als Naturphilosophie. Aber der moderne Mensch hat keinen Begriff mehr, was echte Philosophie ist, nämlich ganz gründliches Nachdenken vom ersten Seinsgrund her. Und das ist ein kosmisch substantiiertes Nach-Denken, Erkennen und Vorstellen. Deshalb soll man heute besser nicht von Naturphilosophie sprechen, wie es noch Paracelsus tat, sondern von Kosmobiologie und folgend von Technobiologie.

Man kann bei der Grundlagenwissenschaft der Natur mit Vorteil auch C.G. Jungs Archetypenlehre unseres Bewußtseins studieren. Wer mehr formal denkt und vorstellt, der studiere die Urbegriffe (Kategorien) des Verstandes und Seins bei Aristoteles und Kant. Doch die klarste Erkenntnis über die Ordnungen des Kosmos bietet die Astrosophie. Man überwindet dann langsam den Nominalismus eines Francis Bacon, der die ganze negative Entwicklung der Neuzeit in den Geistes- und Naturwissenschaften beherrscht. Man gelangt dann wieder zum universalen Realismus im Denken und Vorstellen. Man lernt dann wieder, realistisch kosmosgerecht und lebensgerecht vorzustellen und zu denken. Man entwickelt dann wieder ein Bewußtseinsleben, das von Anfang an realistisch ist, nämlich von der platonischen und wirklich geistigen Idee an, darüber vom Logos an. Was auch zur »Mathesis universalis« von Leibniz als der Grundwissenschaft aller Wissenschaften führt. Und diese Wissenschaft führt auch zu »Wisse die Wege« der Hildegard von Bingen. Nur auf der geistvollen, objektiven, seinsgerechten Idee, die in sich eine Harmonie ist, kann eine Weltkultur und eine einige Menschheit gründen.

Spezielle Fragen

Viele Interessenten und auch Benutzer des Kosmoton-Medaillons stellen oft eine oder mehrere der folgenden Fragen. Sie sollen hier beantwortet werden:

1. Ist das *Gehäuse aus Kunststoff?* - Antwort: Nein. Es ist aus Zellulose-Azetat, somit aus Holz. Wie man Korn mahlen, zu einem breiigen sauren Teig verarbeiten und dann bei 220 Grad zu einem Brötchen mit glatter Oberfläche backen kann, an dem man nichts mehr vom Korn erkennt, so kann man auch Holz mahlen, den Hauptbestandteil Zellulose zu einem sauren breiigen Teig verarbeiten, den man bei 220 Grad zu einem Gehäuse mit ebenso glatter Oberfläche backen kann wie ein Brötchen. Das ergibt das Gehäuse des Kosmoton-Medaillons. Nichts anderes als Holz (Holzmehl) ist darin wie im Brötchen nichts anderes ist als Korn (Kornmehl).

Das Gehäuse ist somit aus organischem Material! Es reagiert daher organisch und darf deshalb nicht über 50 Grad C. erhitzt werden und nicht längere Zeit in feuchter Umgebung liegen oder getragen werden.

2. Im Kosmoton ist doch *Quecksilber*. Ist das nicht giftig? - Antwort: Quecksilber wirkt nur giftig, wenn man es in den Körper aufnimmt. Im Kosmoton dagegen ist das Quecksilber in ein Glasröhrchen eingeschmolzen. Und es ist noch zusätzlich durch das Gehäuse sehr viel sicherer verpackt als im Fieberthermometer, den man doch unverpackt gefahrlos gebraucht, das sogar oft innerhalb des Körpers.

3. Im Kosmoton ist doch *Blei*. Ist das nicht giftig? - Antwort: Das Blei ist ebenfalls nur bei Aufnahme in den Körper giftig. Und im Kosmoton ist es durch das Gehäuse fest eingepackt. Zudem wirkt das Blei im Kosmoton – wie das Quecksilber- nicht durch seinen materiellen chemischen Kontakt, sondern nur durch die ätherischen Schwingungen, die es vermittelt. Auch in der Autobatterie ist Blei. Aber auch mit ihm kommt doch der Fahrer nicht in Berührung. Also ist das Kosmoton auch mit seinem Bleigehalt vollständig sicher und gefahrlos.

4. Ich bin *allergisch gegen Metalle*. Im Kosmoton sind aber Metalle. Kann ich das Kosmoton dann verwenden? - Antwort: Gerade dann kann und soll man das Kosmoton erfolgreich verwenden. Denn die lebensqualifizierten Schwingungen der Planetenmetallschwingkreise im Kosmoton können die Allergien überwinden, besonders gut -nach homöopathischem und isopathischem Prinzip! - die Metallallergien, aber auch andere Allergien .

5. Ist das Kosmoton *auch bei der Krankheit X, Y oder Z hilfreich?* - Antwort: Das Kosmoton stärkt die sieben gesunden Lebensgrundfunktionen des

Organismus. Und diese sind es, die alle Krankheiten heilen. Die Chemie heilt nicht, wie die Chemieindustrie selber bekennt. Lebensunqualifiziert behandelte Stoffe können nur Symptome vertreiben. Krankheit ist eine disharmonische Störung des Lebens. Jede Krankheit kann daher nur durch Wiederharmonierung des Lebens -mit Hilfe von realen Lebensqualitäten!- geheilt werden. Und die sieben Hauptlebensqualitäten jedes Lebewesens vermittelt das Kosmoton auf seine Art. Deshalb stärkt es die im Grunde gesunden sieben Hauptfunktionen alles organischen Lebens. Und deshalb ist es universal hilfreich bei ausnahmslos allen Krankheiten, genauso wie Sonnenlicht, gesunde Luft und gesundes Brot bei ausnahmslos allen Krankheiten hilft. Es stellt sich nur die Frage, ob die Hilfe zur Heilung ausreicht. Dazu vergleiche man die vorangehenden Kapitel über die sieben Hauptbereiche des gesunden Lebens, über Wirkhindernisse, besondere Hilfen usf.

6. Ich leide unter *zu niedrigem Blutdruck?* Antwort: Das Kosmoton tonisiert kosmisch. Durch diese Tonisierung steigt der Blutdruck bei längerem Tragen. Aber es harmonisiert hauptsächlich. Also normalisiert es den Blutdruck auf die Dauer.

7. Ich leide unter *zu hohem Blutdruck.* - Antwort: Die Tendenz zur Harmonisierung und Normalisierung führt zur Senkung des Blutdruckes bei längerem Tragen. Doch bei der anfänglich überwiegenden Tonisierungswirkung soll man das Kosmoton erst dann in Herznähe tragen, wenn der Blutdruck zu sinken beginnt. Und man meide die Ursachen des hohen Blutdruckes wie das zu viele, zu fette und zu süße Essen, die Hetze im Beruf, das Aufregen über vergängliche und somit nichtige Dinge usf.

8. Ist das Kosmoton *auch in meinem speziellen Fall hilfreich?* - Antwort: Das kann der Befragte nicht wissen. Denn man kann seelisch krank sein und muß dann zur Heilung zuerst selber seine seelische Haltung ordnen und auch ordnen lassen. Oder man kann durch krankes Essen und Trinken, durch kranke Kleidung und Wohnung, durch kranke Lebensweise wie Arbeitsweise und durch Genußmittelmißbrauch krank sein, durch kranke Therapie und durch kranke wie giftige Hygiene. Dann muß man ursachengerecht sein Essen und Trinken, seine Kleidung und Wohnung, seine Lebensweise, Heilweise und Hygiene sanieren. Denn sonst kann das Kosmoton nur teilweise helfen. Siehe die Kapitel »Wirkhindernisse..« und »Hilfen zum Kosmotongebrauch«. Siehe auch Kapitel V. »Zur wahren Heilkunde«.

9. Das Sonnensystem hat doch *noch mehr Planeten* als nur die inneren sechs, die um die Sonne kreisen. Wo bleiben im Kosmoton die Schwing-

kreise für Uranus, Neptun und Pluto? Und wo für noch andere Planeten? - Antwort: Wie es auf dem Klavier mehr als sieben Töne gibt, so gibt es auch mehr Planeten als nur die sieben Haupthimmelskörper. Aber diese sieben bilden die Grundoktav, entsprechend der Siebenordnung der Tonleiter und der Farbenleiter (Farbenkreis). Die höheren Oktaven sind »nur« Wiederholungen der Grundoktav auf höherer Ebene. Sie werden somit durch die Grundoktav mit vertreten. Diese hat dasselbe Wesen, dieselbe Lebensordnung, dieselbe Harmoniegrundordnung. So gilt in der Astrosophie der Uranus als der höhere Mars, der Neptun als die höhere Venus und der Pluto als die Einheit von Sonne und Mond, zugleich als der höhere Saturn.

Zudem sind die »eigenen« Metalle dieser höheren Planeten noch nicht sicher bekannt. Es werden in der Literatur, wie in »Sterne helfen heilen« von R. Ebertin, allerlei verschiedene Metalle angegeben. Uranium, Neptunium und Plutonium sind extrem disharmonisch radioaktiv und daher völlig ungeeignet für ein Medaillon. Wer an andere »eigene« Metalle der Planeten der höheren Oktav glaubt, der kann sie in ein zusätzliches Kästchen um das Kosmoton herum für Experimente einlegen. Solch ein Kästchen kann man sich aus Holz vom Drechsler formen lassen.

10. *Bei der Drehung der Erde stehen doch fast stets einige Planeten unter dem Horizont* -nachts auch die Sonne-, so daß dazwischen die ganze Erde mit ihrem Durchmesser bis zu 12 000 km liegt. Wenn schon der kleinere Mond nach Koliskos Experimenten die Strahlungen der Planeten abschirmen konnte, so muß doch die grössere Erde noch mehr abschirmen. Müßte dann das Kosmoton nicht fast ständig in einigen Schwingkreisen »tot« sein?

Antwort: Diese Beweisführung ist logisch. Aber sie könnte etwas übersehen: Die Erfahrung mit dem Kosmoton lehrt nämlich, daß ständig ganzheitlich die ganze Oktav des Sonnensystemspektrums durch das Kosmoton wirkt. Beispielsweise werden Herzrhythmusstörungen nicht nur am Tage, sondern auch nachts überwunden. Wie ist dies zu erklären? Es scheint die siebeneinheitliche Ganzheit im Kosmoton eine eigene, relativ selbständige Wirkgröße zu sein, die imstande ist, partielle Wirkausfälle auszugleichen.

Doch ist es möglich und in einiger Hinsicht auch wahrscheinlich, daß das Kosmoton als Ganzheit die ganze Lebenskraft des Sonnensystemes zugleich noch in einer höherer Art empfängt, die unabhängig ist von materiellen Hindernissen. Eine einzelne Metallsalzlösung dagegen konnte offenbar fast (!) nur die teilhafte und hindernisfreie Strahlung empfangen.

Trotz alledem scheint das Kosmoton in der Nacht qualitativ etwas anders zu wirken als am Tage. Dies könnte für eine Abhängigkeit von dem Stand der Sonne zur Erde sprechen. Doch weitere Wirkunterschiede im Kosmoton in Abhängigkeit vom Planetenlauf am Himmel konnten noch nicht festgestellt werden.

11. Muß man das Kosmoton *ununterbrochen tragen?* Auch *Tag und Nacht?* Oder kann man es nach Belieben mal einige Stunden oder einige Tage anlegen und mal wieder nicht? - Antwort: Das Kosmoton beginnt bei dem Träger eine allgemeine Regeneration in der Konstitution, also im Fundament des Organismus, um die Konstitution in ihre (!) bestmögliche Verfassung zu bringen. Solch eine fundamentale Regeneration dauert bei Menschen bis zum 42. Lebensjahr ungefähr ein Jahr, bei älteren Menschen zwei bis drei Jahre. In dieser Zeit soll man das Kosmoton grundsätzlich täglich tragen.

Je länger man das Kosmoton jedoch schon trägt, desto stabiler ist die bis dahin schon geleistete Regeneration. Daraus folgt, daß man ohne Störung der Regenerationsarbeit eine desto längere Tragepause einlegen kann, je länger man das Kosmoton schon trägt. Nach einwöchigem Tragen kann man es daher ohne Schaden bzw. Nachteil einen Tag ablegen, nach einmonatlichem Tragen ohne Nachteil drei Tage, nach vierteljährlichem Tragen ohne Nachteil eine Woche, nach einjährigem Tragen ohne bleibenden Nachteil einen Monat. Im äußersten Fall kann man es ohne größeren Nachteil ein Siebtel der bisherigen Tragezeit ablegen.

Nachts soll man das Kosmoton so nahe am Bett wie möglich ablegen und nur so weit weg wie nötig, um noch ruhig schlafen zu können. Warum? Um von der harmonisierenden, regenerierenden und schützenden Wirkung in der Zeit Nutzen zu ziehen, in der unser Körper natürlicherweise regeneriert wird. Das kleine Kosmoton kann von vielen Menschen auch nachts am Körper getragen werden, das große nur von wenigen und erst nach längerer Anpassungszeit, in der alle Atome, Zellen, Organe, Drüsen und höheren Lebensfunktionen des Körpers schon grundharmonisiert und somit grundregeneriert worden sind und an die sphärenharmonischen Schwingungen des Kosmoton-Medaillons in einem Mindestmaß angepasst sind.

12. Kann man *das kleine und das große Kosmoton auch wechselweise tragen?* - Antwort: Es ist sogar ratsam, zuerst einige Wochen oder Monate das kleine Kosmoton zu tragen und dann auf das größere überzugehen, wenn man noch krankhaft sensibel ist oder an einer Krankheit leidet, welche die Reaktionsfähigkeit einschränkt. Dazu zählen Parkinson, frischer Herzinfarkt, frischer Schlaganfall, d.h. wenn noch kein Monat vergangen ist. Wenn

man sich dagegen einmal der Wirkkraft des großen Kosmoton angepasst hat, bringt es keinen Nutzen, zum kleinen Kosmoton zu wechseln. Nur wenn man sein großes Kosmoton verleiht -was man im ersten Jahr unbesorgt tun darf, nach einjähriger Tragezeit dagegen nur an sympathische Personen!- oder verliert, ist es natürlich besser, das kleine Kosmoton als gar keines zu tragen.

13. Kann man das Kosmoton *auch tragen, wenn man noch giftige chemische Medikamente* synthetischer Art einnimmt oder gar einnehmen muß? - Antwort: Das Kosmoton hat eine starke entgiftende Wirkung. Diese erstreckt sich selbstverständlich auch auf giftige Medikamente. Deren Anwendung verträgt sich daher nicht mit dem Kosmoton. Hier gilt: *Entweder oder!* Entweder entscheidet man sich für das wahre, das lebensgerechte, das naturgerechte Heilverfahren, heute auch biologische Medizin genannt, oder gegen die bio-logische, d.h. gegen die lebensgerechte Heilkunde und dann für die antibiologische, die lebenswidrige, naturwidrige Medizin, wie die Medizin des Teufel-Beelzebub-Verfahrens. Das lehrt Paracelsus ganz klar. Beide Verfahren vertragen sich so wenig wie gut und böse, wie (natur)gerecht und (natur)ungerecht, wie Wahrheit und Irrtum bzw. Lüge.

Daher der allgemeine Rat: Giftige, speziell synthetische Medikamente aus der Retorte, sofort durch ungiftige natürliche Medikamente ersetzen, sofern diese nach Anlegen des Medaillons überhaupt noch notwendig sind. Mit diesen arbeitet das Kosmoton harmonisch zusammen. Medikamente für Herzrhythmusstörungen z.B. werden meist schon nach einem einzigen Tag überflüssig.

Aber es gibt synthetische Medikamente, die nicht plötzlich abgesetzt werden dürfen, wie etwa bei Thrombosegefahr, wenn das Blut mit Giften der verschiedensten Art verschlackt ist. Dann gilt generell in der Medizin, wenn man etwas Besseres in Gebrauch nimmt: *Sich herausschleichen*! Das heißt: In dem Maß, in dem die gute Wirkung eines neuen Medikamentes oder Heilgerätes einsetzt -bei Thrombosegefahr speziell die Wirkung einer Entschlackungskur wie Blutreinigungskur-, das bisherige Medikament in der Dosis stetig verringern, bis es ganz abgesetzt werden kann. Die Dauer des Herausschleichens, in der Regel zwischen zwei und sechs Wochen, richtet sich nach der Schwere und bisherigen Dauer der Krankheit, dem Alter des Patienten, dem Ausmaß der allgemeinen Ordnungstherapie als Grundtherapie, vor allem nach dem steigenden Wohlbefinden des Kranken und nach dem Urteil des hierin erfahrenen Therapeuten.

14. Kann man *die Wirkung des Kosmoton-Medaillons* mit anderen naturgerechten Maßnahmen *unterstützen* und so beschleunigen und verbessern?- Antwort: Ja! Sogar vielfältig und bei sogenannt unheilbaren Krankheiten

zuweilen sehr wirksam. Alles gesunde Leben, alle Ruhe, alle geistige, seelische und leibliche Reinigung und weitere Sanierung der sieben Hauptlebensbereiche hilft hier. Siehe auch »Das Lebensprogramm« von Palm und die vorangehenden Kapitel zum gesunden Leben in den sieben Lebensbereichen und zur wahren Heilkunde (medicina perennis) usf. Bei Störungen des eigenen Lebensfeldes in der Wohnung oder/und am Arbeitsplatz siehe auch »Das gesunde Haus. Das kranke Haus und seine Heilung« von Palm. (Bezug über jede Buchhandlung und direkt bei der ORDO-Versandbuchhandlung D-7750 Konstanz 19 oder CH-8280 Kreuzlingen, Erlenstr. 19).

15. Wäre es nicht gut, zusätzlich zum Kosmoton auch noch einen *Magneten oder einen Elektro-Magnetfelderzeuger* bei sich zu tragen? - Antwort: Ein gewöhnlicher Eisenmagnet hat einen relativ primitiven Magnetismus. Dieser kann den hoch lebensqualifizierten und darin sensiblen Biomagnetismus des nahe befindlichen Kosmoton-Medaillons stören. Also bei Gebrauch des hoch harmonisch wirksamen Medaillons den Magneten besser wenigstens fünf Meter weg ablegen. Zudem mangelt dem gewöhnlichen Elektromagnetismus fast jede Lebensqualität außer der eines reinen Kupferdrahtes, wenn sich ein solcher in einem Elektrogerät befindet, und ausser der Lebensqualität eines reinen Eisens, wenn ebenfalls vorhanden. Und das ist herzlich wenig im Vergleich zum objektiven Biomagnetismus im siebenfältig sonnensystemgerecht und kosmosgerecht hoch lebensqualifizierten Kosmoton. In den bis heute üblichen elektrischen und mechanischen Geräten fehlen fast vollständig die vom Sonnensystem ausstrahlenden und ausströmenden Lebensqualitäten. Ihre Wirkung, wie etwa durch einen Rhythmus, ist daher bloß mechanisch bzw. mechanistisch. Und diese Wirkung kann bis zum Technoterror gegen das Leben gehen.

Also besser die Elektromagnetfelderzeuger und Magneten ablegen. Aber man kann eine Kombination probieren, da im Einzelfall die Wirkung individuell verschieden ist. Kurzfristiger Einsatz schadet wohl nicht, es sei denn, man leidet unter Herzrhythmusstörungen, trägt einen Herzschrittmacher oder hat in den letzten vier Wochen einen Herzinfarkt oder Schlaganfall erlitten. Dann sollte man besser auf Kombinationsexperimente verzichten.

Die mechanischen bzw. nur quantitativ arbeitenden Geräte haben durch ihre relativ starken quantitativen Reize den Vorteil der Sofortwirkung, da sie nur symptomatisch bzw. nur äußerlich wirken. Deshalb aber wirken sie fast stets nur auf die Dauer ihres Gebrauches, also ohne qualifizierte Nachwirkung. Das Kosmoton dagegen regeneriert tiefgründig und also dauerhaft auch nach späterem Ablegen des Medaillons. Welch anderes Gerät könnte das?

16. Kann man *Schmuck, Amulette, Talismane* zugleich mit dem Kosmoton tragen? - Antwort: Alles Gute, Lebensqualifizierte verträgt sich mit dem universal guten Kosmoton und kann sogar eine gute hilfreiche Kombinationswirkung ergeben. Die Erfahrung hat hierbei Folgendes gezeigt: Im allernächsten Ausstrahlungsfeld des Kosmoton, das ca. 10 cm im Radius umfaßt (das weitere Wirkfeld erstreckt sich auf viele Meter, durch ein ganzes Einfamilienhaus hindurch!), sollte man nichts anderes tragen, auch keine Edelmetalle und Edelsteine, außer einem Gold- oder Silberkettchen für das Kosmoton. Man sollte im Zweifelsfall erst ausprobieren, ob eine sehr nahe Kombination, wie z.B. mit einem spezifisch harmonisierenden Edelstein, förderlich ist oder nicht. Das Gold- oder Silberkettchen am Hals ergibt eine spezielle hilfreiche Übertragung der Kosmotonwirkung auch um die Wirbelsäule herum. Bei mehr als 10 cm Abstand vom Kosmoton kann man vielerlei Talismane und andere lebensqualifizierte Gegenstände, auch besonders echten Schmuck tragen.

17. Ich trage nach einem schweren Unfall eine *Silberschiene* im Arm bzw. Bein oder trage ein *metallenes Stützkorsett*. Wie vertragen sich die Metalle darin mit dem Kosmoton? - Antwort: Bisher hat sich bei innerkörperlichen Hilfsmetallen nichts Negatives gezeigt. Diese Metalle werden auch aus hoch qualifizierten Materialien hergestellt. Bei Stützkorsetten, Einlagen etc. -die auch in nichtmetallischer Form hergestellt werden!-, hat sich gezeigt, daß sie unter Kosmotoneinfluß in der Regel nach einigen Monaten entbehrlich wurden und abgelegt werden konnten. Metallische Hilfen beschränken die Wirkung des Kosmoton-Medaillons ein wenig, müssen aber bis zur ausreichenden Kräftigung getragen werden, wenn man nicht auf nichtmetallische Stützen übergehen kann. Auch bei Querschnittslähmung ist ein Versuch mit dem Kosmoton anzuraten. Manche dieser Lähmungen sind mit biologischen Methoden heilbar.

18. Ich trage einen *metallenen Reißverschluß* an der Hosentasche/Rocktasche, in der ich das Kosmoton für meine Unterleibsbeschwerden plaziere. Stört er die Kosmotonwirkung? - Antwort: Geringfügig ja, wenn näher als 10 cm. Ein Reißverschluß aus Kunststoff wäre daher besser.

19. *Das goldene Zeichen auf meinem Kosmoton schwindet* teilweise bei dem Tragen. Was soll ich tun? - Antwort: Es kann jetzt normalerweise nicht mehr abgelöst werden. Es ist sehr fest unter einem glasklaren Lack vor mechanischer und chemischer Einwirkung geschützt.

20. *Ich kann mit meinem Auge im großen Kosmoton nur weniger als sieben Ringe erkennen.* Nach der Beschreibung aber sollen und müssen es doch sieben Schwingkreise sein. Ist mein Kosmoton fehlerhaft?

Antwort: Das große Kosmoton ist in den Abständen der Schwingkreise genau sonnensystemgerecht konstruiert. Das verlangt, daß die inneren Schwingkreise maßstabsgerecht sehr dicht nebeneinander liegen. Daher sind sie mit bloßem Auge durch das Gehäuse hindurch kaum zu erkennen. Man muß das Kosmoton röntgen oder zerbrechen, um alle sieben Schwingkreise deutlich erkennen zu können.

21. *»Man muß nur daran glauben!«* habe ich vom Kosmoton gehört oder gelesen. Dann liegt doch Scharlatanerie vor! - Antwort: Wer noch nichts weiß, der hat nur die Wahl, zu glauben oder nicht zu glauben. Wer aber vom Kosmoton gute Wirkungen aus eigener Erfahrung oder aus der Befragung vieler Träger des Kosmoton-Medaillons weiß, der kann solch eine Behauptung logischerweise nicht mehr aufstellen. Denn er hat das Vorstadium des Glaubens überwunden und ist zu einem Wissenden geworden. Oder er widerspricht sich selber, was ihn unglaubwürdig macht. Dann treibt er auch üble Nachrede und verletzt noch anderwärts Menschenrecht und Gesetz. Was erhebliche Unkosten verursachen kann!

Wer also bei dem Kosmoton noch völlig unwissend ist, auch nichts weiß von Kepler, von Paracelsus und der kosmobiologischen Naturwissenschaft aller Hochkulturen, der kann in seiner abnormen Unwissenheit nur sagen: *Ich* glaube nicht. Er kann sich dann abwenden wie ein Ignorant, der nichts wissen will. Wer aber vernünftig ist, wer sich kulturell und wissenschaftlich bilden will, oder wer gar an der eigenen Gesundheit und der seiner Familie interessiert ist, der sucht sich Wissen zu verschaffen. Und das ist zuerst Erfahrungswissen im eigenen Leben durch eigene Trageversuche und Informationswissen aus dem Munde anderer Träger des Kosmoton-Medaillons.

22. Frage: *Lakhovsky* beschreibt, daß man *beide Enden des Kupferringes spiralartig mit Abstand übereinander* führen müsse, wenn man den Krebs bei Pflanzen heilen will. Die übereinander liegenden Enden haben eine Kondensatorwirkung. Bei dem Kosmoton liegen die Enden jedoch überhaupt nicht übereinander, geschweige dicht; sie haben sogar noch einen ziemlich großen Abstand voneinander. Wie kann dann das Kosmoton elektrobiologisch oder bioelektronisch wirken?

Antwort: Dies war bei der Entwicklung ein hoch interessantes Problem. Zunächst: Es kommt hier auf die Wirkung bei Lebewesen an und nicht auf irgend eine quantitative Messung. Diese besagt noch nichts zum Leben.

Die Wirkung an Lebewesen wird in unserer Erfahrungswissenschaft maßgeblich an den Lebewesen selber festgestellt und nirgendwo anders. Sie ist bei dem siebenfach ganzheitlichen, sonnensystemgerechten Kosmoton erfahrungsgemäß zigfach größer und vor allem besser als bei einem einzelnen Kupferring nach Lakhovsky.

Verständlicherweise wurde auch bei dem Kosmoton zuerst versucht, nach Lakhovsky alle Schwingkreise spiralig mit eigener Kondensatorwirkung zu legen. Doch die Erfahrung lehrte, daß man mit exakten Kreisen mehr erreicht. Zudem sind die Kreise sonnensystemgerecht. Die Planeten bewegen sich nicht in Spiralen, sondern in ein wenig elliptisch verformten Kreisen! Und überraschenderweise ergab sich, daß sogar größere Abstände -Tore der Schwingkreise! Den zwei mal sechs Toren des Himmelskreises entsprechend!- noch bessere Ergebnisse am gesunden und kranken Lebewesen brachten. Es mußte daher mühselig die bloß elektronische Theorie zur Bioelektronik erhöht und erweitert werden. Sie mußte qualifiziert werden!

Am Ende ergab sich, daß die verschiedenen Schwingkreise zueinander eine im ganzen Kreis umlaufende Kondensatorwirkung hatten, und zwar eine biologische bzw. bioelektronische. Aus dieser Erkenntnis konnte sogar die Theorie Lakhovskys bio-logisch höher und weiter entwickelt werden. Denn Lakhovsky dachte weithin nur quantitativ radiotechnisch, also noch nicht biologisch, noch nicht objektiv lebensqualifiziert.

Bei der biologischen Kondensatorwirkung kommt es auf die schon von Pythagoras und Kepler beschriebene Oktav der verschiedenen Lebensqualitäten der Planeten und Buntmetalle und auf ihre harmonische sonnensystemgerechte und in den Schwingungen harmoniegerechte Reihenfolge und auf die exakte konzentrische Kreisordnung an. Aus ihr ergibt sich, daß jeder einzelne Schwingkreis in einem qualifizierten (!) kondensatorähnlichen Verhältnis sogar zu allen anderen sechs Schwingkreisen zugleich steht.

23. Frage: Wir befassen uns mit *luziferischer Gnosis*. Wir werden vom Kosmoton irritiert. Und wir irritieren durch das Tragen auch unsere Bekannten, die sich ebenfalls mit luziferischen Mächten, Kräften und Gestalten und deren Erkenntnissen befassen. Strahlt also das Kosmoton etwas Schlechtes aus?

Antwort: Das Kosmoton gründet in der *Gnosis Christi*, der *der* Weg, *die* Wahrheit und *das* Leben ist. Das ist die christliche Gnosis eines Nikolaus von der Flüe, Dionysius Areopagita, Albertus Magnus, Thomas von Aquin, Franziskus von Assisi, einer Hildegard von Bingen, eines Jakob Böhme, Paracelsus und Intermediarius. Christliche und luziferische Mächte widerstreiten einander wie Licht und Finsternis, wie Harmonie und Disharmonie, wie Leben und Tod.

Durch die Begegnung mit dem Kosmoton wird der an Gnosis, Esoterik, Okkultismus, Neues Zeitalter, Erkenntnis höherer nur kosmischer Welten usf. Interessierte daher vor eine Entscheidung geführt. Wenn er guten Willens ist -wie es Rudolf Steiner war, als er vor dem ersten Weltkrieg seine Gesellschaft gründete und hierbei, Paracelsus zitierend und ehrend, die Leitsätze der wahren Rosenkreuzer verkündete (Ex deo nascimur, in Christo morimur, per Spiritum sanctum reviviscimus) und von den sieben Säulen und Siegeln des Lebens sprach-, dann kann er das spätere luziferische Licht überwinden und zum wahren Licht Christi gelangen.

Solange man die Erkenntnisse Luzifers anstrebt, wird man durch das wirkkräftige Dreieinheits-Zeichen Gottes und das Zeichen der sieben Siegel im Kosmoton irritiert. Denn wer dann das Kosmoton trägt, in dessen Höhe findet ein großer Kampf statt. Dieser endet erst, wenn man klar bewußt auf dem Kreuzwege Christi Seinem Licht zustrebt. Erst dann zieht der Friede in einen solchen Menschen ein. Auf diesem Wege wird ihm das Kosmoton viel helfen, insbesondere, wenn er vor ihm meditiert.

24. Ein Bekannter, ein hilfsbereiter guter Mensch, aber theoretisch *ein Atheist, der gegen Gott redet,* hat Herzbeschwerden. Das Kosmoton, das sonst all unseren Bekannten mit Herzbeschwerden mehr oder weniger hilft, kann ihm nichts helfen. Warum nicht? - Antwort: Wir werden gerichtet nach jedem Wort, das über unsere Lippen kommt. Auch im irdischen Recht wiegt das ausgesprochene Wort weit schwerer als ein nur gedachtes Wort. Wer sich daher »nur« mit lauten Worten gegen Gott wendet, somit gegen die Quelle alles Lebens, dem kann das aus dieser Quelle wirkkräftige Doppelzeichen Gottes im Kosmoton nicht helfen. Im Gegenteil, es verstärkt den Kampf zwischen Licht und Finsternis in ihm. Das kann ihm seelische und auch leibliche Übelkeit verursachen. Naturgesetzlich führt ein Reden gegen Gott -der durch das Herz den Menschen am Leben erhält- auf die Dauer auch schon ohne Kosmoton zu Herzschmerzen. - Hier kann nur die Abkehr von der verwirrten atheistischen Ideologie Heilung bringen, da offenbar ein subjektiv guter Wille besteht.

25. Wenn das Kosmoton mich vor schlechten Feldwirkungen und Strahlungen schützt, indem es diese abweist, dann *belaste ich doch meine Umgebung?* Das darf und will ich aber nicht. - Antwort: Mit dem Kosmoton wird die Umgebung nicht belastet; denn das Disharmonische in der Umgebung wird nicht vermehrt. Im Gegenteil, das Kosmoton dämmt nicht nur Übles ein und weist es zurück, sondern es neutralisiert das Üble, macht es also unschädlich, soweit das in den Kraftverhältnissen möglich

ist. Denn das Kosmoton sucht das Disharmonische wieder zu harmonisieren. Hierdurch wird der Qualitätspegel der Umwelt gehoben. Bei gesundheitsschädlichen Strahlungen zum Beispiel scheinen ihre disharmonischen Modulationen neutralisiert und reharmonisiert zu werden, soweit das im Einzelfall kräftemäßig möglich ist. An den Frequenzen -das sind nur Quantitäten!- ändert sich also nichts! Der Abwehrradius des kleinen Kosmoton-Medaillons beträgt im Kernbereich ca. 2 m und im äußeren Ring ca. 20 m (Durchmesser dann 40 m, also schon hausweit). Der Abwehrbereich des großen Kosmoton-Medaillons, dessen Kernbereich bis 7 m reicht, beträgt im äußeren Ring ca. 70 m im Radius.

Das Kosmoton entlastet also eine im Kern gute Eigenwelt und die Umwelt der vier Wände um uns von disharmonischen Mächten, Kräften und Gestalten.

Wenn jedoch eine Person unguten Willens sich in der Nähe des Trägers eines Kosmoton-Medaillons aufhält, so wird das von ihr ausgehende Ungute durch das Kosmoton spiegelartig auf sie zurückgeworfen. Eine solche Person fühlt sich daher in der Nähe eines Kosmotonbesitzers mehr oder weniger irritiert und belastet. Aber dann ist der Kosmotonträger schuldlos. Sondern Schuld trägt der Urheber des Unguten. Auch ohne Kosmoton in seiner Nähe würde das von ihm ausgehende Ungute früher oder später auf ihn zurückfallen. Menschen, die guten Willens sind, fühlen sich in der Nähe eines Kosmotonbesitzers besser, ebenso Haustiere. Sie suchen zuweilen sogar seine Nähe.

26. Ich *arbeite in einem Raum mit vielen elektrotechnischen Geräten,* auch *Bildschirmen.* Belaste ich durch das Kosmoton nicht meine Kollegen und Kolleginnen? - Antwort: Nein! Vergleiche die vorangehenden Fragen. Das Kosmoton moduliert disharmonische wie sägezahnförmige Modulationen harmonisierend um, anscheinend besonders in den biologisch wichtigen und wirksameren Oberwellen. Quantitative Daten der Wellen scheinen kaum verändert zu werden. Die beste Wirkung wird erzielt, wenn man ein Kosmoton auf dem Brustbein oder Sonnengeflecht trägt und noch ein weiteres oben mitten über den Bildschirm legt. Die typischen Beschwerden bei der Bildschirmarbeit können dann weitestgehend schwinden. Sogar die Kollegen werden mit entlastet, jedoch nur geringfügig, soweit von ihnen kein Kosmoton getragen wird.

Es ist jedoch in einem elektrotechnisch stark belasteten Raum auch eine Irritation des Medaillonträgers und seiner Kollegen festgestellt worden. Die Untersuchung ergab, daß eine übermächtige Feld- und Strahlenbelastung vorlag, gegen die das Kosmoton zumeist vergeblich ankämpfte; durch diesen schweren Kampf entstand eine Unruhe. Das Ergebnis war:

Der Träger des Kosmoton-Medaillons wurde nur teilweise geschützt, war aber durch sein Kosmoton in besserer Lage als seine Kollegen, deren Nerven- und Kreislaufsystem nach längerer Zeit deutlich geschädigt wurde.

27. Frage: Da das Kosmoton mir viel geholfen hat und dann auch meinem Mann, haben wir *für jedes Mitglied der Familie ein Kosmoton* gekauft. Wir haben fünf Kinder. Und die Oma lebt mit im Haus. Fast jeder trägt ein großes Kosmoton, nur das Jüngste noch nicht. Aber wir haben nun ab und zu Schwierigkeiten mit dem Schlafen, was wir vorher nicht kannten. Die Kinder können zuweilen schwer einschlafen, besonders bei Vollmond. Liegt das am Kosmoton? - Antwort: *Bei acht Kosmoton-Medaillons in einer Wohnung* oder auch in einem Einfamilienhaus, gar meist großen, kann schon eine derart starke Gesamtwirkung vorliegen, daß sie zu vermeiden ist. Es wurde auch vom Erfinder zuerst angenommen, wenn zehn Medaillons dicht beeinander lägen, würde die Wirkung vielleicht nur zwei- oder dreifach sein, da eine gegenseitige Minderung stattfinden würde, dies schon deshalb, weil die Strahlen der Sterne bei den dicht aneinander liegenden Medaillons doch nicht alle vollständig erreichen könnten. Dies erwies sich jedoch als Irrtum. Erstaunlicherweise strahlt auch in einer Hunderterpackung von Kosmoton-Medaillons jedes einzelne seine volle Kraft aus, so daß die Wirkung eines solchen Paketes hundertfach war. (Vgl. Frage 10). Das ergab Probleme bei der Aufbewahrung in der Nähe von Menschen. Dieselben Probleme liegen bei der achtköpfig mit Medaillons wohl versorgten Familie vor.

Daher der Rat, bei einer größeren Anzahl von Medaillons in einer Wohnung so viele von diesen nachts in ein kupfernes oder silbernes Kästchen zu legen, gar beide Kästchen ineinander, bis die nächtliche Gesamtwirkung genügend gemindert ist. Auch kann dazu die Schatulle verwandt werden, in der das Kosmoton neuerdings ausgegeben wird. Auch diese kann noch zusätzlich in ein eisernes, kupfernes oder silbernes Kästchen gelegt werden. Wenn man das Kosmoton mit oder ohne Schatulle auf eine uhrglasförmige Glasschale oder einen solchen offenen Glasteller legt, so mindert dies die Strahlung ebenfalls, da diese dann himmelwärts zurückgestrahlt wird und so seitlich gemindert wird. Man sammelt dann in der Strahlenbiologie allerlei Erfahrungen, die man auch anderweitig vielfältig nutzen kann.

28. Frage: *Ich bin schon über 80 Jahre alt und spüre sehr wenig* vom Kosmoton. In den ersten Monaten war die Wirkung stärker. Jetzt ist sie minimal. Was soll ich tun? - Antwort: Dem Kosmoton den Weg erleichtern! Wie das? Und warum? - Je älter der Mensch wird, desto mehr verhärtet sich

sein Organismus, besonders wenn geraucht wurde, viel Fleisch gegessen oder viele Genußmittel konsumiert wurden, auch wenn regelmäßig chemische Produkte, wie in unkontrollierten Nahrungsmitteln und Medikamenten, in den Körper aufgenommen wurden, und wenn selten oder nie eine Fastenkur oder Blutreinigungskur durchgeführt wurde. Hinzu wird die Wirkung behindert durch die Überreste schlecht ausgeheilter Erkrankungen, die sich besonders im Alter mehren. Die dann entstehende Verschlakkung und Verhärtung setzt der Einwirkung der feinen Lebenskräfte Widerstand entgegen. Auch können noch alte Zahnherde im Kiefer, fortgesetzter Gebrauch chemischer Schlafmittel und anderes eine Blockierwirkung ausüben.

Wenn dann eine durchgreifende Regeneration gewünscht wird, ist eine Umstimmungskur im Rahmen der Ordnungstherapie erforderlich und die Überwindung aller bestehenden Blockierungen im eigenen Körper und in der nächsten Umwelt der vier Wände. (Vgl. auch »Das Kosmoton in der Alterspflege).

29. Frage: Ich habe in mehreren Fällen *ein Kosmoton vor ein fotographisches Ganzbild* eines nahen kranken Verwandten gestellt. Dem jeweiligen ahnungslosen Menschen ging es daraufhin *deutlich besser*. Ist das möglich? - Antwort: Sie beschreiben ja Ihre wirkliche Erfahrung. Also muß das möglich sein. Schon Paracelsus beschreibt den heilkräftigen Umgang mit einem Abbild eines Menschen, dem noch ein Haar oder ein Blutstropfen des Menschen angefügt wurde, um den Kontakt zwischen dem Menschen und seinem Abbild zu verstärken und zu sichern. Solche Wirkungen zählen zur niederen Magie. Mit ihrer Hilfe kann man vieles bewirken, was Materialisten nicht begreifen können trotz aller ihrer Kenntnisse der Feldphysik. Doch schon Paracelsus rät zur Vorsicht in diesem Bereich. Ausschlaggebend sei der gute Wille des Hilfswilligen.

30. Frage: Wir hatten *Rutengänger im Haus*, um gemäß der Baubiologie unsere Schlaf- und Arbeitsplätze von Störfeldern zu befreien. *Einer* entdeckte das Kosmoton und *sagte: Was stark strahlt, muß entfernt werden*. Auch könne das Kosmoton in einem Jahr eine Hirndrüse schädigen. Was sollen wir tun? - Antwort: Der Erfinder des mikrokosmischen Hauses, genannt Kosmoton, ist zugleich auch der Begründer der heute weltweit gelehrten und praktizierten Baubiologie und der Autor des Buches »Das gesunde Haus«. Er hat zudem den ersten systematischen Überblick über alle geopathischen Störungen (Erdstrahlen) erarbeitet. Die himmlische Baubiologie -im Kosmoton musterhaft verwirklicht- ist das Vorbild aller wahren irdischen Baubiologie. Wer wird daher am besten Bescheid wissen über die gesunde Anwendung des Kosmoton-Medaillons im Haus?

Es ist lebenswichtig, die Hauptaufenthaltsplätze im Haus von Störfeldern zu befreien. Leider sind viele Rutengänger nur wenig oder noch überhaupt nicht fachlich ausgebildet, sodaß sie nur Quantitäten messen und daher die Qualitäten »Gut und Gift« nicht unterscheiden können. Sie wähnen dann, daß bestimmte Quantitäten schaden, wie einzelne Frequenzen bzw. Wellenlängen. - Doch jede quantitativ starke Strahlung zu meiden gleicht dem Rat, die Sonne immer und im Winter die Heizung zu meiden. Denn diese beiden strahlen weit stärker als das Kosmoton. U.a. strahlen sie Wärme aus. Es kommt also auf die Qualität an, genauer auf die Lebensqualität jeder Strahlung bzw. Welle. (Vgl. Frage 25 und 27 und die Hauptkapitel I und V.). Die gute Strahlung ist stets zu suchen. Von ihr leben alle Lebewesen, was heute jeder weiß und auch ein Rutengänger wissen sollte. Von ihr kommt auch alle Heilung, wie Paracelsus lehrt.

Viele Rutengänger übernehmen sich zudem mit ihren Aussagen und kommen sich zuweilen als Superärzte und Superwissenschaftler vor, die ohne jede einschlägige Erfahrung sogar schon Wirkungen auf Jahre voraus wissen wollen. Zur Beurteilung dieser Rutengänger sollte man seinen eigenen gesunden Menschenverstand gebrauchen. Es ist bis heute noch keine Schädigung durch das Kosmoton bekannt geworden, auch nicht nach jahrelangem Tragen. Sondern es sind, von Erstverschlimmerungen und Blockierungen abgesehen, in Tausenden von Fällen Erfolge berichtet worden!

Nachlese

Das Kosmoton ist als universal harmonierendes und somit universal regenerierendes Gerät bio-logisch und erfahrungsgemäß bei allen Lebewesen, Dingen und Substanzen anwendbar, seien sie gut und also in sich harmonisch, gesund, oder seien sie ganz oder teilweise ungut, also in sich disharmonisch, krank.

Das Kosmoton ist ein vielfältig verwendbarer Helfer auf dem Wege zum gesunden Leben. Denn je weniger ein Mensch auf das Kosmoton reagiert, je weiter entfernt er ist in seiner Reaktion von der bekannten idealen Regenerationswirkung, desto deutlicher zeigt das Kosmoton an, daß der eigene Organismus nicht voll gesund ist, sondern mehr oder weniger blockiert ist gegen das freie Einströmen und Wirken der allgemeinen Lebenskräfte. Desto mehr sollte sich der Mensch dann zu einer gründlichen Diagnose seiner gesamten Lebensumstände aufgefordert fühlen. Warum? Um das zu entdecken, was ihn noch von einem voll gesunden und aktiven, frohen Leben fern hält.

Doch will man selber ganz gesund werden? Es sind zwar logischerweise alle Krankheiten vollständig heilbar. Aber nur sehr wenige Kranke haben heute am Ende der Neuzeit den konsequenten guten Willen zur vollständigen Heilung. Wer diesen Willen hat, der wird auch den Weg zur Heilung finden. Wenn die stolze und revolutionäre Neuzeit abgeschlossen ist, wird der gute Wille sicher wieder regieren. Eine herrliche Zeit ist dann möglich.

Zur vollständigen Heilung ist also in der Regel die Hilfe eines Therapeuten notwendig, der in der immerwährenden wahren Heilkunde erfahren ist. Wo finde ich solche Therapeuten? In der Agonie der Neuzeit entstehen immer mehr Gesellschaften, die sich wieder der guten Ordnung des Lebens zuwenden und somit auch wieder zur wahren Heilkunde: Die Gesellschaften der Naturärzte, der Homöopathen, der Heilpraktiker, der Kneippianer, der Umwelt- und Bio-Interessenten und noch viele andere. Auch steigt langsam der Einfluß spirituellen Denkens und Strebens in vielen Gesellschaften. Sehr viele von ihnen haben ihre eigenen Zeitschriften, z.B. in dem deutschsprachigen Raum die Ärztezeitschrift für Naturheilverfahren, Der Naturarzt, Naturheilpraxis, der BUND, Lebensschutz, Das neue Zeitalter, Esotera, die vielen Reformzeitschriften usf. Allein über 300 deutschsprachige Zeitschriften dürften sich in Deutschland, der Schweiz und Österreich ständig mit dem Thema des seelisch und leiblich voll gesunden Lebens aus qualitativer Sicht befassen. Immer mehr Menschen suchen den am Ende der Neuzeit noch weit verbreiteten Aberglauben von dem nur quantitativen Mechanizismus und Materialismus zu überwinden.

Wer also die volle Gesundheit sucht und bewahren will, der muß sich in diesen Bereichen informieren. Als Leithilfen erscheinen immer mehr Bücher und andere Verzeichnisse, in denen gute Wege, Verfahren und Mittel zum gesunden Leben, Bioberater, Gesundheitsberater, bau- und wohnbiologische Berater, Heilfachleute der neuen Zeit und viele laufende Kurse verzeichnet sind. Auch viele Kurheime und Erholungsheime werden angegeben, in denen man lernen kann und Gleichgesinnte findet und in denen selbst oder in deren Nähe ein lebensgerecht arbeitender Heilfachmann tätig ist. Ein typischer solcher Leitfaden ist »Das alternative Branchenbuch« (Al-Top-Verlag, München). Man kann sich also heute leicht einen guten Überblick verschaffen über alles, was der eigenen Gesundheit dienlich sein kann. Wer daher wirklich gesund werden und/oder bleiben will, der hat im Zeitalter der vielfältigen, preiswerten Kommunikation und der bequemen Reisen viele Möglichkeiten, zu seinem Ziel zu gelangen.

Doch bedenke jeder, daß wir weltweit in einer Wende zu einer gründlichen Neuorientierung unseres Lebens stehen. Viele sind hier erst Anfänger, aber wagen schon mutig, sich als umfangreich Wissende auszugeben. Auch viele einseitig und gar fanatisch orientierte Personen sind hier tätig. Da ein großer und schnell steigender Bedarf an solider Orientierung besteht in einer Welt, die an Stolz, Verwirrung und Selbstvergiftung zugrunde geht, so drängen auch viele aus hauptsächlich finanziellen Gründen auf den Markt. Man sei also vorsichtig und suche in jedem Fall gründlich zu prüfen. Ohne Lehrgeld zu zahlen, kommt hier keiner davon. Je mehr man Gott um Hilfe bittet, desto schneller kommt man zu einem guten Ziel.

ZUSAMMENFASSUNG

Ein neues Zeitalter wird bald geboren! In ihm wird das Leben des Menschen wieder würdevoll. Seine neue Ordnung wird alle Menschen wirklich einigen. Sie wird den Frieden bringen für alle, die guten Willens sind.

Das Ende der alten abendländischen Kultur und ihrer letzten Periode, der Neuzeit ist somit gekommen. Wir stehen im Übergang zu einer neuen Zeit, die das neu geborene Abendland und Morgenland zur einen Menschheitsfamilie einigen wird. Ihr Grundcharakter ist daher allgemeinmenschlich. Einige Milliarden Menschen spüren dies schon. Sie suchen daher in der heutigen radikalen Auflösung aller Ordnungen zu erkennen, wie beschaffen die ebenso radikal neue Ordnung des Lebens der Menschheit sein wird. Sie muß auf einem tieferen und allgemeinerem Fundament gegründet werden als alle Kulturen zuvor.

Schon zahlreiche Bücher sind zur Neuordnung des menschlichen Lebens erschienen. In der heutigen universalen Verwirrung, die bis zur offenen Schizophrenie und zum wirklichen Wahnsinn reicht, erkennen immer mehr Menschen, daß wir an die tödlichen Grenzen eines krebsigen endneuzeitlichen Wachstumes geraten sind und daß daher eine im besten Sinne radikale Wende lebens-not-wendig geworden ist. Die Zersetzung aller Ordnungen und der Verlust der Fundamente ist auf allen Gebieten des Lebens festzustellen, im staatlichen Leben, im schulischen Leben wie in den Wissenschaften, im wirtschaftlichen Leben, zuhöchst im kirchlichen und ethischen bzw. sittlichen Leben, im Recht. Alle streiten daher zuerst um Recht und Gerechtigkeit.

Doch wie wenden und wohin? Schon die ganze sozialistische Weltbewegung strebt eine radikale Wende an. Aber diese subjektiv ehrenhaften Versuche haben bisher allesamt in das große Elend geführt. Offenbar ist die moderne revolutionäre Tendenz zur großen Wende selber radikal reformbedürftig, also selber wendebedürftig.

Erste Umrisse der neuen Weltordnung zeichnen sich schon ab. Zunächst wird es eine weltumspannende Kulturperiode der Menschheit sein, dies schon aufgrund der heutigen Verkehrs- und Kommunikationsmittel. Also wird es eine Weltkultur sein, die erste der Menschheit. Sie wird wie alle Kulturen wieder die Qualität suchen und achten, das Gute in der Person, in der Kultur und in der Natur. Da die Natur das Fundament der

Kultur ist, so muß zuerst eine gesunde Natur geschaffen werden. Und zu diesem Ziel wendet sich die Menschheit auch schon weithin, wie in der Gesundheitswelle und Umweltschutzbewegung, der weltweiten grünen Friedensbewegung und der Bio-Bewegung.

So wird heute, wie am Beginn jeder Kultur, überall wieder die Qualität gesucht, das Gute in der Natur. Aber auch im personalen Leben wird von einer Minderheit die Qualität immer deutlicher erkannt und angestrebt. Daher wird in der Zukunft auch die Qualität der Person wieder gelten, ihre wirkliche Würde, nämlich in ihren Tugenden, in ihren charakterlichen Qualitäten. Das oft sehr gut gemeinte, aber objektiv meist streitvolle und aggressive, nebelhafte Gerede um die Menschenrechte, in dem jeder sich stolz über die anderen erhebt, wird enden. Der Mensch wird seine Menschenrechte zum allseits freien guten (sittlichen, sozialen, qualifizierten) Selberleben und Miteinanderleben und diese gleichen Menschenpflichten erkennen und endlich wirklich anerkennen in Wort und Tat.

In der kommenden ersten Weltkultur der Menschheit werden vermutlich zahlreiche neue Erfindungen gemacht werden. Sie werden natürlicherweise und verständlicherweise bei der allgemeinen Rückkehr zur Qualität alle auf der Qualität gründen, auf der Qualität der Materialien, Formen und Funktionen. Das Leben und seine Ordnung wird das große Vorbild sein. Dieses kommende Licht hat schon seinen Schatten vorausgeworfen, nämlich in dem Streben zur Biologie.

Ein Urmuster der Konstruktionen des kommenden neuen Zeitalters wird daher das Kosmoton sein. Denn es zeigt urtypisch die Qualität des Kosmos im Ganzen und in seinen allgemeinsten Teilen.

In Harmonie mit dem Unendlichen leben

»In Harmonie mit dem Unendlichen« ist der Titel eines in viele Sprachen übersetzten Werkes von Ralph Waldo Trine. Er weist darauf hin, daß der Intellekt nur eine Hilfestellung geben kann. Entscheidend ist, aus dem Herzen zu leben, aus dem guten Willen und aus dem Glauben an das Gute in allem. Wie es der Hl. Franziskus vorlebte. In jedem Menschen und in allen Dingen den guten, von Gott geschaffenen Kern sehen und ihn lieben. Das eröffnet den Zugang zur unendlichen, unvergänglichen Welt des vollständig harmonischen Lebens. Die nordamerikanische Staatsverfassung spricht von dem Recht des Menschen, glücklich zu leben, somit nach seinem eigenen guten Glauben und Gewissen. Hat der Mensch nicht auch die Pflicht dazu?

Der Kopf glaubt nicht. Das Herz glaubt. Und das Herz fühlt auch die Pflicht, an das Gute zu glauben.

Was hat das mit dem Kosmoton zu tun? Das Kosmoton lebt und wirkt aus der Harmonie mit dem Unendlichen, mit der guten Urschöpfung Gottes. Den Zugang zu dem lichten Feuer, das ständig im Kosmoton brennt, erhält man am leichtesten durch sein eigenes Herz, durch seinen eigenen guten Willen. Wohl kann der Kopf behilflich sein, besonders wenn er das Licht aus dem Herzen zu spiegeln sucht. Dann erfasst er, was die alten Griechen die göttliche Harmonie nannten und was schon Pythagoras in klaren mathematischen Formeln berechnete. Diese griechische Liebe zur Mathematik als dem Urbild aller Wissenschaften hat die ganze abendländische Kultur geprägt. Aus dieser Liebe heraus hat Johannes Kepler das Sonnensystem berechnet und in seinen Planetenwegen die Urharmonie aller Harmonien gefunden. Aus dieser Liebe hat Paracelsus den Weg zur wahren Heilkunde gefunden.

Die Harmonie des Kosmos kann man nur aus dem Herzen heraus begreifen. Der bloße Kopfmensch, in den USA »egghead« (Eierkopf) genannt, kann nichts Wesentliches begreifen. Die Verkopfungsgefahr ist heute groß. In ihr sperrt man sich unbewußt gegen die Aufnahme der Harmonien, auch derjenigen, die das Kosmoton unserem Leben vermitteln kann.

Viele verehren die Wissenschaft heute als Ersatz für die Religion. Diese Verehrung hat zweifelsfrei einen goldenen Kern. Denn im Chaos des so verschiedenen Glaubens, Irrglaubens und Aberglaubens fühlt man die Menschenpflicht, sich auf einen felsenfesten Grund zu stellen. Den bietet die wahre Wissenschaft, die Wissenschaft vom qualifizierten Leben.

Aber auch der Glaube bietet einen felsenfesten Lebensgrund, nämlich der Glaube an das Gute. Und in dem Guten einigen sich Wissenschaft und Glaube. Denn die Wissenschaft der Hochkulturen -nur die Dümmsten wähnen, daß allein sie selber Wissenschaftler wären und alle vor ihnen eigentlich Dummköpfe seien- strebt stets zum wesentlichen Wissen, dem Wissen vom Leben. Was Pythagoras veranlasste, nach dem Wesen der Harmonien der Musik zu suchen. Denn Harmonie ist Leben. Wie jeder weiß, der die gute Musik liebt. Harmonie ist Ordnung des Klanges. - Die Ordnung aller Ordnung fand der erste Begründer der abendländischen Wissenschaft mathematisch exakt im Dreiklang und in den aus ihm folgenden Harmonien. Platon beschrieb sie auch in den fünf harmonischen Körpern.

Diese Ordnung aller Ordnungen ist im Kosmoton konkretisiert, sogar mehrfach. Wer harmonisch und also wirklich leben will, denn Disharmonie ist Krankheit und Tod, der versuche, mit Herz und Kopf zugleich diese von Pythagoras und Kepler berechnete Harmonie im Kosmoton zu erleben. Er betrachte ganz schlicht mit diesem Gedanken das Kosmoton. Eine solche Betrachtung der »wirkkräftigen Konstellationen« (Johannes Kepler) kann über diesen vergänglichen Kosmos hinaus führen in das Reich der unvergänglichen und unendlichen Harmonien, in das Reich des wahren Lebens. Das ist das Reich Gottes.

Literaturverzeichnis

Das Ziel dieser Zusammenstellung ist: 1. die Grundlagen zur Verbesserung und Bewahrung der ganzen Gesundheit zu zeigen, 2. Wege zur rechten Heilung mit und ohne Kosmoton zu weisen, 3. weitere Unterlagen zum Verständnis der Funktion des Kosmoton-Medaillons als Urmuster eines universalen Gesundheitsgerätes nachzuweisen, 4. Wesen und Praxis der Biotechnologie gründlich zu verstehen. Dies alles auf dem Grunde der christlichen Weltanschauung.

Agreda, Maria von: Leben der jungfräulichen Gottesmutter Maria. Miriam, 1982
Beatty: Die Sonne und ihre Planeten. Weinheim 1983
Berendt, E-J.: Nada Brahma. Die Welt ist Klang. 1983
Berendt, E-J.: Das dritte Ohr. Vom Hören der Welt. Rowohlt 1985/88
Bernus, A. von: Alchymie und Heilkunst. 1981.
Bindel, E.: Pythagoras. Stuttgart 1962
Bio-Katalog. Biologische Medizin und Grenzgebiete. Mediz. Literaturdienst. Haug. Heidelberg
Bodamer, J.: Der Mensch ohne Ich. Herder-Bücherei
Bodamer, J.: Gesundheit in der technischen Welt. Herder Bd. 277
Bodamer, J.: Sind wir überhaupt noch Menschen? Herder 257
Bodamer, J.: Der Mann von heute. Herder 171
Ebertin, R.: Sterne helfen heilen. Freiburg. 1981
Emmerich, A. K.: Das Leben unseres Herrn und Heilandes Jesu Christi. Regensburg 1913
Flade, S.: Allergien natürlich behandeln. München. 1988
Friebel-Röhring: Ich habe Krebs. Na und? Rastatt 1987
Gemassmer, J.: Geistige Heilweisen. Otto Reichl-Verlag.
Goritschewa, T.: Von Gott zu reden ist gefährlich. Herder. 1984
Guardini: Das Ende der Neuzeit. 1986
Heitler, W.: Der Mensch und die naturwissenschaftliche Erkenntnis. 1966

Hildegard von Bingen: Wisse die Wege (Sci vias)
Hildegard von Bingen: Das große Gesundheitsbuch. 1980
Huibers, Jan.: Gesund mit Metallen. Freiburg 1981
Illich, I.: Die Enteignung der Gesundheit. Die Medizin ist zu einer Hauptgefahr für die Gesundheit geworden. Rowohlt. 1975
Intermediarius: Christliche Weisheit. 4 Bde. Großformat. ORDO. Konstanz 1970.
Bd. 1: Die Weisheitslehre des Hl. Graal.
Bd. 2: Homo coelistis. Das Urbild der Menschheit.
Bd. 3: Universum. Der Kosmos und der kosmische Mensch.
Bd. 4: Das große Zeichen. Arcana sapientiae.
Issels: Mehr Heilungen von Krebs.
Kepler, J.: Weltharmonik, München. 1982
Kepler, J.: Monographie vom Hemleben. Rororo 1988
Kneipp, S.: So sollt ihr leben. 1984
Kneipp, S.: Das große Kneipp-Hausbuch. 1983
Kneipp, S.: Kneipp-Kur richtig durchgeführt. Von J. Kaiser. 1981
Kolisko, E.: Mitteilungen des biologischen Institutes am Goetheanum. Heft 1 bis 4. Stuttgart 1934
Kuhlmann, Kathrin: Bei Gott ist nichts unmöglich. Schorndorf 1974. Betrifft Glaubensheilungen.
Künzli: Die Erscheinungen in Marienfried. Miriam. Jestetten. 1982
Martens, Anna: Ernährungskuren. Büdingen 1951
Meadows, D.: Grenzen des Wachstumes.
Meadows, D.: Wachstum bis zur Katastrophe? dtv. 1974
Meves, Christa: Lange Schatten – Helles Licht. Herder. 1983
Mitscherlich, A.: Die Unwirtlichkeit unserer Städte. Anstiftung zum Unfrieden. Suhrkamp. 1972
Mitscherlich, A.: Wissenschaft ohne Menschlichkeit. 1949
Müller-Eckhard, H.: Die Krankheit, nicht krank sein zu können. Stuttgart 1954
Naegeli-Osjord, H.: Die Logurgie in den Philippinen. Remagen. Der Leuchter. 1977. Betrifft Geistheilungen.
Nikolaus von der Flüe: Gespräch mit Bruder Klaus. Kanisius. Konstanz. 1981
Nussbaum: Die verordnete Krankheit. Fischer 1977
Ostrander-Schröder: PSI. Scherz. München 1972
Palm, H.: Das gesunde Haus. Das kranke Haus und seine Heilung. Konstanz. ORDO. 1985
Palm, H.: Das Lebensprogramm in Natur und Wirtschaft. Konstanz. ORDO.

Palm, H.: Die Menschenrechte in christlicher Sicht. Konstanz. ORDO. 1979
Paracelsus: Sämtliche Werke. (Neuhochdeutsch). Jena. 1926
Paracelsus: Monographie von Kaiser. Rororo 1986
Patanjali: Der Yoga-Pfad. Patanjalis Lehrsprüche. 1978
Peale. N. V.: Das Ja zum Leben. Thalwil-Zürich
Peuckert, W. E.: Die Geheimnisse. Extrakte aus Paracelsus.
Pirosa: Der Kosmosfaktor. Die Kunst, planetarische Einflüsse im Alltag wahrzunehmen und zu nutzen. Zürich 1982
Rolland, Romain: Das Leben des Ramakrishna. 1986
Rose, W. D.: Wohngifte. Oldenburg 1984
Rosenberg, A.: Zeichen am Himmel. Zürich. 1949. Christliche Astrosophie.
Russell, B.: Einführung in die mathematische Philosophie. Löwit. Wiesbaden
Sédir: Esoterisches Christentum. Otto Reichl Verlag, 1988
Sedlmayr, H.: Verlust der Mitte. Ullstein Taschenbuch Nr. 39
Sedlmayr, H.: Der Tod des Lichtes. Otto Müller. Salzburg 1964
Spengler, O.: Der Untergang des Abendlandes. Beck, München
Spunda: Die Weltanschauung des Paracelsus.
Staehelin, B.: Die Psychosomatische Basistherapie. Schlattingen/CH. 1985
Steiner, R.: Bilder okkulter Siegel und Säulen. Der Münchner Kongress Pfingsten 1907. Dornach 1977
Stelter, A.: PSI-Heilung. Goldmann Sachbuch 11 146
Steiner-Geissler: Neurodermitis. Der geglückte Behandlungsversuch einer Mutter. Stuttgart 1987
Taylor, G.: Das Selbstmordprogramm.
Thakkur, Ch. G.: Ayur-Veda. Die indische Heil- und Lebenskunst. Freiburg 1977
Thomas a Kempis: Nachfolge Christi.
Tienes: Der Baunscheidtismus.
Tompkins, B.: Das geheime Leben der Pflanzen. Otto Reichl Verlag, 1988
Toth/Nielsen: Pyramidenkraft. Goldmann Sachbuch
Treben, Maria: Heilkräuter aus dem Garten Gottes. Buchclub Ex libris, Zürich 1986
Trine, R. W.: In Harmonie mit dem Unendlichen.
Wachsmuth, G.: Erde und Mensch. Konstanz 1952
Mayr/Winklbaur: Biostrahlen. Der Mensch im Strahlungsfeld von Kosmos, Erde und Umwelt. Wien 1983
Walter, Hilma: Die sieben Hauptmetalle. Dornach 1966
Weizsäcker, C. F.: Die Einheit der Natur. Hanser, München 1971

Keltenstrasse 48
CH-8044 Zürich

Telefon 01 251 68 90
Telegramm BISANA ZÜRICH

Chefarzt PD Dr. med. S. Jenny
Spezialarzt für Innere Medizin FMH

PRIVATKLINIK
BIRCHER-BENNER
ZÜRICH

Zürich, den 8.1.1988 JE/ab

AUSWERTUNG DER KOSMOTON - STUDIE
(Kosmoton A, Durchmesser 45 mm, 4,5 mm flach)

Patientenkreis:

Chronischkranke mit diversen Störungen, die bisher weder mit klinischen noch mit ausserklinischen Methoden zu bessern waren.

Dauer der Studie: 8 Wochen.

Auswertbare Protokolle: 19

Aufgrund der Patientenausssagen ist
- eine Wirksamkeit bei 57,8%
- eine deutliche Verminderung der Schmerzzustände bei 26,3%

zu verzeichnen.

Unter den geprüften Personen waren 2 Aerzte.

R. Suter

Dr. med. Karl Suter
Leitender Arzt

Dr. med. J. Ebert
Leitender Arzt

Tafel I: Eine Pflanze, die mit dem offenen metallischen Schwingungskreis behandelt wurde.

Die Ende Januar 1925, zwei Monate nach der Okulation gemachte Aufnahme zeigt, daß der Tumor sich mit der Pflanze entwickelt, welche nicht den Eindruck macht, als ob sie unter ihm litte, während die Kontrollpflanzen, am gleichen Tage okuliert, bereits abgestorben sind.

Entnommen aus »Georges Lakhovsky. Das Geheimnis des Lebens. Kosmische Wellen und vitale Schwingungen.« VGM Verlag für Ganzheitsmedizin. Essen. 1981.

Tafel II: Die Pflanze von Tafel I nach der Heilung.

Sie hat sich beträchtlich entwickelt und blüht. Der Tumor ist abgefallen, man bemerkt ihn am Rande des Topfes. Am Stengel ist die Narbe sichtbar.

*Tafel IV: Die Pflanze von Tafel I ein paar Monate später (Juni 1925).
Sie ist nach wie vor vollkommen geheilt. Die Kontrollpflanzen in ihrer Umgebung sind alle tot.*

Tafel IV: Die Pflanze von Tafel I.

Aufgenommen am 23. 3. 1928, mehr als 3 Jahre nach der Heilung. Zur Seite zwei abgestorbene Kontrollpflanzen. Die Pflanze ist weit größer als gesunde Kontrollpflanzen ohne den kupfernen Schwingungskreis. Und sie hat viel reicher geblüht.

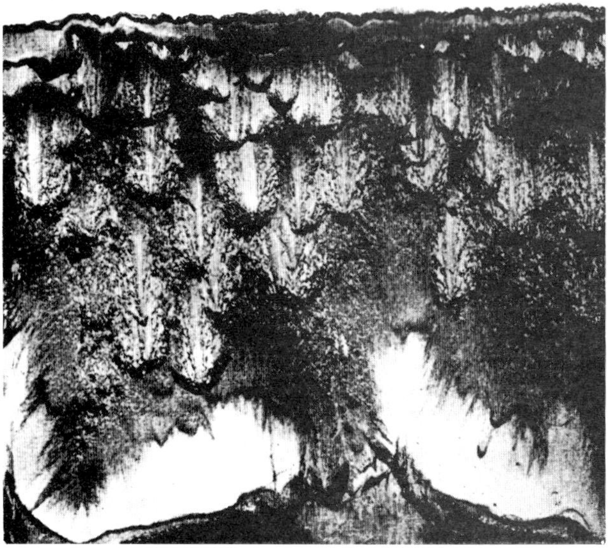

Steigbild 4a zeigt eine Nitratlösung von Silber (Mond), Blei (Saturn) und Eisen (Mars) zwei Stunden vor einer Konjunktion von Mond und Saturn. Saturn wirkt noch. Deshalb deutlich rund ausgebildete Tropfen.

4a

4b

Steigbild 4b zeigt die Bildekräfte während der Bedeckung des Saturn durch den Mond. Bis auf geringe Spuren fast keine Formbildungen. Die durch Strahlen übertragenen lebensqualifizierten Bildekräfte des Saturn fehlen hier.

4c

4d

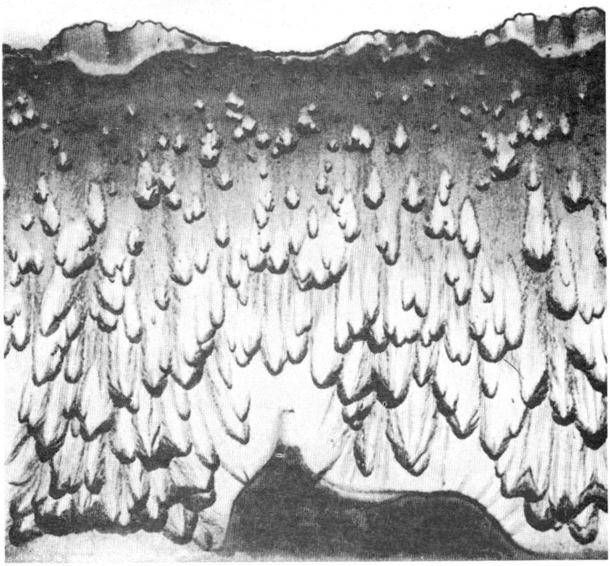

Steigbild 4c. Zwei Stunden nach der Bedeckung sind wieder kräftige, klar geordnete Formen wie im Bild 4a zu sehen.

Bei diesem Versuch kann eingewandt werden, daß auch das Eisensalz vorhanden ist. Um dessen Einfluß zu klären, wurde »während der Konjunktion Saturn-Mond« eine Silber-Eisen-Lösung im Steigbild 4d beobachtet. »Wir können nicht die leiseste Veränderung resp. Beeinträchtigung der Formkräfte finden« (Kolisko). Warum? Weil der Mars nicht vom Mond bedeckt wurde und daher weiter strahlte.

Abbildungen aus Mitteilungen des Biologischen Institutes am Goetheanum Nr. 1. E. Kolisko. Stuttgart 1935.

5a

5b

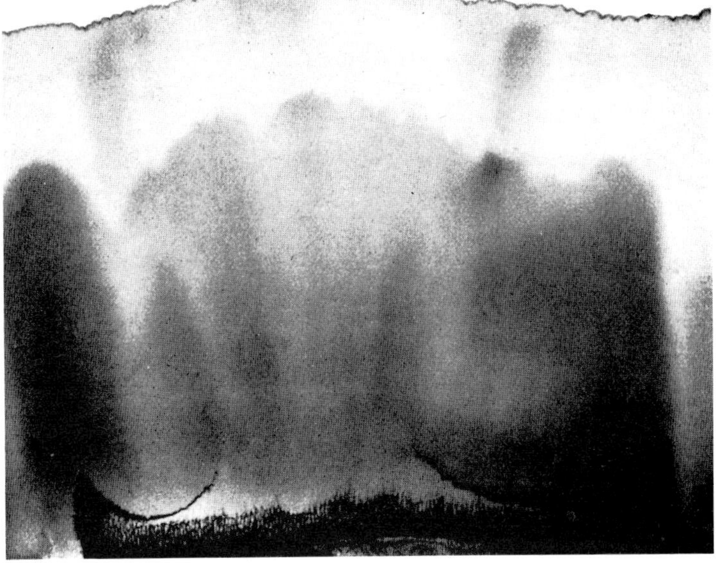

5c

Das Bild 5a zeigt das Steigbild einer Gold-Silber-Lösung zwei Stunden vor der totalen Sonnenfinsternis vom Oktober 1930 mit schön geformten und auch farblich harmonisch geordneten Strukturen. Während der zentralen Verfinsterung (Bild 5b) zeigen sich fast keine Ordnungsformen, also keine lebensqualifizierten Bildekräfte. Zwei Stunden nach Ende der Finsternis zeigt Bild 3c wieder fast so schöne Formen wie in Bild 5a vor der Finsternis. Leider geben diese Schwarzweißbilder die herrlichen Farbabstufungen von schwarz-violett über ein kräftiges Rosa bis zu einem lichten vielfarbigen violett nicht wieder. Insgesamt zeigt sich, daß auf der Erde die Formordnungskräfte bzw. Bildekräfte und also Lebenskräfte der Sonne und des Mondes während der totalen Sonnenfinsternis, die zugleich eine Mondverfinsterung ist, total zusammenbrechen. Das ist uralte Lehre der Naturwissenschaftler der Hochkulturen.

Abbildungen aus Mitteilungen des Biologischen Institutes am Goetheanum. Nr. 5. Von L. Kolisko. Stuttgart 1935.

6

Mit freundlicher Genehmigung der VGH-Verlagsgesellschaft, [illegible] aus »Die Sonne und ihre Planeten« von [illegible] 1983.

Das obere Bild zeigt die flach und wellenförmig regelmäßig angeordneten, im Original farblich wie ein Regenbogen gegliederten Saturnringe. Sie haben radiale Speichen und ganz außen ein höchst erstaunliches, regelmäßig gedrehtes Zopfband. Das kann nicht aus dem Zufall entstanden sein.

Das rechte Bild zeigt die hoch geordnete innere Gliederung der Sonne. Ihre gesamte Randzone wird von regelmäßig aneinander gelagerten Granulen und Supergranulen (ca. 25 000 km Durchmesser) gebildet. Das sind röhrenförmige »Organe« der Sonne, in deren Zentrum heiße Gasströme aufsteigen, oben umkehren und am Rand wieder nach unten fließen, in ständigem Kreislauf. Diese »organischen« Ordnungsstrukturen der Sonne beweisen, daß ihr Aufbau und ihre Funktion von realen feldartigen Lebensqualitäten beherrscht wird, die sich als sehr starke und weitreichende Magnetfeldlinien zeigen. Diese ändern sich rhythmisch wie der Puls im menschlichen Organismus. Ohne diese alles ordnenden Lebensqualitäten wäre die Sonne ein brodelndes Chaos. Was man von ihr auch früher wähnte im Aberglauben des nur quantitativ denkenden Materialismus.

7

Mit freundlicher Genehmigung des Herderverlages aus »Atlas des Sonnensystemes« von Moore/Hunt. 1985.

Theophrast von Hohenheim, genannt Paracelsus (1493–1541), erneuerte die wahre Heilkunde der Hochkulturen, die von realen Lebensqualitäten ausgeht und den Menschen als Mikrokosmos integriert im Makrokosmos beweist. Er entwickelte auch die biologische Chemie. Vieles schrieb er zur menschenwürdigen Erneuerung der Gesellschaft. Er wurde der erfolgreichste Arzt des Abendlandes.

Johannes Kepler (1571–1630), berühmter Astronom und Astrosoph zugleich, hat als erster Mensch das Sonnensystem genau ausgemessen und hierbei entdeckt, daß die Abstände der Planeten von der Sonne der Urharmonie aller Harmonien entsprechen, zugleich der Harmonie der sieben Töne der Tonleiter und der sieben Regenbogenfarben. Auch die sieben Buntmetalle, sieben Kristallklassen, sieben Organe usf. zeigen diese Grundharmonie des Kosmos.